포모 사피엔스

포모
사피엔스

아무것도 놓치고
싶어 하지 않는
신인류의
출현 /

FOMO:
Fear of
Missing
Out

패트릭 J. 맥기니스

Patrick J. McGinnis **지음**

이영래 옮김

미래의창

들어가며

태초부터 현재까지 인류의 진화는 논란이 끊이지 않는 주제다. 새로운 발견은 기존의 이론을 뒤집어버리고, 그때까지 알려져 있던 인류의 발달 연대를 몇십만 년씩 밀기도 당기기도 한다. 이 분야는 고생물학과 유전학을 혼합한 과학으로, 정확한 기준을 정할 수 없는 과학이기도 하다. 그럼에도 불구하고 전문가들은 약 200만 년 전 우리의 첫 조상이라 할 수 있는 호모 하빌리스(석기를 사용한 것에서 이름을 얻은)가 아프리카에 등장했다는 데 동의한다. 최초의 인류 호모 하빌리스는 호모 에렉투스에 자리를 내줬고 이어 호모 사피엔스가 지구를 차지했다.

　나는 이 책에서 인류 진화의 역사에 새롭게 추가된 사항을 발표하려 한다. 물론 나는 고고학자도 아니고, 내가 공유하려는 이 획기적인 발견을 위해 굳이 에티오피아까지 가서 화석을 발굴할 필요도

4

없었다. 이 새로운 형태의 인간에 대한 증거는 뉴욕 거리, 런던 지하철, 베이징의 빌딩, 상파울루의 카페 등에서 얼마든지 찾아볼 수 있기 때문이다. 호모 에렉투스가 호모 사피엔스에 밀려났듯이, 현대 인류는 새로운 종족인 포모FOMO 사피엔스에게 자리를 내주고 있다.

새로운 진화의 단계에 대해 어떻게 그렇게 확신할 수 있느냐고? 간단하게 답하자면 그것이 내 전문 분야이기 때문이다. 내 이름은 패트릭 J. 맥기니스, 최초의 포모 사피엔스다. 내가 처음 이러한 깨달음을 얻은 것은 대학원생이던 2000년대 초 무렵이었다. 나는 이 호기심 많은 신인류로 처음 인정을 받은 사람이지만 마지막 사람은 아니다. 현재 포모 사피엔스의 수는 수십억 명까지는 아니더라도 수십만 명 정도는 될 것이다. 호모 하빌리스의 특징을 석기로 규정하듯이, 포모 사피엔스도 몇 가지 확연한 특징을 가지고 있다. 포모 사피엔스의 자연 서식지에서는 하루 종일 온갖 것들을 갈망하는 포모 사피엔스들을 관찰할 수 있다. 그것이 실재든 상상이든 지금 이 순간 가질 수 있고 할 수 있는 모든 것, 삶을 완벽하게 만들어줄 수 있는 모든 것들을 갈망하는 사람들 말이다. 이렇게 무엇인가에 마음을 온통 빼앗긴 포모 사피엔스는 만약 자연 포식자가 있다면 충격적일 정도로 쉬운 먹이가 될 것이다.

포모FOMO(이하 FOMO)에 대해서 들어본 적이 없는 사람들을 위해 잠깐 설명을 해볼까 한다. 친구, 가족, 유명인이 소셜 미디어에 올린 유쾌한(이라고 쓰고, '아주 까다롭게 고르고 필터를 적용한'이라고 읽는다) 사진을 보고 스트레스를 받은 적이 있는가? 화면을 내리면서 불안감이라고 해석하는 것이 적절한 감정을 느끼지 않았는가? 스마트폰을 만지작거리다 보면, 다른 사람들은 나보다 훨씬 흥미롭고, 신나고, 성공적인 삶, 즉 훨씬 인스타그램에 적합한 삶을 살고 있다는 생각이 든다. 이런 감정을 'FOMO Fear Of Missing Out', 즉 '놓치는 것에 대한 두려움'이라고 말하며 그 영향은 매우 광범위하다.

FOMO는 소셜 미디어에 제한되지 않는다. 이 감정은 밀레니얼 세대나 Z세대 같은 디지털 원주민의 일상뿐만 아니라 그 너머 훨씬 광범위한 영역에까지 영향을 미친다. 이 두 인구 집단은 포모 사피엔스로 진화할 성향을 타고났다고 볼 수 있으며, 부모 세대도 확실한 후보군이 될 수 있다. 젊은 동료들이 라스베이거스의 컨퍼런스에 초대받을 때 사무실을 지키는 중년의 중역들을 괴롭히는 감정 또한 FOMO다. 친구들의 시시콜콜한 손주 자랑을 들으면서 자기 아이들도 빨리 자녀를 가졌으면 하고 갈망하고 괴로워하는 60대의 감정도 FOMO다. 소셜 미디어가 FOMO를 고조시키는 것은 사실이지만 꼭 스마트폰을 붙들고 있어야 이 함정에 빠지는 것은 아니다. 가지고 있는 것들에 감사하는 대신 그것을 당연하게 여기고, 가지고 싶은 것에 과도한 시간과 에너지를 집중할 때, 우리는 함정에 빠진다. 너무나 많은 사람들이 수많은 선택지가 제공되는 세상에 살고 있으며, 그에 따른 유혹 역시 점점 더 커지고 있다.

더 자세한 이야기로 들어가기 전에 확실하게 해두어야 할 것이 있다. 내가 최초의 포모 사피엔스라고 확신하는 또 다른 이유는 FOMO라는 단어를 만든 것이 바로 나이기 때문이다. 2004년에 나는 하버드 경영대학원 학생 신문인 《하버스》에 실린 "HBS의 사회 이론: 맥기니스의 두 FO"라는 제목의 기사에서 이 두문자어를 소개했다. 십여 년이 훌쩍 지난 지금 이 두문자어는 대단한 유명세를 얻었다. 모든 대중문화에 등장하고 《옥스퍼드》와 《메리엄-웹스터》를 비롯한 권위 있는 사전에 등재되었다. 이런 영예가 내 삶에 가져온 가장 눈에 띄는 결과는 많은 사람들이 나와 사진을 찍으려 한다는 점이다. 자연히 그들은 소셜 미디어에 그 사진을 게시한다. 친구들에게 FOMO를 유발하기 위해서 말이다. FOMO를 설명하기 위해 FOMO를 사용하고 있다니!

나는 FOMO를 이런 식의 유행처럼 만들어 버린 것에 약간의 죄책감을 느끼고 있다. 인기를 모으고 해시태그에 수없이 등장하고 있지만, 이것은 웃고 넘길 문제가 아니다. FOMO는 스트레스, 불안, 질투심, 심지어는 우울감까지 불러일으킨다. FOMO는 직장생활을 위태롭게 하고, 투기의 유혹에 빠지게 하고 CEO에서 스타트업 창립자들에 이르기까지 기업 리더들로 하여금 잘못된 전략을 좇고 귀중한 자원을 낭비하게 만든다. 간단히 말해, FOMO는 집중을 방해하고 귀중한 시간과 에너지를 소모하게 하는 존재다.

거기에서 끝이 아니다. 안타깝게도 걱정해야 할 FO는 FOMO만이 아니다. 주의를 기울이면 내가 쓴 기사의 부제가 "맥기니스의 두 FO"라는 것을 알 수 있다. 그럼 다른 하나의 FO는 어떻게 된 것일까? FOMO는 유명세를 얻었지만 다른 FO는 아직까지는 그렇지 못하다. 바로 FOBO Fear Of a Better Option, 즉 더 나은 선택지가 있을 수도 있다는 두려움이다. FOBO가 있는 사람은 결정을 내릴 때 기존의 선택지에만 매달리는 것을 두려워한다. 풍요에서 나온 이러한 고민은 모든 선택지를 열어두고 위험에 대한 방어책을 세우게 한다. 결과적으로는 '혹시'라는 단어에 붙잡혀 살게 된다. 선택지들을 평가해서 하나를 선택하고 앞으로 나아가는 것이 아니라 불가피한 결단을 계속 뒤로 미루는 것이다. 알람이 울리면 '다시 알림' 버튼을 누르고 이불을 뒤집어쓰고 다시 잠에 빠지는 것과 비슷하다. 그동안의 실수를 통해서 당신도 배웠겠지만, 다시 알림 버튼을 여러 번 누르다 보면 결국 늦게 일어나 회사에 지각하고 하루를 망치고 기분도 엉망이 된다. 다시 알림 버튼을 누르는 순간에는 편하고 좋지만 결과적으로는 대가를 치러야 한다.

FOBO는 FOMO보다 훨씬 큰 피해를 유발할 수 있는 심각한 문제다. 주로 내면의 투쟁인 FOMO와 달리, FOBO의 비용은 본인만 부담하는 것이 아니라 주위의 사람들에게도 부과되기 때문이다. 일상 속의 모든 일에 있어 선택지를 제한하지 않고 신중하지 못하게 넘기다 보면, 여러 기회는 물론 사람을 포함한 주변의 모든 것을 상품처럼 취급하게 된다. 명확한 코스를 정하지도 않고 실행 계획을 세우지도 않는다. 가능성을 쌓아두다가 입맛에 맞을 때만 그것도 마지막의 마지막 순간에 이르러서야 결정을 내린다. 이러한 성향은 경력에 큰 손해를 입힐 수 있다. 또한 분석 마비를 초래하고, 혁신을 주저하고, 리더들의 권한을 빼앗아 기업(크기에 관계없이)을 위험에 빠뜨리는 광범위한 경영상의 문제로 변할 수 있다.

내가 FOMO와 정확하게 같은 시점에 FOBO를 발견한 것은 우연이 아니다. 기회를 잃는 것에 대해 두려워하는 경향이 있는 사람이라면, 강박적으로 선택지를 제한하지 않을 가능성도 높다. 이 두 개념의 공통 요소(많은 선택지와 기회를 가지려는 것)는 다양한 기술을 사용하는 현대 사회에서 얻을 수 있는 부산물이다. 다행히 이제는 일상생활이나 직장생활에서 FOMO를 알아차리는 법을 익힌 사람들이 많아졌다. 그러나 FOBO는 아직까지 드러나지 않고 잘 숨어 있다.

FOMO나 FOBO 혹은 둘 다의 부정적인 영향 안에 있는 사람이라면, 이제 그것이 당신의 경력을 망치고, 사업을 망치고, 중요한 사적 혹은 공적 인간관계를 위험에 빠뜨리고, 그 과정에서 자신을 망쳐버릴 위험성을 갖고 있다는 점을 인식해야 한다. 게다가 이런 심각한 장기적 결과와 별도로 FOMO나 FOBO는 일상생활의 평범하고 세부적인 부분에까지 파고들어 문제를 일으킨다. 집중력을 잃게 만들고, 목적의식을 모호하게 하며, 현실에서 벗어나 가설과 계산과 거래가 뒤얽힌 세상으로 빠져들게 한다. 또한 신념을 약화시키고, 에너지를 소모하고, 성과를 손상시킨다. 이 모든 문제가 함께 어우러져 발생한다면 그것은 재앙이다. FOMO와 FOBO가 결합되면 FODA^{Fear Of Doing Anything}, 실행하는 모든 일에 대한 두려움이라는 치명적인 마비 상태에 이르게 된다.

'상처 입은 치유자'라는 말을 들어본 적이 있는가? 이것은 심리학자 칼 융이 일부 사람들이 정신치료사가 되는 이유를 설명하면서 만들어낸 성격 유형이다. 융은 많은 치료사들이 환자였던 경험 덕분에 다양한 문제를 가진 사람들을 돕는 직업을 선택한다고 믿었다. 그들은 회복으로 가는 길에서 환자들보다 몇 단계 앞서 있다. 이미 그런 단계들을 밟았기 때문에 도움을 주는 데 있어서 특별한 위치에 있게 된다. 나도 마찬가지다. 나는 내가 세계 최초의 FOMO 치료사라고 생각하고 싶다. 나는 FO의 원인·성격·영향에 대해 연구를 해왔다. 가장 중요한 것은 FOMO와 FOBO를 갖고 15년 동안 살아온 경험을 토대로 (아직도 고투가 완전히 끝난 것은 아니지만) FO를 관리하는 방법을 찾았다는 점이다.

좋은 예로, 이 글은 멕시코시티에서 안식년을 보내면서 쓴 것이다. 왜 나는 집에서 3천 킬로미터 이상 떨어진 다른 나라에서 글을 쓰기로 선택한 것일까? 타코와 데킬라를 마음껏 먹을 수 있어서라고 하고 싶지만, 실은 FOMO 때문이다. 정신을 집중해야 하는 과제를 앞둔 나는 뉴욕 집에 머물 경우, FOMO에 사로잡혀 제물이 될 위험이 매우 높다고 생각했다. 따라서 먼 곳으로 떠나기로 결정을 내렸다. 이후 나는 일정을 정하고 최적의 숙소를 구하고, 글을 쓸 가장 쾌적한 카페를 찾는 등 엄청난 FOBO의 고통을 겪어야 했다. 나는 FOMO와 FOBO가 나의 행동을 어떻게 몰아가는지 잘 알고 있는 상태에서 이 모든 결정을 내렸다. 나는 그 감정들을 극복하기 위해 이 책에서 앞으로 보여주게 될 전략들을 사용했다.

FOBO와 FOBO에서 (비교적) 자유로워지는 길은 쉽지 않았다. 나는 성인이 된 후 대부분의 시간을 뉴욕에서 보냈다. 뉴욕은 새로

생긴 인기 레스토랑, 사람들 입에 오르내리는 전시회, 광신도에 가까운 추종자들을 거느린 패션 브랜드 슈프림Supreme의 새로운 콜라보 상품을 경험하기 위해 몇 시간씩 줄을 서는 것을 아무렇지도 않게 생각하는 수많은 포모 사피엔스들의 본고장이다. 게다가 나는 FOMO와 FOBO에 휘둘리는 때가 많고, 가장 유망한 스타트업을 찾아 실리콘밸리에서 파키스탄, 이스탄불, 부에노스아이레스에 이르기까지 전 세계를 여행해야 하는 벤처캐피털 업계에서 일을 했다. 유망 업체를 찾아낸 후에도 큰 투자를 결정해야 하는 순간에는 결정마비 상태에 빠지곤 했다. 이런 결정장애에 휘둘릴 때면 나는 시간과 돈과 집중력을 대가로 치러야 했다. 모두가 내 지갑과 내 행복에 영향을 끼치는 것들이었다. FO들이 돈과 마음의 평화를 빼앗는다는 깨달음을 얻고 나서야 나는 FO를 처리할 방안을 찾을 때라는 결론을 내렸다. 벤처 투자가라는 내 경력을 통해 얻은 교훈은 이 책에서 당신이 배우게 될 수많은 의사 결정 전략에 영향을 주었다.

지금 이 책을 읽고 있는 사람이라면 FOMO나 FOBO를 이겨낼 수 있는 길을 찾고 있을 것이다. 어떠한 직업을 가지고 있든, 삶의 어느 단계에 있든, 이런 문제들에 대한 해결책은 같다. 결단력이 있어야 한다. 결단력이 있다면 의사 결정에서 두려움을 털어내고, 숙고하는 과정에서 감정을 제거하고, 행동을 취할 수 있다. 그렇게 함으로써 당신은 기회를 놓쳤다고 해도 반드시 모든 선택지가 제한되는 것은 아님을 깨닫게 된다. 오히려 당신은 자유를 얻게 된다. 망설이고 동요하면서 삶이 당신을 스쳐가게 두는 것이 아니라 당신이 삶에서 진정으로 원하는 것을 차지하게 된다.

두려움을 확신으로 대체하고 싶다면 이제 실행에 나서야 할 때다. FO의 해법은 매우 가까운 곳에 있지만, 결단력을 가지고 산다는 것은 하룻밤 사이에 일어나는 일이 아니다. 결정장애가 서서히 무의식에 스며드는 것과 마찬가지로 그 영향에서 벗어나는 데도 상당한 시간이 필요하다. 핵심 원칙이 인도하는 과정을 따라 결정장애에서 벗어나보자.

1. **당신이 진정으로 원하는 것을 선택하는 법을 배워야 한다.** 모든 선택지를 수집하고 가능한 많은 선택지를 따져보느라 시간과 에너지를 낭비하기보다는 결정을 내려야 한다. 다른 경로를 차단하고, 앞으로 나아간 뒤, 뒤를 돌아보며 후회하는 일을 없애야 한다. 그렇게 했을 때, 의사 결정이야말로 선택지가 넘치는 세상에서도 자유를 찾을 수 있는 지름길이라는 것을 알게 된다.

2. **나머지를 놓칠 수 있는 용기를 찾아야 한다.** 모든 것을 하고, 모든 것이 되려는 노력을 멈출 때 그리고 모든 것을 가지지 않음으로써 오히려 진정으로 모든 것을 가질 수 있다. 나머지는 내려놓아라. 그렇게 하면 놓친 것을 갈망하게 되는 것이 아니라 깊은 안도감이 찾아온다는 것을 알게 된다. 놓친 것에 집중하는 대신 인생에서 정말로 중요한 것에 주의를 돌리게 된다.

FOBO는 가치 있는 것을 제공하지 않기 때문에 제거해야 하는 감정이지만, FOMO는 이용할 만한 여지가 있다. 부정적인 감정을 선한 힘으로 바꾸어 당신에게 유리하게 만드는 것이다. 여기서 중요한 것은 당신이 얻기 위해 부단히 노력해온 집중력을 희생시키지 않고도 그런 일이 가능하다는 점이다.

이 책은 4부로 이루어져 있다. 1, 2부는 FOMO와 FOBO에 동력을 공급하는 것이 무엇인지 보여주고 그것들이 당신의 경력, 사업, 인생에 어떤 영향을 줄 수 있는지 설명할 것이다. 3부에서는 승리를 위한 도구를 소개하여 당신이 세상에 나가 자신의 FO와 싸울 준비를 갖추게 할 것이다. 마지막으로 4부는 당신이 FOMO와 FOBO에 대해 생각하는 방식을 바꾸어서 그들을 재구성하고 자신에게 유용하게 이용할 수 있게 할 것이다. 이 책 외에도 patrickmacginnis.com과 내 팟캐스트 〈포모 사피엔스〉에서 추가적인 도구와 아이디어, 자료를 얻을 수 있다.

FOMO와 FOBO를 극복하는 법을 배우다 보면 이 방법들이 과거에 접했던 의사 결정 전략들과 다르다는 것을 발견하게 될 것이다. 특히 FO를 다룰 때는 선택지가 풍족한 위치에서 움직이게 된다. FOMO를 극복하기 위해서는 당신을 유혹하는 기회나 선택지들 중 실제로 추구할 가치가 있는 것이 있는지 결정해야 한다. 반대로 FOBO가 있을 때의 당신에게는 이미 감당 범위를 넘어서는 실행 가능한 선택지들이 있으므로, 당신의 과제는 하나만을 선택해서 앞으로 나아가는 것이다.

FO를 관리하는 법을 배우기에 앞서 고려해봐야 할 것이 있다. 과연 FOMO나 FOBO에 보존할 가치가 있는, 결점을 보충할 만한 장점은 전혀 없는 것일까? 놀랍게도 FOMO에는 장점을 찾아볼 수 있다. 적절한 견제가 있을 경우, FOMO는 새로운 확장, 위험 감수, 인생의 변화에 대한 영감을 줄 수 있다. 당신은 회사에서 주당 80시간을 일하고 있는데 지금은 기업가가 된 예전 동료는 수백만 달러를 벌어들이고 있다고 가정해보자. 당신은 그 모습에 FOMO의 고통을 느끼고 있을 것이다. 이러한 감정에는 배울 수 있는 것들이 많다. 그런 의미에서 나는 FOMO를 와인과 똑같다고 생각한다. 적절한 양을 마신다면 와인은 건강에 도움이 된다. 또한 개인적인 금제나 거부감을 느슨하게 만들어서(취중진담 속에) 안전지대의 경계를 시험해보게 해준다. 과하게 마시지만 않는다면 아침에도 숙취 없이 깨어나 다음 모험을 준비할 수 있다. 13장은 FOMO를 유리하게 활용해서 시야를 넓히고 지속가능한 방식으로 새로운 경험을 추구하는 방법을 보여줄 것이다.

반면, FOBO는 담배와 비슷하다. 장점은 전혀 없다. 첫째, 대단히 중독적이다. 둘째, 순간적으로는 기분이 좋을지 모르지만 행복의 모든 측면에 장기적으로 피해를 입힌다. 무엇보다 FOBO의 2차적 영향은 2차 흡연의 영향과 거의 비슷하다. 자신의 이기적인 필요에 집중하는 동안 주변의 모든 사람에게 상처를 준다. 때문에 이를 원천적으로 차단하고 확신을 가지고 행동하기 위한 전략을 세워야 하는 것이다. 이에 대해서는 14장에서 더 자세히 알아볼 것이다.

자 이제 시작이다. 당신의 여정은 여기에서 출발한다. 당신이 밟을 첫 단계는 아이러니하게도 결정이다. 문자 그대로 그리고 은유적으로도 페이지를 넘기고 시작해볼 생각이 있는가? 페이지를 넘긴다는 것은 FOMO를 중단하고 이 여정을 계속해나간다는 의미다. 또한 FOBO를 무시한다는 의미이기도 하다(더 나은 추천 도서를 찾기 위해 아마존을 기웃거리는 것도 그만). 당신은 이제 당장의 과제에 집중하게 될 것이다. 그렇게 이 페이지를 읽고, 다음 페이지로 넘기기를 계속해서 마지막 페이지까지 가는 것이다. 이것이 바로 결단력을 가진다는 것이다.

차례

1부

선택으로 가득한 세상에서의
두려움과 결정장애

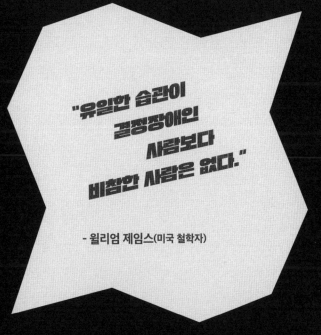

"유일한 습관이
결정장애인
사람보다
비참한 사람은 없다."

- 윌리엄 제임스(미국 철학자)

1장

FOMO라는 말은
어떻게 생겨났는가

"FOMO는 시간을
가치 있게 쓰는 데
큰 걸림돌이 된다."

- 앤드루 양

훨씬 단순한 시대였다. 누구도 데이트 앱이나 셀카 같은 것들을 알지 못했다. 내가 경영대학원에 들어갔을 때만 해도 SNS를 하는 사람은 거의 없었다. SNS는 초창기였고 이제 막 변화가 시작되려는 참이었다. 나는 모르고 있었지만 내가 지내던 학생용 아파트에서 1킬로미터 남짓 떨어진 곳에서는 마크 저커버그가 페이스북의 첫 번째 버전을 완성하기 위해 공을 들이고 있었다. 이렇게 페이스북, 트위터 등 FOMO 현상에 동력을 공급하는 SNS가 전혀 없는 상황이었는데

도, 캠퍼스에 발을 디딘 순간부터 일은 벌어졌다. 갑자기 어떤 예고
도 없이, 내가 어디에 있든, 무엇을 하든, 다른 곳에서 뭔가 좋은 일
이 일어나고 있는 것만 같은 끈질긴 불안감이 나를 사로잡았다. 새
로운 환경의 부산물이 명확했다. 생애 처음으로 나는 거의 모든 것
이 가능해 보이는, 선택의 기회가 흘러넘치는 환경에 빠져들었다.
내게 주어지는 것들을 겉핥기식으로 흘려보내고 싶지는 않았다. 주
변 사람들(대부분이 신이 나서 할 일이 얼마나 많은지를 자랑하던 녀석들이었
지만)과 나 자신을 비교하고 나면 나는 절대 따라갈 수 없을지도 모
른다는 사실에 초조해질 수밖에 없었다.

SNS 안에 들어가서 사는 삶을 상상해본 적이 있는가? 하버드 경
영대학원에서의 생활이 그와 비슷하지 않을까 싶다. 일정이 꽉꽉 들
어찬 하루하루가 링크드인, 페이스북, 트위터, 스냅챗을 모두 모아
현실 세계로 옮겨 놓은 것 같았다. 당시에는 이런 회사들이 존재하
지도 않았지만 말이다. 자아 과잉인 사람들이 득실거리는 와중에,
그 무리 속에서는 새로운 소식이 빛의 속도로 퍼지고, 덕분에 그들
의 대화나 자랑(겸손한 것이든 그 반대이든)이 소셜 네트워크의 뉴스피
드나 재치 있는 인스타그램 스토리, 신랄한 트윗과 여러 가지 면에
서 동일한 역할을 했다. 이런 환경에서는 주위에서 벌어지는 일에서
소외되는 것에 대한 두려움을 느끼기 마련이다. 그 일이 그 순간 당
신이 하고 있는 것보다 더 크고, 더 낫고, 더 현명한 일일 때라면 특
히 더 그렇다. 그런 감정을 콕 집어 부르는 이름은 없었다. 동기들도
나도 아직 그것에 이름을 붙이지 못했다. 하지만 우리는 계속해서

그 이름도 없는 감정에 시달렸다.

내 경우에는 또래들보다 좀 심했던 것 같다. 되돌아보면 나는 세계 최초의 포모 사피엔스가 될 자질을 타고났던 것 같다. 나는 메인주의 작은 마을에서 자랐는데, 스티븐 킹의 소설에서 등장하는 뭔가 으스스하고 사연이 있는 동네와는 거리가 먼 아주 평범한 곳이다. 메인에 와본 적이 없는 사람들을 위해서 그곳 사람들이 무슨 일을 하며 사는지 잠깐 살펴보자. 그들은 바닷가재를 먹고, 해변을 산책하며, 눈을 치우고, 아웃도어 전문 브랜드 L.L.빈에서 옷을 사 입는다. 아이들을 키우면서 살기에는 좋은 곳이지만 선택할 거리가 많은 환경이라고는 할 수 없다. 삶은 (상당히) 뻔했다. 원하거나 필요로 하는 거의 모든 것에는 합리적인 수효의 선택지들만이 있었고 나는 그 안에서 선택을 하는 데 익숙했다.

그런데 하버드 경영대학원에 들어가면서 그 모든 것이 변했다. 수많은 선택지가 몰려들었고 그와 동시에 나는 일생에 한 번뿐인 이런 일련의 경험들이 그냥 스쳐가게 두어서는 안 된다는 절박한 감정을 느꼈다. 그 당시에 나는 놓치는 것을 두려워하지 않으면 놓치게 된다고 생각했던 것 같다. 놓치는 것이 없도록 나는 모든 것을 해보려고 노력했다. 그야말로 동에 번쩍 서에 번쩍했다. 놓치는 것에 대한 두려움이 들지 않는 유일한 대상은 수면뿐이었다. 나는 수많은 클럽에 가입했고, 끝없이 이어지는 모임, 회사 설명회, 컨퍼런스, 주말여행, 강연 그리고 물론 수업에도 참여했다. 평일이면 오전 7시에 침대에서 기어나와 자정이 넘어서야 다시 침대에 쓰러졌다. 주말이라고 해서 별로 나을 것은 없었다. 캠퍼스에서 벌어지는 어떤 행사든 참석하면 나를 만날 수 있었다. 어.디.든.

모든 것에 빠짐없이 참여하려고 하다 보니 얼굴을 들이밀 수만 있으면 지옥문이라도 열 기세라는 친구들의 놀림을 받았다. 친구들 말이 맞았다. 나는 내 주위에서 일어나는 모든 일에서 얻을 수 있는 혜택을 조금이라도 놓치게 될까 봐 끊임없는 불안에 시달렸다. 사교 모임이든, 공부에 관한 것이든 종류는 중요하지 않았다. 친구들이 놀릴 때면 거울이나 보라고 응수했다. 그들도 다를 바 없었기 때문이다. 모두들 남들보다 뒤처지지 않기 위해 자신의 진짜 우선순위가 전혀 반영되지 않는 것들에 시간과 에너지를 쏟고 있었다. 때문에 어떤 일을 하는 것은 기분이 좋거나 나에게 득이 되어서가 아니라 다른 사람도 모두 하기 때문이었다. 행동을 뒷받침하는 생각 같은 것은 찾아보기 힘들었다. 신중함 따위는 개나 주고 모든 것에 "예"라고 답했다.

친구들과 나는 이 상황을 농담으로 넘기곤 했지만 두려움은 무시할 수 없을 만큼 현실적이었다. 나는 나와 또래들의 삶에서 너무나 자주 부딪히는 이 두려운 감정에 이름을 붙이기로 마음먹었다. 나만의 은어나 줄임말을 만들어 쓰곤 했던 나는, 이 두려움도 별칭을 얻을 자격이 충분하다고 판단했다. '놓치는 것에 대한 두려움Fear Of Missing Out'이라는 말을 줄여서 FOMO라는 말을 사용하기 시작했고 친구들 사이에도 이 말을 전파했다. 2004년 5월 졸업을 앞두고 나는 학교 신문에 내가 아주 좋아하는 이 새로운 단어에 대한 (지금 생각하면 운명적인) 기사를 썼다. 1천 단어가 좀 넘는 이 글에서 나는 FOMO와 FOBO가 스며든 대학 문화를 비판했다.

이 단어는 캠퍼스에서 꽤나 인기를 끌었지만 내가 예측하는 이 단어의 장기적인 전망은 그리 밝지 않았다. 내가 더 큰 기대를 걸고 있었던 것은 그전에 만든 맥긴시던트McGincident라는 단어였다. 나는 이 단어가 우리 집안사람들이 뭔가 재미있거나, 기발하거나, 기억에 남는 일을 한 것을 묘사할 때 기본적으로 쓰는 어휘가 되기를 바랐다. 그러나 전혀 기대하지 않았던 FOMO가 천천히, 나조차 전혀 모르는 사이에 그러나 걷잡을 수 없이 성장했다. 학교 신문에 글이 실린 이후 십여 년이라는 시간이 흐르는 동안 FOMO의 세계적 위상은 맥긴시던트라 부르기에 손색이 없는 경지에 이르렀다!

FOMO는 어떻게 세상을 지배하게 되었는가

당시에는 무슨 일이 벌어지고 있는지 전혀 모르고 있었다. 하지만 이제는 내 친구와 동기들이라는 범위를 넘어서 세계 구석구석으로 퍼져나간 FOMO의 궤적을 어느 정도 파악하게 되었다. 처음에 이 단어는 미국 전역의 MBA들 사이에서 유행했다. 그들은 이 개념과의 관련성이 높은데다 이 단어를 여러 학교 사이에 떠도는 공통의 언어로 재빨리 채택할 수 있는 위치에 있었다. 《비즈니스위크(블룸버그 비스니스)》는 2007년에 다음과 같은 풍자적인 기사를 실었다.

미국의 유명 경영대학원들에 유행하고 있는 병이 하나 있다. 하버드 경영대학원에서는 이 증후군을 FOMO라고 부른다. 파티, 저녁 식사, 좋은 인맥이 될 만한 사람이 참석하는 자리에 끼지 않고는 못 배기는 증상이 나타난다. 어떤 대가를 치르더라도 말이다.[1]

다음해 베스트셀러 《하버드 경영학 수업》에서 2년 후배인 필립 델브스 브러턴은 이렇게 말했다.

하버드 경영대학원 생활의 비결은, MBA들이 입을 모아 말하듯, FOMO에 굴복하지 않는 것이다. 정확히 당신이 하고자 하는 것을 선택해서 실행하고 그 외에 일어나는 일에 대해서는 조바심을 내지 말아야 한다. 나는 매일 도서관에 가서 신문을 읽는 것으로 내 FOMO를 잠재웠다. 될 수 있으면 그런 실속 없는 거품들에 대한 생각을 머릿속에서 비워내려 애쓴 것이다. 하지만 캠퍼스 내의 FOMO는 모두의 정신에 독을 뿌리는 끈질긴 스토커 같았다.[2]

FOMO는 계속해서 점점 더 많은 캠퍼스에서 호응을 얻었고, 매년 5월 학교를 졸업한 포모 사피엔스들이 세상으로 쏟아져 나와 기술, 컨설팅, 금융 산업 분야에서 일자리를 얻었다. 그들은 전 세계의 사무실에 투입되어 FOMO를 더 많은 전문직 종사자들에게 소개했다. 동시에 소셜 미디어의 확산, 모바일 인터넷의 침투, 디지털 마케팅이 일반 대중문화에 도입되는 데 한몫했다.

기술의 진보는 FOMO를 광범위하게 확신시키는 데 없어서는 안 될 요소였지만, 한편으로는 금융계 사람들이 좋아하는 격언을 떠올리게도 한다. '상관관계가 인과관계를 뜻하지는 않는다.' 다음 장에서 보게 될 것처럼, FOMO는 스마트폰이 발명되기 훨씬 이전부터 존재했고 PDA 팜파일럿 1세대 이후로 기기를 바꾸지 않은 사람에게도 존재했다. 이제 기술은 호모 하빌리스 때부터 인류의 일부가 된 일련의 감정들을 무기화했다. 당신이 가지고 다니는 스마트 기기는 오랫동안 타고 있던 불에 부채질을 해서 그 불이 그 어느 때보다 환하게 타오르게 만들고 있는 것이다.

사실 여러 면에서 FOMO는 오랫동안 미국 문화의 일부였던 "남에게 뒤지지 않으려 애쓰다keep up with the Joneses"라는 관용구의 포스트모던 버전이라고 할 수 있다. 1913년 〈존스네 따라잡기〉라는 만화가 《뉴욕글로브》에 등장했다. 수십 년간 연재된 이 만화는 출세주의자인 알로이셔스와 그 가족이 이웃인 존스네에 뒤지지 않기 위해 애쓰는 가운데 일어나는 사고들을 풍자했다. 이 만화는 알로이셔스에게 친구인 존스와 똑같이 분홍색 양말, 붉은 넥타이, 녹색 각반을 입히려는 그 아내의 노력을 중심으로 하는 유사 FOMO의 기록이다. 나도 붉은 넥타이를 즐겨매지만, 알로이셔스와 나를 잇는 훨씬 더 눈에 띄는 공통점이 있다. 그의 이름은 알로이셔스 P. 맥기니스다. 알로이셔스의 성에는 내 것보다 'n'이 하나 적기는 하지만, 알로이셔스와 내가 대단히 큰 공통점을 가진 것만은 분명하다.

FOMO, 세계적 유행어

＼

오늘날 FOMO는 모든 사회 계층에 스며들었다. 더 이상은 틈새의 문제가 아니라 누구에게나 영향을 줄 수 있는 대중적인 고통이 되었다. 2013년 이러한 위치를 인정받은 FOMO는 《옥스퍼드 영어사전》에 등재되었고, 3년 후에는 《메리엄-웹스터 대사전》에도 포함되었다. 대중 시장에 진입하면서, 지리적인 범위도 전 세계로 넓어졌다. 전 세계 언론의 헤드라인을 장식하면서 FOMO가 미국만의 현상이 아니라는 것을 드러냈다. 스페인의 일간지 《엘파이스》는 "포모 세대"[3]의 부상을 연대순으로 기록한 칼럼을 게재했으며 인도의 영자 신문 《더타임스오브인디아》는 "FOMO가 당신을 편집증적으로 만들고 있는가?"[4]라는 질문을 던졌다. 한편 프랑스의 《르피가로》는 "FOMO, 세기의 새로운 질병?"[5]이라는 기사를 통해 FOMO가 새로운 세기의 질병에 불과한가 하는 의문을 제기했다. 터키의 일간지 《데일리사바》는 "FOMO, 당신도 걸릴 수 있습니다"[6]라는 경고를 담은 기사를 내놓았다.

현재 구글에 FOMO를 검색하면 900만 개 이상의 검색 결과가 나오며 트위터와 인스타그램과 같은 사이트에는 FOMO라는 해시 태그가 수십만 번 등장한다. 그 외에도 전 세계에 걸쳐 다양한 매체, 광고, 이모지, 수많은 일상 대화에서도 널리 사용되고 있다.

버락 오바마 ✅
@BarackObama

#FOMO는 필요하지 않습니다. 지금 무료로 들어와서 대통령을 만나세요.
http://t.co/nTpkrVz1oV.
2013년 6월 29일 12:53 PM

클로에 ✅
@Klokardashian

엄청난 FOMO를 겪고 있음. 온 가족이 뉴욕에 있는데 〈칵테일위드클로에〉 촬영 때문에 못 갔어. 녹화 후에나 비행기를 타야겠군.
2016년 2월 11일 3:49 AM

백스트리트보이즈 ✅
@backstreetboys

크루즈까지 며칠 남았죠? #FOMO #BSCRUISE2016
2015년 10월 8일 5:33 PM

트레버 노아 ✅
@Trevornoah

다들 FOMO라고 하네요. FOMO가 뭐죠? 저도 알아야 끼어들 텐데 말이죠. 제발 도와주세요.
2012년 11월 13일 6:05 AM

할리 데이비슨 ✅
@harleydavidson

#SturgisOrBust! 제78회 @Sturgis Rally #블랙힐즈에는 온통 천둥소리가! 지금

여기가 아니라고요? 빨리 오세요. 진짜 #FOMO #할리데이비슨 #자유를 찾아
2018년 8월 5일

 타이라 뱅크스 ✔
@tyrabanks

바로 오늘! 당장 FierceUp에 등록하세요. 아니면 영원히 #FOMO에 시달려야 합니다. @nyledimarco http://bit.ly/29ZeOKx
2016년 7월 28일

간단히 말해, FOMO는 이제 세계적인 유행어가 되었다. 그 영향력을 생각할 때, FOMO는 당신의 의사 결정에 영향을 주려는 세계적인 음모, 인플루언서, 브랜드 혹은 동료 포모 사피엔스가 주도하는 음모의 중심에 있다고 해도 좋을 것이다. 아이러니하게도 카다시안 가족과 같은 유명인들은 그런 음모를 주도하는 사람이면서도 한편으로는 거기에 매어 있다. 당신과 나처럼 (다음 장에서 보게 될 것처럼) 절대 흔들리지 않는 단호함을 가진 몇 안 되는 사람 외에는 누구도 FOMO의 손아귀에서 벗어날 수 없다.

2장

당신의 FOMO는
당신 탓이 아니다

"파이어 페스티벌은
FOMO를 유발하는 2017년
최고의 행사가 될 것이다."

- 피치 덱(파이어 페스티벌 투자사)[1]

2017년 4월, 파이어 페스티벌FyreFestival이 큰 화제로 떠올랐다. 기업
가 빌리 맥팔랜드Billy Mcfarland와 유명 래퍼 자 룰Ja Rule이 후원한 이
축제는 바하마의 개인 소유 섬인 파블로 에스코바에서 열릴 예정이
었다. 주최 측은 표를 팔기 위해 소셜 미디어 엘리트 그룹을 끌어들
였다. 파이어 스타터라는 이름이 붙은 이 인플루언서들은 밀레니얼
세대를 표적으로 삼았다. 표적이 된 사람들의 거의 절반 이상이 소
셜 미디어에 공유할 근사한 일을 찾아서 그 행사에 참여하기로 마음

을 먹었다.[2] 파이어 스타터에는 당시 가장 유명한 인플루언서인 켄 달 제너, 에밀리 라타이코프스키, 벨라 손, 벨라 하디드도 포함되어 있었다. 이들이 거느린 인스타그램 팔로워는 도합 1억 5천 명에 달 했다.

이 네 사람이 주도하는 파이어 스타터들은 저마다 파이어 페스 티벌을 홍보하기 위해 활발한 활동을 벌였고, 그들을 선망하는 수많 은 팔로워들은 한 장에 무려 1만 2천 달러나 하는 티켓을 샀다. 파이 어 페스티벌 측이 유명 인플루언서들을 끌어들인 것은 매우 효과적 인 방법이었다. 론칭 48시간 만에 티켓의 95퍼센트가 팔려나갔다.[3] 하지만 인생 최고의 일주일을 만들어준다는 약속과 달리 파이어 페 스티벌은 소셜 미디어에서 최고의 입방아에 오르고 만 엄청난 재앙 이 되고 말았다. 국제적인 음악 축제는 기획자의 야심과 유명 인사 의 홍보만으로는 완성되지 않으며, 행사를 뒷받침해줄 인프라가 필 요하다. 그러나 파이어 페스티벌에는 그 인프라가 준비되어 있지 않 았다. 첫 손님이 도착할 때까지도 보안 문제나 음식, 숙소가 제대로 준비되지 않아 행사가 정상적으로 열릴 수 없었던 것이다. 행사에 참여하기로 했던 유명 가수들도 불참을 선언했고, 페스티벌은 폭망 했다.

온라인 왕족 군단의 후원으로 만들어진 이 축제는 참석자들이 퍼뜨린 온라인 게시물에 의해 허물어졌다. 파이어 페스티벌이 SNS 에 퍼지는 동안, 주최측이 에스코바 섬을 인수했다는 주장부터 맛있 는 음식과 고급 숙소를 약속한 것까지 모든 것들이 사람들의 FOMO

를 유발하여 돈을 지불하게 만들려는 사기행각이었다는 것이 명백해졌다. 맥팔랜드는 이 일로 6년의 징역형을 선고받았다. 파이어 페스티벌에 얽힌 광기는 지금 생각해도 정말 어이없는 일이다.

유명한 인플루언서가 인스타그램에 올렸다는 이유만으로 상당한 금액의 티켓을 덥석 사는 것은 보통 사람이라면 상상하기 힘든 일이다. 바보 같고 우스꽝스러워 보이기도 한다. 하지만 우리는 매일 훨씬 미묘한 방식으로 우리만의 파이어 페스티벌을 마주하게 된다. 늦게까지 이어지는 직장 회식에 빠질 때, 저녁 식사 자리에서 애써 휴대전화를 집어들지 않으려 할 때, 당신은 비트코인이 뭔지도 모르는데 다른 사람들은 다 비트코인으로 부자가 되는 것 같다고 생각할 때, 당신은 온라인과 실생활에서 끊임없이 FOMO의 폭탄을 맞고 있다. 당신의 무의식을 건드리고 직관을 장악해버리는 자극 말이다. 당신이 깨닫든 깨닫지 못하든 FOMO는 이미 만연해 있다.

이러한 현실을 고려하면, FOMO를 물리치는 첫 번째 단계는 당신의 관심과 의도에 쏟아지는 이 모든 작은 공세들을 알아차리는 법을 배우는 것이다. 그러기 위해서는 먼저 FOMO의 작동 방식과 의미를 알아야 한다. 이것은 생각보다 어려운 일이다. 이 용어가 인기를 얻으면서 용어에 부여되는 정의도 점점 더 늘어나고 있기 때문이다. 정확을 기하기 위해, 내가 생각하는 FOMO의 포괄적 정의를 밝힘으로써 앞으로 이 용어를 사용하고 논의하는 방법의 틀로 삼겠다.

FOMO

/ˈfō-(ˌ)mō/ 명사. 비격식

1. 다른 사람들이 자신보다 큰 만족감을 경험하고 있다는 인식에서 유발되는 원하지 않는 불안을 말하며, 종종 소셜 미디어를 통해 악화된다.

2. 긍정적이거나 기억에 남을 집단적 경험을 놓칠 것이라거나 제외될 것이라는 자각의 결과로 생기는 사회적 압력이다.

인식의 역할

＼

어떤 대상이 내재하고 있는 가치에 대한 당신의 생각은 가족, 친구, 소셜 미디어 인플루언서, 과거의 경험, 관심사, 열정과 같은 온갖 종류의 내적·외적 단서들을 기반으로 한다. 이들은 본질적으로 정량적이지 않으며 감정이나 편견, 기대 또는 불안에 영향을 받는다(적어도 부분적으로는). 이러한 요소들은 뭔가를 해야 했다거나 가져야 했다는 확신을 갖게 만든다. 인식은 대단히 감정적인 계산의 산물이다. 이런 식으로 FOMO를 느낄 때 당신의 핵심 충동은 조건을 개선하는 데 중점을 둔다. 소파에서 몸을 일으켜 파티나 여행, 일 등을 좇는 것은 그렇게 함으로써 당신의 삶이 어떤 식으로든 지금보다 나아질 것이란 믿음이 있기 때문이다. FOMO는 그 본질이 대단히 야심적이며, 현재의 상황보다 무엇이든 더 크고, 더 낫고, 더 밝은 것을 찾는 데 뿌리를 두고 있다. 또한 FOMO는 묵시적으로 당신에게 마음대로 이용할 수 있는 선택지가 엄청나게 많이 있다는 가정을 깔고 있다.

어떤 상황에 대한 인식이 확실하지 않을 때도 있다. 생각해보면 어떤 것이 기대에 미칠지는 전혀 알 수 없다. 당신이 얻게 되리라고 생각하거나 바라는 것과 실제로 얻게 될 것 사이의 단절, 즉 정보의 비대칭은 FOMO의 DNA와 직결된다. 당신으로 하여금 무엇인가를 하게 하려는 외부의 영향이 정보의 비대칭으로 인해 혼란스럽거나 잠재적으로 왜곡될 때 재미있는 일이 일어난다. 얻게 될 것에 대해서 이미 알고 있다면 놓치게 될 것을 걱정하지는 않을 것이다. 긍정이나 부정의 답을 하기만 하면 되니 말이다. 완벽한 정보가 있다면 미지의 것은 힘을 잃는다. 온라인 데이트를 해보았거나 온라인으로 집을 구해보고 현실이 절대 사진과 부합하지 않는다는 것을 아는 사람이라면 내가 하는 이야기를 이해할 것이다. 인식을 현실과 비교하면, 깜짝 놀랄 만한 차이를 발견하게 된다. 때문에 소셜 미디어 인플루언서는 자신이 판매하는 것이 실제로는 그렇지 않더라도 근사하게 보이도록 만들기 위해서 왜곡된 유인을 이용한다. 정보의 비대칭이 제거되면, 허상은 사라지고 현실만이 남는다.

소속감의 역할

＼

이 장의 뒷부분에서 보게 되겠지만, 생물학적으로 인간은 어떤 대가를 치르더라도 소외되지 않고 무리의 일원이 되고 싶어 하도록 만들어져 있다. 이러한 본능은 그동안 철저한 적자생존의 역사를 증명하는 역할을 했지만 현재는 다른 모습으로 바뀌었다. 집단의 일원이 되고 정보에 밝은 사람이 되고 싶은 욕구로 말이다. 이것은 어린 시절 체육 시간에 팀원을 뽑는 것과 비슷한 감정을 불러온다. 친구들이 벽을 향해 서 있으면 주장이 팀원을 한 명씩 뽑는다. 운동을 잘하지 못한다면(체중이 좀 많이 나가는 나는 운동을 잘 못했다), 마지막까지 선택을 받지 못할 수 있다는 두려움에 시달린다. 신발 끝을 보며 서 있는 동안 내가 절실히 원한 것은 소속감이었다. 그런 상황에 처한 적이 있다면 내가 무슨 말을 하는 것인지 알 것이다. 게임에서 이길 필요도 없고, 득점에 신경을 쓰는 것도 아니다. 다만 뒤에 남겨지고 싶지 않을 뿐이다.

블랙프라이데이와 FOMO

FOMO를 정의하는 것도 유용하지만, FOMO를 이해하는 가장 좋은 방법은 현실 세계에서 FOMO가 어떻게 숨 쉬고 살아가는지 보여주는 것이다. 많은 사례 연구들이 나와 있지만, 나는 언젠가 정신과의사들과 사회학자들이 힘을 합해 과도한 FOMO와 그것이 사회에 미치는 영향에 대해서 연구하게 되면 연휴 쇼핑 시즌의 시작에 많은 시간을 할애하지 않을까 생각한다. 매년 11월 넷째 주 금요일이면 수백만 명의 미국인들이 블랙프라이데이라는 문화 현상에 발을 들인다.

거기에 동참할 생각이 없던 사람도 추수감사절에 이루어지는 블랙프라이데이의 공격을 피해갈 수는 없다. 다른 일에 신경을 쓰지 않고 명절을 가족, 음식, TV로만 채우겠다고 생각하고 있던 당신도 몇 시간 후에 믿기 힘든 엄청난 할인 기회가 다가온다는 것을 알게 된다. 일생일대의 가격 할인 소식이 인터넷을 통해 퍼지는 이 현상에는 소셜 미디어가 큰 몫을 한다. 블랙프라이데이를 추진하는 많은 유인들은 본질적인 유사성을 갖고 있다. 첫째, 추수감사절의 지역 신문은 상점 문이 열릴 때 줄 앞에 서 있는 용맹한 영혼들에게 눈이 돌아가는 할인을 약속하는 휘황찬란한 전단지들로 가득 채워져 있다. TV나 라디오를 켜는 순간 주변 사람들을 정말로 아끼고 있다면 모두가 잠든 한밤중에 쇼핑을 해서 그 사랑을 증명하라고 속삭이는 광고들을 보고 듣게 된다. 마지막으로 호박파이를 먹는 동안, 손주들에게 선물할 최신 게임기를 사려면 새벽 3시에 쇼핑몰에 나가야 하고, 그러기 위해서는 일찍 잠자리에 들어야 한다는 고모님의 말씀을 듣게 된다.

폭탄 할인이라는 극단적인 판촉 수단(그리고 그런 식의 판촉을 그리 좋아하지 않는 사람들)이 아니라도 블랙프라이데이를 곱게 볼 수 없는 이유는 많다. 매년 할인이 시작되면 소매업에 종사하는 사람들은 명절을 즐기기 힘들다. 명절 당일까지 일을 해야 하는 경우도 많기 때문이다. 게다가 이제는 블랙프라이데이 하루로 끝나지 않는다. 소매업계는 소상공인의 토요일, 사이버먼데이를 비롯한 새로운 아류들을 내놓았다. 기빙튜즈데이까지 가세하면 추수감사절을 중심으로 일주일 내내 흥청망청한 쇼핑 주간이 된다. 하지만 블랙프라이데이로 발생하는 다른 문제와 비교하면 이 같은 당혹감은 아무것도 아니다. 사람들이 할인 상품을 사기 위해 달려들면서 매년 어김없이 인명 사고가 발생한다. 이러한 현상을 '도어버스터', 즉 문을 부수는 사람들이라고 부르는 데는 그만한 이유가 있는 것이다. 판촉 행사들은 으레 인간 본성에서 가장 나쁜 것을 끌어낸다. 사람들이 일시에 몰리거나, 몸싸움을 하거나, 주차공간을 두고 옥신각신하다가 발생한 사상자들을 기록하는 블랙프라이데이데스카운트닷컴이란 사이트가 존재할 정도다!

한 발 물러서서 보면 블랙프라이데이가 FOMO에서 기본이 되는 요소들과 동일한 것을 자극하고 있음을 명확히 알 수 있다. 인식과 소속감 말이다. 첫째, 정보의 비대칭은 군중에 합류해야 할인 제품을 손에 넣을 기회가 생긴다는 확신을 갖게 한다. 당신은 구매를 하기 위해 어떤 모습으로 경쟁이 이루어질지, 재고가 얼마나 많이 남아 있는지 전혀 알 수 없다. 때문에 기회를 놓치지 않으려면 쇼핑몰 문이 열릴 때 그 자리에 있어야 한다. 둘째, 이러한 광란의 경쟁은 군중의 힘을 이용하기 위해 고안되었다. 이 모든 경험은 크리스마스트리 아래 또는 옷장 속에 놓아둘 완벽한 상품을 차지하기 위해 이웃들과 경쟁하는 심리에 바탕을 두고 있다. 소매업체들은 당신을 불러들이기 위해 온갖 수단을 동원한다. 2018년 월마트는 매장에 커피 400만 잔과 쿠키 200만 개를 준비해 파티를 열겠다고 밝혔다.[4] 이런 종류의 전략이 진부하다고 생각되겠지만 효과는 확실하다. 나를 포함한 약 1억 7,500만 명의 미국인들이 추수감사절에서 사이버 먼데이 사이에 온라인과 오프라인 상점에서 쇼핑을 한다.[5]

이 모든 것을 종합하면 블랙프라이데이의 배후 세력은 당신을 가족과 침대, 절약으로부터 분리하려는 다면적인 음모를 꾸미고 있다고도 볼 수 있다. 블랙프라이데이만이 아니다. 당신은 매일 크고 작은 방식으로 음모와 마주한다. 생물학과 문화 그리고 기술의 막강한 조합이 당신의 FOMO를 자극하고 개인적인 직관과 논리의 조합이 아닌 외적 요소에 영향을 받는 선택을 하도록 만들려 한다. FOMO를 선택하지 않는 일이 중요한 이유가 여기에 있다. 애플, 구글, 페이스북, 스냅, 스마트 기기에 있는 여러 가지 앱, 대규모 소비재 브랜드, 소셜 미디어 인플루언서, 대뇌 피질, 조상, 성경을 비롯한 갖가지의 조합들이 당신에게 FOMO를 떠안긴다. 그러나 FOMO를 좇으면서도 사람들은 기회가 늘 손에 잡히지 않는 것 같은 기분을 느끼게 된다.

당신의 FOMO가 당신 탓이 아닌 이유
#1: 생물학

FOMO라는 약어 자체는 새로운 것이지만 FOMO 뒤에 있는 충동은 새로운 것이 아니다. 신경생물학적으로, 인간은 FOMO를 느끼도록 만들어져 있다. 호모 하빌리스와 호모 에렉투스 같은 수렵채집인 조상들은 부족을 이루어 살면서 자신들이 가지고 있는 것이 무엇인지, 필요하지만 가지고 있지 못한 것은 무엇인지 정확히 파악하고 있었다. 당시에는 그러한 것에 절박하게 매달려야 할 필요가 있었다. 식량이나 마실 물, 은신처를 찾아 돌아다니던 원시 인류들은 이것들을 놓치게 되면 생명의 위협에 처했기 때문이다. 초기 인류는 당시의 가혹한 환경을 헤쳐나가는 데 도움이 되는 집단에 지속적으로 참여하는 것이 생존의 또 다른 원동력이라는 것도 인식했다. 집단에서 쫓겨나거나 중요한 정보의 흐름에서 제외되는 것은 위험에 처한다는 의미였다. 인간은 적자생존에서 승리하려면 무리에 참여해야 한다는 것을, 소속이 필요하다는 것을 알고 있었다. FOMO가 없었다면 종 전체가 사라졌을 수도 있었던 것이다!

조상의 FOMO를 구동한 화학물질은 지금까지도 우리의 DNA에 남아 있다. 최근 미시건대학교의 연구진은 《분자 정신의학》에 두 뇌가 거부의 위협에 대한 감정적 반응을 어떻게 발달시켜왔는지 서술하는 논문을 발표했다. 이들이 마련한 실험은 데이트 앱의 어설픈 버전 정도로 생각하면 된다. 실험 대상자는 여러 데이트 상대의 프로필을 온라인으로 훑어보고 친밀한 관계를 맺고 싶은 생각이 드는 순서대로 순위를 매겼다. 다음으로 과학자들은 관심을 보인 연애 상대가 접근에 화답을 했거나 거절을 했다는 것을 알게 되는 동안 뇌 스캔을 진행했다. 뇌 스캔 결과는 인간의 뇌가 기능부전이나 거절과 같은 신체적·정신적 상처 모두에 동일한 천연 통증 억제 시스템을 사용한다는 것을 보여주었다.[6] 말도 몽둥이나 돌만큼 큰 상처를 준다. 당신이 소속감이나 인정을 추구할 때는 특히 더 그렇다.

본능적으로 집단으로부터의 인정을 추구하는 것은 인간만이 아니다. 일부 동물 종도 그와 아주 비슷하게 만들어져 있다. 블랙프라이데이에 미국인들이 쇼핑몰로 이동하는 것을 관찰하면서 나는 세렝게티를 가로지르는 영양을 떠올렸다. 매년 150만 마리가 넘는 영양들이 북탄자니아에서 케냐까지 1천 킬로미터에 달하는 긴 여행을 한 뒤 그 길을 다시 돌아온다. 이 험한 여정 중에 약 25만 마리가 죽지만, 다른 선택지는 없다. 영양은 본능적으로 이주를 해야만 한다. 마사이마라를 향해 북쪽으로 가는 영양들은 끝이 보이지 않을 만큼 긴 행렬을 만든다. 무리가 전진하면서 끝이 없어 보이는 이 행렬의 의미가 구체화된다. 집단지능이라는 현상에 기초한 생존 전략이다. 무리를 지어 움직이면 적들이 한 번에 몇 마리 이상 사냥하기가 어렵다. 포식자가 한두 마리를 끌고 가도, 나머지는 굴하지 않고 전진한다. 동물은 본능을 믿는다. 그래야 평원을 가로지르는 긴 여정에서 살아남을 수 있기 때문이다.

당신은 아마 이런 불평을 하고 있을 것이다. 도대체 영양의 이주와 블랙프라이데이가 무슨 상관이야? 상관이 있다. 그것도 매우! 곰곰이 생각해보면 둘 다 군중심리의 예라는 것을 알 수 있다. FOMO는 집단에 속하려는 개인의 원시적 욕구에서 비롯된다. 그런 면에서 우리는 영양과 그리 다르지 않다. 우리는 생존에 필수적이라고 생각하는 소속감을 추구하는 본능에 의해 움직인다. 따지고 보면 사람들이 블랙프라이데이에 몰리는 것도 모두 유전학의 문제인 것이다.

그런데 기억해야 할 것이 있다. 우리는 영양이 아니다. 파이어 페스티벌이나 옆집에서 벌어지는 〈왕자의 게임〉 테마 파티에 참석하지 않는다고 해도 하이에나의 공격을 받아 목숨을 잃지는 않는다. 우리의 삶은 세렝게티에 살고 있는 영양의 삶과는 다르다. 놓치는 것은 그저 지나치면 그뿐이다. 살기 위해 무리를 좇는 영양과 달리 당신은 무리를 따르지 않아도 다음 날까지 목숨을 부지할 수 있다.

당신의 FOMO가 당신 탓이 아닌 이유
#2: 문화

인간이 FOMO에 약해질 수밖에 없도록 만들었던 생물학적 뿌리가 하루아침에 사라질 리 없다. 그것은 인간의 기본적인 조건으로 수천 년 동안 예술, 연극, 영화, 종교, 대중문화에 표현되어왔다.

성경의 창세기를 생각해보자. 배경은 천지가 개벽하던 때다. 아담과 이브는 먹고 사는 일에만 신경을 쓰며 살면 그뿐이었다. 에덴동산을 돌보고 신이 명확히 금지한 대로 선악과만 먹지 않으면 됐다. 삶은 평화롭고 모든 일은 순조로웠다. 그들은 지상 낙원에서 살고 있었으니까. 그러던 어느 날 뱀이 나타나 선악과를 먹으면 신과 마찬가지로 선과 악을 구분하게 될 것이라고 이브를 유혹했다. 유혹에 넘어가 선악과를 맛본 이브는 에덴동산에서 쫓겨났다. FOMO에 넘어간 대가는 가혹했다.

성경에 따르면 이브는 현명하지 못한 영양학적 결정의 결과로 고통을 겪은 최초의 사람이다. 하지만 그녀가 마지막이 아닌 것은 분명하다. 유튜브에는 매운 고추, 계피, 우유 등의 음식을 이상한 방식으로 먹는 사람들의 영상이 수억의 조회수를 기록하고 있다. 이목을 끌기 위한 이러한 행동들은 식당, 가정, 놀이터에서 재연된다. 전 세계의 사람들이 경솔한 행동을 일상적으로 벌이며 FOMO에 굴복하고 어리석은 먹기 대결에 참여한다. 이제 그들을 유혹하는 것은 뱀이 아니라, 무리에 참여할 기회 그리고 밈에 가담할 기회다. 어리석은 행동의 결과로 병원 신세를 지게 될 수도 있다. 오하이오 주에 사는 다섯 명의 어린이들은 맵기로 유명한 고스트페퍼를 먹고 알레르기 반응을 일으켜 병원에 입원했다.[7] 캘리포니아의 한 남성은 식도 파열로 23일간 병원 신세를 지기도 했다.[8]

FOMO와 인터넷의 조합은 사람들로 하여금 무모한 일을 하게 한다. 기업도 다를 것 없다. 2017년 펩시는 "지금 이 순간을 살자"라는 제목의 영상을 통해 자의식이 강하고 자신의 정치적 역할을 인식하고 있는 인구 집단인 밀레니얼 세대의 상상력을 자극하려 했다. 이 광고 영상에서 사진 촬영 중이던 모델 켄달 제너는 일을 그만두고 촬영장 옆을 지나는 시위대열에 합류한다. 무엇을 위한 시위인지는 명확치 않지만(푯말에는 "사랑"이라는 말만 적혀 있다), 켄달은 사람들과 주먹 인사를 주고받으며 시위대 전면으로 향한다. 시위대 맨 앞에 이른 그녀는 자신 있는 걸음걸이로 굳은 표정을 지으며 서 있는 시위 진압 경찰에게 다가간다. 그녀가 펩시콜라를 꺼내 경찰에게 내밀자 긴장은 깨진다. 경찰이 콜라를 마시고 미소를 짓자 군중들은 펩시가 세상의 모든 문제를 해결하는 치료제일지 모른다는 깨달음에 환호하며 서로 포옹한다.

펩시는 자사 음료에 대한 애정을 중심으로 밀레니얼 세대를 뭉치게 하려다가 그보다 한층 어려운 일을 해냈다. 정치적 입장을 뛰어넘어 모든 미국인들이 그 광고 영상이 정말 말이 안 된다는 데 뜻을 같이하게 만든 것이다. 청량음료를 팔기 위해 평화 시위를 끌어들인 것은 사회운동의 가치를 훼손시키는 것처럼 보였다. 대중의 반발이 거세지자, 펩시는 48시간도 되지 않아 광고를 삭제했다. 펩시는 소비자와 켄달 제너에게 공개적으로 사과를 했다. 제너에게는 끔찍한 한 달의 시작이었다. 파이어 페스티벌이 바로 몇 주 뒤에 열렸던 것이다.

금기의 열매를 먹는 것이든, 금기의 음식을 섭취하는 것이든, 금기의 펩시를 마시는 것이든, 이런 사례들은 FOMO가 문화에 깊숙이 자리 잡고 있어서 FOMO를 경험하거나 그에 대한 대가를 치르는 데 스마트 기기나 소셜 미디어가 필수적인 요소가 아니라는 점을 확실히 보여준다. 인터넷이나 소셜 미디어가 등장하기 전에도 신문이나 라디오, 텔레비전, 회사 휴게실에서 전해지는 소문, 삼촌의 하와이 크루즈 사진 같은 것들이 놓치고 있는 것에 대한 두려운 감정을 부추기는 데 일조해왔다. 그러나 지난 20년 동안 많은 것이 변했다. 왜 호모 하빌리스에서 호머 심슨에 이르기까지 수천 년 동안 지구상에 살았던 사람들은 여태까지 FOMO라는 감정을 묘사하는 단어가 필요하지 않았던 것일까? 그리고 지금은 왜 그것이 필요한 것일까? 물론 거기에는 인터넷의 출현과 아날로그에서 디지털로의 이동이라는 사회 변화가 있다.

당신의 FOMO가 당신 탓이 아닌 이유
#3: 기술

현대의 FOMO를 부추기는 기술의 역할을 이해하려면, 소셜 미디어의 암흑시대였던 2000년대 초로 거슬러 올라가야 한다. 소셜 미디어와 스마트폰, 문자 메시지라는 연결성이 없던 세상은 지금과는 다르게 움직였다. 대부분의 디지털 상호작용은 당사자가 주도적으로 온라인에 접속해야 가능했다. 컴퓨터의 전원을 켜고 LAN 케이블이나 와이파이 핫스팟에 컴퓨터를 연결시킨 후에야, 인터넷 서핑을 하거나 이메일을 주고받을 수 있었다. 몇 분이 멀다 하고 울리는 알림이나 메시지 앱은 존재하지 않았다. 그런 면에서 인터넷을 이용하는 것은 TV를 보는 것과 흡사했다. 온라인 상태가 되는 것은 선택의 문제였기 때문에 인터넷을 통제하는 것은 당신이었다.

현재로 돌아와 생각해보자. 마지막으로 집중을 방해받지 않았던 때가 언제였던가? 아마도 처음 스마트폰을 가지게 되기 전날이었을 것이다. 그 이후로 당신은 줄을 서 차례를 기다리거나 대기실에 있는 등 비교적 자유로운 시간이 생기면, 어김없이 스마트폰을 꺼냈을 것이다. 앱을 실행시키고, 이메일을 쓰고, 소셜 미디어를 정독하고, 게임을 하고, 문자로 수다를 떤다. 공상을 하거나, 졸거나, 정신을 어딘가에 집중하지 않은 채 마음이 떠도는 대로 놓아두는 시간은 좀처럼 갖지 않는다. 현대인들은 스크린타임에 하루에 10시간 이상을 할애한다.[9] 그리고 그 시간의 대부분은 모바일 기기가 차지한다. 이제는 인터넷이 당신을 지배하고 통제한다.

무엇이 변했을까? 세 개의 강력한 힘이 인간과 기술의 관계 그리고 인간관계를 근본적으로 재조직하면서, 정보를 받아들이는 방식을 변화시키고 오래 전부터 원초적 본능처럼 인간의 정신에 존재해 왔던 FOMO를 강화했다. 첫째, 우리는 정보에 대한 접근권이 끊임없는 제공되는 시대를 살고 있다. 둘째, 소셜 미디어의 부상으로 상호연결성이 극단적으로 높아지면서 생활도 변화했다. 셋째, 이 모든 정보와 상호연결성 덕분에 다른 사람과 자신을 아주 쉽게 비교할 수 있게 되었다. 옆집에 사는 사람이든 지구 반대편에 사는 사람이든 가리지 않고 말이다. 그 결과 발생하는 참조 불안은 고도로 치밀하게 구성된 소셜 미디어 세상에서 특히 치명적으로 작용한다.

1. 정보에 대한 끊임없는 접근권

헨리 데이비드 소로는 이런 말을 남겼다. "수많은 사람들이 조용한 절망의 삶을 살아간다." 그가 지금 살아 있다면, 다음과 같은 불안이 가득한 관찰 결과를 트위터에 올렸을 것이다.

> 많은 사람들이 지나치게 많은 정보를 안고 삶을 살아간다.#내가월든호
> 수로간까닭

우리는 항상 복잡하고 예측 불가능한 세상을 살아왔다. 하지만 최근까지는 대부분의 사람들이 인접 환경 밖에서 무슨 일이 벌어지는지 알지 못하는 다행스러운 상황에 있었다. 보통의 사람들은 세 가지 정보원, 즉 텔레비전 뉴스, 인쇄 매체, 입소문을 통해 주기적으로 정보를 얻었다. 돌아보면 이 모든 것이 대단히 예스럽게 보인다. 오늘날은 인터넷이 최신 뉴스와 객관적이지 못한 논평들을 당신 손 안의 스마트폰으로 실어 나른다. 당신은 원하는 것이라면 무엇이든, 아무리 특이한 틈새 스토리라도 (당신이 어디에 살든) 매우 상세하게 파악할 수 있다. 또한 다른 디지털 시민의 글에 댓글을 달고 참견을 할 수 있으며 그 과정에서 직접 스토리의 일부가 될 수도 있다.

디지털과 모바일 커뮤니케이션의 확대는 정보의 수신·처리·보급 방식을 획기적으로 개선했고, 사람들에게 미치는 영향력도 빠르게 퍼져 나갔다. 2008년부터 2017년까지 10년 동안 미국인들이 디지털 미디어를 소비하는 시간은 2.7시간에서 5.9시간으로 두 배 이상 증가했고, 모바일 미디어 소비는 20분 미만에서 3시간 이상으로 800퍼센트 이상 급증했다![10] 결과적으로 정보에 대한 접근이 민주화·상향화되었다. 어마어마한 양의 데이터는 아주 신나는 일인 동

시에 피할 수 없고, 진을 빼는 일이기도 하다. 그리고 무엇보다 중요한 것은 중독성이 있다는 점이다. 퓨 리서치 센터는 미국인의 77퍼센트가 매일 온라인에 접속을 하며 26퍼센트는 거의 끊임없이 온라인상에 있다는 것을 발견했다.[11] '상시 접속 상태'인 사회에서 오락·생산성·가능성·정보의 근원지인 인터넷에 너무 의존하게 된 나머지 우리는 인터넷이 없는 삶을 상상하는 것이 거의 불가능한 지경에 이르렀다. 아수리온의 최근 설문 조사에 따르면, 대부분의 미국인들은 스마트폰 없이는 하루 이상 지낼 수 없다고 응답했다고 한다.[12] 균형 있는 시각을 제공하기 위해 밝히자면, 응답자들이 음식이나 물 없이 살 수 있다고 말한 시간과 똑같다.

2. 극단적인 상호연결성

밀려드는 정보에 빠져드는 와중에 우리의 삶은 급진적인 연결성과 지속적인 (그리고 과도한) 공유로 인한 변혁도 겪어야 했다. 소셜 미디어는 처음부터 거부하기 힘든 매력을 발휘했다. 디지털 라이프에서는 누구나 주인공이 될 수 있다. 소셜 미디어는 상태 업데이트와 가끔씩 친구들을 '콕' 눌러보는 기능으로 시작했지만 곧 사진, 동영상, 의견 등 "좋아요"를 이끌어낼 만한 것이라면 무엇이든 공유할 수 있는 대중의 광장으로 진화했다. 자기만의 드라마를 만들고 그 과정에서 즉각적인 피드백을 얻을 수 있는데 왜 TV를 보고 있겠는가?

설문조사를 통해 56퍼센트의 사람들은 소셜 네트워크를 멀리할 경우 행사나 뉴스, 중요한 상태 업데이트를 놓칠까 두렵다고 털어놓았다.[13] 지구상의 소셜 미디어 전체 사용자가 26억 명이 넘고 2021년에는 30억 명, 즉 전체 인구의 약 40퍼센트에 육박할 것이 예상되는 시점에서 큰 의미가 있는 발견이 아닐 수 없다.[14] 이는 15억이 넘는 사람들이 곧 FOMO에 시달리게 된다는 뜻이다. 이런 놀라운 침투력을 고려하면, 팔로알토에 있든 파푸아뉴기니에 있든, 당신은 하루 2시간 이상을 소셜 미디어에 매달려 보내게 된다.[15] 대부분의 사람들이 밥을 먹거나, 운전을 하거나, 운동을 하는 것보다 많은 시간이다. 이를 넘어서는 것은 잠을 자고, 일을 하고, TV를 보는 시간뿐이다. 충격적이다. 20년이 채 되지 않는 시간 안에 우리는 자신의 인생을 살고 세상과 그리고 주위의 사람들과 상호작용을 하는 삶의 상당한 부분을 전혀 새로운 힘에게 넘겨주었다.

3. 참조 불안

미래 인류학자들이 현재의 인류에 대해서 연구할 수 있는 유일한 도구가 인스타그램뿐이라고 상상해보자. 그들은 현대 사회에 대해서 어떤 결론을 도출하게 될까? 나의 피드를 기반으로 하면, 아마도 그들은 녹차 라떼를 마시는 브룩클린의 힙스터와 항상 생글거리는 말도 안 되게 귀여운 아이들, 수영장에서 느긋한 시간을 보내며 자기 발을 촬영하는 사람들이 사는 세상에 감탄을 할 것이다. 그리고 약간의 박탈감을 느끼기 시작할 것이다. 그들의 삶은 이런 삶과 비교가 안 될 테니 말이다.

당신이 모으는 모든 소셜 미디어의 데이터 포인트에는 다른 사람들(아는 사람이든 모르는 사람이든)의 생활을 살피고 당신과 얼마나 견줄 만한지 평가하고 싶은 피할 수 없는 유혹이 도사리고 있다. 사람들은 항상 자신을 친구나 이웃과 비교한다. 결국 인간은 경쟁적인 본성을 가지고 있으며 불안해하는 경향이 있다. 소셜 미디어는 상대가 어디에 살든 삶의 단면을 엄청나게 쉽게 살필 수 있도록 만들었다. 물론 검토와 정리를 거친 이런 이미지와 게시물이 현실과 얼마나 부합하는지는 알 수 없다. 정보의 비대칭성 때문에 당신은 완벽한 필터 뒤에 무엇이 있는지 절대 알지 못하게 된다.

눈에 띄게 성공한 사람들을 뉴스피드에서 차단시켜본 적이 있을 것이다. 다른 사람의 성공 스토리를 듣고 매일 그들의 겸손한 자랑을 읽는 것은 그 사람을 좋아하고 존경한다 해도 지치는 일이다. 그러나 아무리 많은 사람을 차단하더라도, 가장 가까운 친구에서 영화배우 셀레나 고메즈Selena Gomez에 이르기까지 모든 사람이 자신의 디지털 라이프를 남들이 보기 좋게 관리한다는 것을 알아도, 현실과 상상 속의 대적할 수 없는 기준을 목도한 이상 자신과 그들을 비교하는 일을 멈추기는 힘들다.

한편으로 엄청난 아이러니는 실제로 다른 사람을 따라잡고, 더 많은 것을 경험하고, 흔치 않은 경험을 하는 것이 그 어느 때보다 쉬워졌다는 점이다. 항공권 가격은 지난 30년 동안 50퍼센트 이상 저렴해졌다.[16] 완벽한 석양을 즐길 수 있는 곳으로 떠날 수 있는 가능성이 훨씬 높아진 것이다. 또한 프리랜서, 긱 경제, 기술이 뒷받침하는 재택근무의 등장으로 라이프 스타일의 측면에서도 전례 없는 유연성을 누리게 되었다. 무엇보다 다른 모든 것이 실패하더라도 카메라에 필터를 적용해서 아보카도 토스트를 촬영하고 상당한 디지털 보정을 거치면, 당신이 최고의 아보카도 토스트 사진을 게시했다고 세상과 심지어는 자기 자신까지 속일 수 있다.

이렇게 함으로써 당신은 이제 바닥치기 경쟁에 첫 발을 내딛게 된 것이다. 디지털 농간과 비대칭적 정보가 지배하는 부정직한 싸움에 들어서면 절대 이길 수 없다. 그 누구도 말이다. 혹 당신이 '승리' 하더라도, 그것은 피상적인 승리일 뿐이다. 당신이 얻어낸 "좋아요"의 숫자로 자신의 가치를 가늠하기 시작한다면, 곧 큰 실망을 느끼게 될 것이다. 외적 확인을 추구해서 얻는 만족감은 그리 오래 가지 않는다. 인정이 가져다준 광휘는 곧 사그라들고 다른 모든 중독이 그렇듯이 당신은 곧 또 다른 인정을 향해 달려가는 자신을 발견하게 된다.

너무 극단적이라고 생각할 수도 있다. 그러나 FOMO는 절대 웃어 넘길 수 있는 일이 아니라는 것을 반드시 알아야 한다. FOMO는 당신과 사회에 심각한 영향을 끼친다. 절대 방심해서는 안 될 문제다. 이제는 FOMO를 불러오는 음모에 대해서 알았으니 곳곳에서 그런 음모의 흔적을 발견하게 될 것이다. 그리고 이러한 외적 단서들이 이성적이 아닌 감정적 결정을 하게 만들어 스스로의 직관을 믿지 못하게 하는 방법을 알아차리게 될 것이다. 이것은 모든 방향에서 당신의 감각에 가해지는 지속적인 공격과 맞서는 첫 단계다. 일부 소소한 공격들은 무해해 보일지도 모른다. 하지만 이들이 합쳐지면 큰 피해를 끼친다. 다음 장에서 보게 될 것처럼, 당신을 포모 사피엔스로 변화시키는 요인들은 표면적으로는 아무런 문제가 없어 보이지만 그것들이 불러일으키는 부정적인 영향력은 놀랄 만큼 빨리 누적된다.

3장

밈
그 이상

"질투는 그들만이
즐겁다는 당신의
상상에 불과하다."

- 에리카 종

지난 몇 년 동안, 메이시스와 던킨, 스포티파이 같은 일련의 다양한 브랜드들이 마케팅 자료에 FOMO와 그것을 변형한 말들을 사용해왔다. 그 중 내가 가장 좋아하는 것은 맥도날드가 고객들에게 FOMM을 경고한 광고였다. FOMM Fear Of Missing out on McRib이란 맥립을 놓치는 것에 대한 두려움(그런 걱정은 말아요)의 줄임말이다. 한편 아이스크림 박물관, 컬러 팩토리, 셀카 박물관 등 인스타그램 친화적인 설치 '미술'과 '박물관'이 곳곳에 나타났다. 이 중에서 내가 가장 좋아하는 FOMO 팩토리는 2018년 몇 개월간 텍사스 오스틴 시내에서 운영되었던 매장이었다. 그곳에서는 총 28달러면 방문객들이 '몰입 셀카 경험'에 참여하고, 오로지 스내플(전시회 후원사 중 하나) 제품만 있는 바를 방문하여 소셜 미디어 피드를 채울 사진을 잔뜩 찍을 수 있다.[1]

FOMO는 높은 밈 가치 덕분에 소셜 미디어 인플루언서, 토크쇼 진행자, 해시태그 마케터들이 선호하는 표현이 되었다. 그렇다 보니 보통 파티, 휴가, 맥립을 놓치는 것에 대한 두려움이나 셀카와 관련된 사소한 것으로만 간주되고 있다. 사실 〈어번 딕셔너리Urban Dictionary〉의 최상위 정의도 이러한 인식을 뒷받침한다.

FOMO: Fear of Missing Out(놓치는 것에 대한 두려움)

파티나 행사에 빠지면 뭔가 대단한 것을 놓칠 것이라는 두려움. 존은 매우 지쳐 있었지만, 그의 FOMO는 피로를 이기고 파티에 참석하게 만들었다. #두려움#놓치는것#파티#유흥[2]

그러나 유행했다가 사라지고 마는 수백만 개의 밈과는 달리, FOMO는 놀라운 유지력을 보여주었다. FOMO는 특히 밀레니얼 세대들 사이에서 널리 사용되는 은어가 되었다. 《뉴욕매거진》의 "더 컷"은 FOMO가 대중문화에서 영광스러운 자리에 오른 이유를 명확하게 포착하고 있다. "FOMO 같은 용어들은 전반적으로 긍정적이다. 그런 용어들은 우리가 느끼고 있는지도 모르던 것들을 표현하게 해준다."[3] 이와 같이 FOMO는 밈 그 이상의 존재다. FOMO는 사회의 많은 부분에 영향을 미치고 사람들의 삶을 보다 복잡하고 덜 유쾌하게 만드는 조건이다. 자신이 이로 인해 고통받는 유일한 사람이 아니며 심지어 당신의 느낌을 표현하는 단어까지 있다는 것을 깨달을 때 FOMO의 큰 울림을 느끼게 될 것이다.

FOMO로 인한 고통은 실제적이다. 《사이칼러지 투데이》는 FOMO가 있는 사람은 일반적으로 기분이 저조하고, 자존감이 낮고, 외로움과 열등감을 느끼는 경향이 있으며, 자신이 또래 집단이나 교제하는 집단 내에서 다른 사람들보다 성공적이지 못하다고 생각하는 경우에는 특히 더 그렇다고 말한다.[4] 또한 FOMO는 수준 이하의 학업 성과, 대면 인간관계에서의 문제 그리고 의욕 저하와도 연결되어 있다. 이 때문에 FOMO의 고통은 전 세계 심리학자들의 상상력을 자극하고 그들로 하여금 그 원인과 영향을 보다 잘 파악하기 위해 현장 기반 연구를 수행하게 만들었다.

연구진은 데이터를 기반으로 FOMO가 사람들이 자신을 보는 방식과 삶을 사는 방식에 어떠한 영향을 주는지 분석했다. 대학생을 대상으로 한 2018년의 연구는 FOMO를 가진 사람들이 "피로 가중, 스트레스 증가, 수면 문제, 신체적 문제"를[5] 겪는다는 것을 보여주었다. 《동기와 감정Motivation and Emotion》에 발표된 이 연구 결과는 FOMO가 개인의 스케줄과 일상 활동에 따라 달라진다는 것을 보여주었다. 예를 들어, FOMO는 하루, 한 주가 끝나갈수록 높아진다. 또한 일이나 공부처럼 필요하지만 그리 재미있지는 않은 일상의 작업을 할 때 최고조에 이른다. 당연하게도 화요일 오후에 친구와 점심 식사를 할 때보다는 금요일 저녁에 도서관에서 공부를 하고 있을 때 FOMO를 느낄 위험이 훨씬 높다. 그리고 어떤 행사를 인터넷에서 디지털 상태로 발견했든 실제 세상에서 발견했든 대상자들이 경험하는 FOMO는 똑같다는 것을 밝혀냈다.

소셜 미디어가 FOMO라는 감정의 기폭제라기보다는 조장자의 역할을 하기는 하지만, 자극에 있어서 매우 중대한 역할을 맡고 있는 것은 사실이다. 구체적으로 소셜 미디어는 그 순간 당신이 하고 있는 것이 무엇이든 그에 대한 대안을 발견하는 일에서 저항을 줄여준다. 캠퍼스 내의 모든 문을 두드리는 것보다는 소셜 미디어를 통해서 주변에서 일어나고 있는 FOMO를 유발하는 여러 가지 일들을 알아낼 확률이 훨씬 높은 것은 당연하며, 그렇게 하는 것이 훨씬 더 쉽다. 소셜 미디어는 FOMO의 강력한 촉진제 역할을 하기 때문에, 스트레스와 질투, 우울증을 유발함은 물론 젊은이들이 소셜 미디어에 부적절한 자기 홍보성 자료를 게시하기 위해 위험을 감수하게 한다는 지탄을 받고 있다. 또한 오프라인에서의 인간관계를 저해하여 실제 세상에까지 영향을 미칠 수 있다.

FOMO를 스마트폰에서 얻었든, 친구와 직접 대면해서 얻었든, 그것이 생활과 활기에 지속적이고 실제적인 피해를 입힐 위험이 있다는 과학적인 증거가 늘어나고 있다. 결정을 내리는 동기가 동료나 주변, 인터넷에 의해 체계적으로 농락당하게 되면, 당신은 통제력을 잃고 삶에 대한 주도권 또한 잃게 될 것이다. FOMO에 대한 학문적 접근이 늘어나고는 있지만 정신과 신체적 건강에 미치는 장기적 영향에 대해 배우고 파악할 것이 아직 많이 남아 있다. 〈놓치는 것에 대한 두려움: 유행, 역학, FOMO 경험의 결과〉라는 논문의 저자들은 이러한 결론을 내놓는다. "우리는 사회 심리학이 FOMO를 '놓치고' 있다고 생각하며 이 현상에 대해 더 많은 연구를 진행해야 할 필요가 있다."[6]

FOMO, 요람에서 무덤까지

＼

FOMO는 요람에서 무덤까지 따라가는 인간 심리의 일부다. 잠을 자려 하지 않는 아이를 재우려 해봤거나 전화를 좀처럼 끊지 않으려는 조부모님(정말로 많은 질문을 하신다)을 상대해봤다면 내가 무슨 이야기를 하는지 알 것이다. 그렇지만 지금까지는 관심의 대부분이 밀레니얼 세대를 향했다. 2011년 세계적인 광고업체 제이월터톰슨은 FOMO에 대한 기념비적인 연구를 진행했다. 이 연구에서 밀레니얼 세대 성인의 72퍼센트는 FOMO와 관련이 있고, 41퍼센트는 때때로 혹은 자주 FOMO를 경험하는 것으로 나타났다.[7] 이 연구는 지금보다 FOMO가 덜할 때(인스타그램, 스냅챗, 틴더와 같은 앱은 존재하지도 않았다) 수행되었는데도 그 의미가 분명했다. 내가 포모 세대라고 부르는 이 집단은 진정한 디지털 네이티브의 첫 물결에 해당한다는 것이다.

대부분의 밀레니얼 세대는 인터넷 이전의 세상을 모르며 평생을 온라인에서 살았다. 이들은 이크야크부터 텀블러, 바인, 틱톡 등 새로운 디지털 상품에서 탄광의 카나리아와 같은 역할을 해왔다. 그들은 질풍노도의 10대 시절, 망나니 같은 대학 시절 등 삶의 모든 측면을 온라인 상태로 살아왔다. 그들은 거의 본능적으로 "좋아요"를 최대한 이끌어내는 디지털 페르소나를 형성하는 데 전문가가 되었고 완벽한 이미지를 구축하기 위해 비상한 노력을 기울인다. 이처럼 밀레니얼 세대가 모든 관심을 받고 있긴 하지만 이것은 그들만의 문제가 아니다. 역시 제이월터톰슨이 실행한 연구에 따르면 X세대의 절반 이상과 베이비부머의 3분의 1이 FOMO와 관련이 있다고 한다.

FOMO가 의사 결정의 문제라는 것을 기억하면 모든 것이 이해가 된다. 믿거나 말거나, 첫 번째 불안이 쇄도하는 것은 유아기다. 주변의 세상을 인식하고 거기에서 나오는 모든 가능성을 지각하기 시작하면서, 자신에게 가해지는 제한과 전반적인 주도권의 결핍을 깨닫게 된다. 잠자리에 드는 시간도 결정할 수 없고, 마음대로 먹을 것을 선택할 수도 없으며, 규칙을 만들 수도 없다. 그같은 억제 상태는 아동기는 물론 청소년기(아주 심각한 말썽꾸러기가 아닌 한 아직 경계 내에 있지만 자유를 조금은 맛보는 그런 시기)까지 계속된다. 마지막으로 당신은 성인 초기에 들어서고, 부모의 집을 나와(아닐 수도) 마침내 자신이 선택하는 삶을 살기 시작한다.

자립은 사람을 도취시키는 힘을 가지고 있으며, 매우 압도적인 경험이다. 당신이 만나는 모든 새로운 사람들(다른 배경과 경험을 가

FOMO의 일생

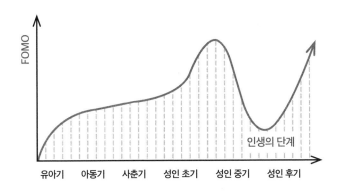

진), 당신과는 달리 눈을 뗄 수 없는 매력적인 삶을 사는 사람들과 자신을 비교하고 싶은 유혹을 느낄 때면 특히 더 그렇다. 할 일은 너무나 많고 시간은 부족해서 모든 것을 해보려다가 실패한다. '욜로'라는 인생은 한 번뿐이라는 생각이 사고방식에 스며들어 대학을 졸업한 이후(여러 가지 면에서 대학 생활의 연장인)까지 지속된다. 당신은 여전히 동료나 친구 무리에 둘러싸여 있다. 이러한 환경에서는 비교가쉽고 오락과 모험을 위한 초대가 끊이지 않는다. 자신에 대해서 생각하는 것을 멈추고 주변에 의해서 만들어지는 외부적 단서를 기준으로 결정을 내리고 싶은 유혹이 가장 큰 시기다.

FOMO는 성인 초기에서 중기 사이에 절정에 달했다가 중년이나 노년에 이르면 감소하는 것이 보통이다. 일과 가정생활 모두가이전 그 어느 시기보다 바빠지면 놓치고 있는 것에 대해 생각할 시간이 줄어들고 피곤해지며, 밤을 새는 것은 다음날에 큰 영향을 준다. 그리고 FOMO를 조장하는 정보의 비대칭성이 이전만큼 강력하지 않다. 삶에 대해 많은 경험을 쌓았기 때문에 새로운 가능성이 나타났을 때 무엇을 놓치게 될지 이미 감이 온다. 일을 진전시키고, 자신에게 가장 타당한 것을 선택한 뒤, 나머지는 놓쳐버리는 일이 훨씬 쉬워진다. 안도의 한숨을 쉴 수 있다. 고민은 끝났다. 정말?

이제 할 만큼 했다는 생각이 드는 인생 후반에도 FOMO가 강한 반등을 보일 수 있다. 첫째, 중년의 위기라는 위험이 있다. 당신은 정신없이 살다가 문득 살아온 날보다 남은 날이 훨씬 적다는 것을 깨닫는다. 중년의 나이에 꽉 끼는 청바지와 번쩍이는 스포츠카에 달려드는 모습이 이런 상황을 잘 보여준다. 이후 은퇴를 하고 나면, 자유 시간이 훨씬 많아지고 인생은 유한하며 하고 싶은 모든 일을 다 할 수 없다는 자각이 강하게 찾아온다. 당신에게 주어진 선택지는 이제 줄어들기만 한다. 일생 한 번뿐인 인도 여행을 하거나, 손주들을 디즈니랜드에 데려가겠다는 꿈을 꾸고 있다면 아직 건강이 허락하는 이 시기에 하는 것이 좋다. 쓸쓸한 일이지만 당신은 언젠가 어릴 때처럼 다른 사람이 정한 규칙을 따라야 하는 때가 온다는 것을 알고 있다. 성인이 된 자녀나 도우미가 주도권을 인계받고 당신은 통제력을 잃게 될 것이다. 지금이 아니면 안 된다!

당신은 포모 사피엔스인가

＼

알다시피, FOMO가 어떻게 생기는지 알고 있다고 해도 외딴 동굴에서 살고 있지 않는 한, 온라인이나 실제 세상에서 FOMO를 자극하는 요소들을 다 피해 가는 것은 불가능하다. 유일한 선택지는 FOMO를 관리하는 법을 배우는 것이다. 이 과정을 시작하는 한 가지 방법은 FOMO가 당신의 행동을 변화시키고 결정을 형성하는 방법을 솔직하게 받아들이는 것이다. 일단의 심리학자들이 2013년 《인간 행동과 컴퓨터》라는 학술 저널에 발표한 진단 테스트를 통해 현재의 상태를 평가할 수 있다. 연구 커뮤니티에서 자주 인용되는 이 질문들 역시 인터넷 문화를 통해 널리 알려졌다. 아이러니하게도 나는 온라인에서 광범위하게 공유되는 이 질문들의 편재성 역시 FOMO로 귀결되는 것이 아닌가 생각한다. 친구들이 이 테스트를 하면 같은 것을 할 기회를 놓치고 싶지 않아지는 것이다.

아래의 질문에 답을 하다 보면 인터넷을 명시적으로 언급하는 항목이 단 한 개뿐이란 점이 흥미롭게 느껴질 것이다. 이 질문들은 보편적인 행동에 대한 것들이다. 디지털 시대에는 이런 잠재적 불안에 굴복하기가 몹시 쉽다. 스마트폰을 쥐고 깨닫지도 못하는 사이에 FOMO를 활성화해버리는 것이다.

자기 평가 질문

- -

아래의 문항에서 자신이 어디에 해당하는지 1(전혀 그렇지 않다)에서 5(확실히 그렇다)까지로 평가해보라.

1. 다른 사람들이 나보다 더 가치 있는 경험을 할까 봐 두렵다.

2. 친구들이 나보다 더 가치 있는 경험을 할까 봐 두렵다.

3. 친구들이 나 없이 재미있게 지내는 것을 보면 걱정이 된다.

4. 친구들이 뭘 하는지 모르면 불안하다.

5. 친구들의 농담을 이해하는 것은 중요한 일이다.

6. 때때로 시류를 좇아가는 데 너무 많은 시간을 할애하는 게 아닌가 하는 생각을 한다.

7. 친구들을 만날 기회를 놓치면 신경이 쓰인다.

8. 좋은 시간을 보낼 때 온라인으로 그 세부 정보를 공유하는 것이 내게는 중요한 일이다(예: 상태 업데이트).

9. 예정된 모임을 놓치면 신경이 쓰인다.

10. 휴가를 가도 계속해서 친구들이 뭘 하고 있는지 예의주시한다.[8]

10개 질문의 답 모두를 합산해서 평균을 낸다.

자, 이제 결과가 나왔다. 냉정한 결론을 도출하기 전에, 균형 잡힌 시각을 유지하는 것이 중요하다는 점을 기억하자. 이 테스트는 참고 수단일 뿐 공인된 치료법이나 평가가 아니다. 자신의 점수를 최종 결론으로 받아들이지 말고, 상황이 어떠한지 진단하는 방법의 하나라고 생각하라. 이러한 주의사항들을 확인했다면 점수를 해석해보자. 이 연구를 수행한 논문의 저자들은 22~65세의 사용자 2천 명을 표본으로 삼아 평균 점수가 약 2점이라는 것을 발견했다.[9] 따라서 당신 점수가 3점 미만이라면 평균에 가까운 것이다. 3점 이상이라면 포모 사피엔스 대열에 합류하게 된다. 그렇다고 해도 걱정할 필요는 없다. 이 책의 마지막 부분에서 변화시키는 방법을 배우게 될 것이다.

자신이 내리는 결정을 통제하고 그렇게 함으로써 FOMO를 중화시킬 수 있다는 점은 기운을 북돋아줄 것이다. 하지만 FOMO를 고친다고 해서 문제가 반드시 해결되는 것은 아니다. 그것이 유일한 FO가 아니기 때문이다. 개인적·직업적인 면 모두에서 일상적으로 당신의 선택을(혹은 선택의 부족을) 구동하는 또 다른 FO, 즉 FOBO가 존재한다. 하지만 FOMO와 달리 FOBO는 대개 문제의 이면에 머무르면서 이름을 날릴 적절한 순간을 기다리고 있다. FOBO가 FOMO만큼의 아니 그보다 더한 영향력을 가지고 있다는 것이 내게는 상당히 놀라운 발견이었다. 또한 동전의 양면처럼 FOMO와 FOBO를 같이 다루어야 한다는 것도 알게 되었다. 그들은 공통적인 근본 원인을 여러 개 갖고 있기 때문이다. FOMO도 강력한 힘을 자

랑하긴 하지만, 당신이 반드시 알아야 할 또 다른 FO가 분명히 존재
한다는 점을 잊지 말자.

4장

당신이 알아야 할 또 다른 FO

"회선은 선의 적이다."

- 이탈리아 속담

두 개의 완벽하게 좋은 선택지 사이에서 결정을 내리기 위해 지나치게 많은 시간을 보내본 적이 있는가? 어떤 사회적·직업적 기회를 얻기 위해 매달리다가 마지막 순간에 포기해버린 적은? 문자 메시지로 누군가를 어떤 행사에 초대했는데 답을 하려는 듯하던 상대가 대답을 지우고 갑자기 사라져버린 적은? 답장을 적고 있었는데, 고민에 잠긴 점 세 개만 남기고는 정지. 그렇다면 당신은 이미 FOBO를 접해본 것이다.

FOMO가 당신으로 하여금 온갖 것을 다 시도해보도록 만든다면, FOBO는 정반대다. FOBO는 결정 마비를 유발한다. FOBO는 결정에 직면했을 때 '최선'을 선택하려 노력하는 사고방식이다. 완벽한 대안을 찾으면서 한편으로 모든 선택지를 열어 두는 것이다. 그런데 이렇게 되면 당신 앞에 놓인 어떤 대안에도 매력을 느낄 수 없다. 따라서 "예"와 "아니오" 중 하나가 아니라, 이도저도 아닌 세상에서 살게 된다. 가능한 모든 선택지를 자세히 탐색하느라 귀중한 시간과 에너지를 사용하는 것은 결정을 내리고 다른 것으로 옮겨가야 할 순간을 미루기 위한 것일 뿐이다. 계속해서 일을 뒤로 미룬다면, 당장은 기분이 좋고 편할지 몰라도 그 비용은 빠르게 쌓여간다. FOBO는 시간을 잡아먹고, 지치게 만들며, 비효율적이다. 이러한 행동을 방치하면 당신의 경력과 그리고 보다 넓게는 당신의 삶에 돌이킬 수 없는 피해를 준다.

FOBO는 다른 사람들의 삶에도 영향을 미친다. FOBO를 가지고 있다면 당신이 마음을 정하기를 기다리는 주변 사람들 모두에게 부담을 주게 된다. 당신의 결정을 기다리는 사람은 당신이 결정을 내릴 때까지 휴가를 계획할 수도, 출장·회의·마감·데이트 일정을 잡을 수도, 협상 전략을 짤 수도, 결혼식 날짜를 잡을 수도 없다. 사람들은 당신이 어떤 것에도 '전력을 다하지' 못한다고 생각하게 된다. 더 나은 어떤 것이 나타나면 당신은 마음을 바꾸고 거절의 메시지를 보내거나, 자리를 피하거나, 건성으로 약속을 지킨다. 극단적인 경우에는 갑자기 연락을 끊어버리기도 한다. 당신이 어떤 의도를 갖고 있는지와는 상관없이 투자도 헌신도 하지 않는 것처럼 보인다.

이런 이유로 FOBO는 FOMO보다 훨씬 더 유해하다. FOMO는 당신을 끔찍한 사람으로 만들지는 않지만, FOBO는 그렇게 할 수 있다. FOBO로 인해 당신은 어떤 일에 집중하기보다는 늘 "어쩌면"이라고 말하고, 계획을 마무리 지어야 할 시점에 입을 다물고, 뭔가 더 나은 것이 나타났다는 생각이 들면 마지막 순간에 일을 취소해버린다. FOMO는 그것을 안고 있는 사람만 괴롭히는 반면, FOBO는 그 주변 사람들에게까지 영향을 준다. 또한 두 가지 FO 중, FOBO는 훨씬 장기적으로 문제를 일으키는 경향이 있다. 이것은 나이를 먹고, 자리를 잡고, 부유해질수록 강화되는 풍요의 고통이다. 이 모든 조건이 당신에게 더 많은 선택지를 부여하기 때문이다. 단순히 커피나 저녁 식사를 결정하지 못하는 일에서 더 나아가 인간관계의 모든 측면에 FOBO가 스며든다. 당신이 마음대로 할 수 있는 가능성이 커지고, 선택지가 압도적으로 늘어날수록, 시간을 낭비하거나 다른 사람들의 감정을 해치는지 상관하지 않고 선택지의 가치를 지키고 싶은 유혹이 커진다. 자신의 행동이 다른 사람에게 어떤 영향을 주는지는 그다지 고려하지 않게 된다. 어차피 여러 가지 선택지가 있기 때문이다.

미처 인지하지 못했던 가장 큰 문제

＼

FOBO에 대해 전혀 들어본 적이 없는 사람에게 그것에 대해서 설명을 해주면 똑같은 반응이 나온다. 눈썹을 치켜 올리고 손가락으로 자신을 가리키며 "제가 그래요!"라고 외치는 것이다. 친숙한 기분이 드는가? 이 책을 사기 전에 FOBO에 대해서 전혀 들어보지 못했더라도, 당신이나 주위의 가까운 사람이 이미 FOBO를 갖고 있을 확률이 대단히 높다. 하지만 이런 행동을 구체화하는 단어가 없으면 꼬집어 내기가 쉽지 않다.

지금부터 변화가 시작된다. 이제 FOBO에 이름을 주고 망신을 줄 때가 왔다. FOBO를 적절하게 정의해야 할 때이기도 하다. 경영대학원에 다니면서 처음으로 FOBO에 대한 글을 쓸 때는 내 또래들이 완벽한 포모 사피엔스인데다가 포보 사피엔스이기도 했기 때문에 설명을 덧붙일 필요가 없었다. 학교는 믿을 수 없을 만큼 선택지가 풍성한 환경이었고 FOBO에 동력을 공급하는 방대한 기회들이 있었다. 그 많은 가능성 중에서 결단력을 발휘하는 일은 놀랄 만큼 어려웠다. 나를 비롯한 대부분의 친구들은 경영대학원에 진학하기 전에 몇 년간 일을 해서 돈을 모아둔 상태였기 때문에, 기존의 방식에서 벗어나 뭔가 다른 일을 접해보겠다는 생각을 가지고 있었고 마음에 드는 일이라면 대부분 할 수 있는 상당한 자유를 갖고 있었다.

최근까지 적절한 정의가 없었던 FOBO는 이름만 없는 것이 아니라 특별한 형태도 없었다. 이러한 상황은 2018년 여름에 팀 헤레라Tim Herrera가 《뉴욕타임스》의 칼럼에서 다음과 같이 정의하면서 완전히 달라졌다.

'최선'의 선택지를 놓칠까 봐 두려운 나머지 모든 가능한 선택지를 집요하게 탐색하느라 결국 결정장애, 후회, 행복감의 저하로 이어진다.[1]

헤레라의 해석도 마음에 들지만 나는 한 발 더 나아가 앞으로의 논의를 규정할 보다 포괄적인 정의를 내려보려 한다.

FOBO

/'fō-(ˌ)bō/ 명사. 비격식.

1. 더 유리한 대안이나 선택이 존재할 수도 있다는 인식을 기반으로 더 나은 것을 얻을 때까지 버티려는 욕구. 참조 불안에서 유발된다. **2.** 선택지의 가치를 지키기 위해 의사 결정을 지연시키거나 무기한 연기하려는 충동. **3.** 당신을 나쁜 놈으로 만드는 행동.

FOBO는 두 가지 다른, 강력한 충동을 특징으로 한다.

첫째, 발견을 기다리고 있는 더 나은 선택지가 최소한 하나는 있다는 믿음을 근거로 한다. 더 나은 것을 위해 끝까지 버티려면, 그것을 찾을 때까지 탐색을 계속하는 한편으로 갖은 애를 써가며 모든 결정을 피해야한다.

둘째, 선택지의 가치를 지키는 것이 선택을 하는 것만큼 중요하다는 사고방식이다. 모든 선택지를 열어둠으로써 자기 방식대로 의사 결정 과정을 좌우할 수 있다고 생각한다.

이 두 가지 행동을 합치면, 즉 더 나은 것이 나타날 때까지 버티면서 선택지의 가치를 지킨다면 어떤 것에도 전념할 수 없게 된다. 적어도 다른 사람이 받아들일 수 있는 시간 안에는 말이다. 세상이 모두 당신의 스케줄을 따르고 당신의 필요에 부응해야 한다고 여기는 특권 의식은 당신의 변덕에 휘둘리는 모든 사람들과 멀어지게 만들 가능성이 있다. 기본적으로 이런 사고방식은 당신을 나쁜 놈으로 만든다.

더 나은 것을 위해 버티기

FOBO가 있을 때는 어딘가 더 나은 대안이 반드시 있으리란 확신을 갖는다. 아직 존재하지 않을지라도 말이다. 물론 선택지가 많은 환경에서라면, 더 나은 것이 있고 당장 결정을 보고 싶은 충동을 억제하여 결과를 최적화할 수 있다고 가정하는 것을 무조건 불합리하다고 말할 수는 없다. 더 나은 것이 반드시 존재한다는 불변의 믿음은 (실은 정보 비대칭에서 비롯된 것이지만) 낙관주의의 한 형태로 보일 수 있다. 잔이 반이나 비었다고 생각하는 비관론자는 상황이 나빠질 일밖에 남지 않았다고 가정한다. FOBO는 낙관론자에게 더 나은 그리고 더 밝은 날(선택지들)이 앞에 있다고 믿게 만든다. 그러한 사고방식은 긍정적인 삶의 방식으로 비춰지는 것이 보통이지만, 끊임없이 대안 탐색만을 강요할 때라면 위험회피에 뿌리를 두고 있다고 봐야 한다.

과도한 최적화가 해롭기는 하지만 그렇다고 첫 번째 선택지를 맹목적으로 받아들여야 한다는 이야기는 아니다. 음식이 차갑게 식어 있다면, 호텔 방에 찬바람이 들어온다면, 제시되는 급여가 너무 적다면, 입을 다물고 고통을 참아서는 안 된다. 필요한 상황에서는 자신이 원하는 것을 요구하고 더 나은 것을 위해 협상을 해야 한다. 그렇게 하는 것은 FOBO가 아니다. 그것은 당신이 시간과 돈이 가치를 안다는 의미다. 당신의 행동이 선을 넘는 것은 모든 것이 완벽하여 단점은 전혀 없을 정도로 매력적인 것을 찾아낼 것이라는 불합리한 기대를 바탕으로 탐색을 계속할 때다. 이론적으로는 좋게 보일지 모르겠지만, 당신이 기다리는 결정이 이상적인지 알 수 있는 방법은 없다. 그 순간이든 사실로부터 긴 시간이 지난 후든 말이다. 완벽한 정보가 없는 상태에서 이루어지는 계산은 대부분 주관적이다. 하지만 FOBO를 가지고 있는 사람은 그 같은 사실을 인정하지 않는다. 따라서 시간을 끌면서 탐색을 계속하려 한다. 그리고 스스로를 결정장애라는 진창으로 밀어넣는다.

선택지의 가치를 지킨다

\

FOBO가 있는 사람은 결정 마비 상태에 이를 정도로 선택지의 가치 자체를 우선한다. 그에게는 무엇보다 중요한 규칙이 있다. "절대 문을 닫지 말라." 즉 어떤 잠재적인 선택지도 제거하지 않는 것이다. 주말 계획을 세우든, 평생의 반려를 찾든, 직업을 구하든, 선택지 더미에서 어떤 것도 제거하려 하지 않는다. 어느 순간이든 마음을 바꿀 수 있다는 생각으로 가능성 더미에 새로운 항목을 계속 추가하면서 어떤 문도 닫지 않았다는 점에서 위안을 얻는다. 의사 결정 과정의 목표에는 최선을 찾는 것만이 아니라 최대한의 유연성을 유지하는 것도 포함된다. 그렇지 않으면 가능했던 것보다 못한 결과를 초래할 위험이 있다. 결국 당신은 가보지 못한 길을 아쉬워하면서 비참해하게 될 것이며, 당신의 삶은 차선이 되어 버릴지도 모른다는 두려움을 느끼게 된다.

이런 두려움에 대한 반응은 모든 선택지를 열어놓은 채 아무것도 버리지 않고, 시간을 질질 끄는 것이다. 어떤 의미에서 당신은 수집가다. 장래의 언젠가를 위해 구두나 지난 호의 《뉴요커》를 모아두는 대신 가능성을 모아두는 것이다. 그런 식으로라면 당신은 어느날 깨어나서 스키 여행을 가자는 제안에 긍정의 대답을 할 걸, 부동산에 투자할 걸 하고 후회할 필요가 없을 것이다. 대답을 기다리는 사람은 당신 비위를 맞추는 데 진력이 나겠지만 당신을 빼놓고 진행하기로 결정한다면 그것은 그들의 책임이지 당신 책임이 아니다. "아니오"라고 말하지 않는 한 후회할 일도 없다. 여전히 당신이 원하는 것, 당신이 받아 마땅한 모든 것을 얻을 수 있다. 계속 행복하게 살 수 있다. FOBO에 사로잡힌 사람은 이런 식으로 결정장애를 자신이 잘못된 선택을 하지 않도록 막아주는 최후의 보호막으로 삼는 것이다.

결정의 시점을 통제할 수 있다고 믿는 사람은 자신에게 영향력이 있다고 믿기 마련이다. 선택지가 많은 환경에서 살고 있다면 자신이 자기 운명의 주인이라고 믿게 되기 쉽다. 불행히도 그것은 망상이다. 한동안 FOBO에서 멀어질 수 있을지 몰라도 결국에는 따라잡히게 되며, 결정을 미룰수록 잠재적 대안의 수가 줄어들 위험은 커진다. 마감시한이 가까워지거나 지나가면 세상은 당신을 버려둔 채 앞으로 나아간다. 당신은 곧 통제력을 잃고 자신이 더 이상 운전석에 앉아 있지 않다는 뼈아픈 깨달음을 얻는다. 재앙을 피하려면 움직여야 한다. 그것도 빨리! 아이러니하게도 이 시점에서 당신의 사고방식은 변한다. 최선의 선택지를 바라는 대신 위험 최소화 모드로 전환하는 것이다. 결국 아무것도 얻지 못하게 되는 대신 무엇이든, 어떤 것이든 얻을 수 있는 것을 얻자는 식으로 태도를 바꾼다.

다음 장에서는 더 나은 것을 위해 버티는 일을 유혹적으로, 심지어 거부할 수 없게 만드는 힘들에 대해 알아볼 것이다. 심리학, 기술, 옛날식 자기도취 같은 요소가 결합되어 FOBO에 산소를 공급한다. 이 혼합물을 그처럼 강력하게 만드는 원인 중 하나는 FOBO가 표면적으로는 그리 위험해 보이지 않는다는 것이다. 오히려 더 많은 선택지를 가지고 자신에게 최선의 것을 고르려는 욕망은 논리적으로 보이기까지 한다. 하지만 앞으로 보게 될 것처럼 그러한 욕망이 항상 자율성이라는 결과를 낳는 것은 아니다. FOBO가 있는 사람에게 그 욕망은 감옥이 될 가능성이 훨씬 높다.

5장

원하는 것을 모두 가진
사람의 슬픈 이야기

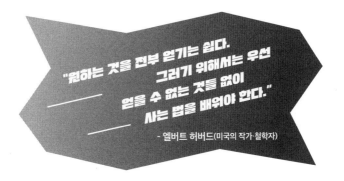

"원하는 것을 전부 얻기는 쉽다.
그러기 위해서는 우선
얻을 수 없는 것들 없이
사는 법을 배워야 한다."

- 엘버트 허버드(미국의 작가·철학자)

어렸을 때는 영화를 볼 때 그리 많은 FOBO에 시달리지 않았다. 넷플릭스나 아마존 프라임 같은 무한한 선택권을 제공하는 각종 서비스가 없던 시절에는 그저 TV에서 틀어주는 것을 봐야 했다. 내가 〈찰리와 초콜릿 공장〉이라는 영화를 셀 수 없이 많이 본 것도 그 때문이다. 그 영화를 본 지 꽤 오랜 시간이 흘렀지만 나는 그 영화의 마지막 대사를 아직도 잊을 수 없다. 초콜릿 공장의 주인인 윙카가 어린 찰리에게 자신의 초콜릿 공장을 준 직후, 두 사람은 유리 엘리

베이터를 타고 하늘로 날아오르며 다음과 같은 대화를 나눈다.

> 윙카: "갑자기 자신이 원하는 것을 모두 얻게 된 사람에게 어떤 일이 일어났는지 잊지 마."
>
> 찰리: "무슨 일이 일어났는데요?"
>
> 윙카: "오래오래 행복하게 살았지."

복합 제조 시설을 미성년자에게 물려주는 데 따르는 법적인 문제와는 상관 없이 영화의 결말에는 초콜릿 공장에서 나오는 그 어떤 초콜릿보다 달콤한 감동이 있었다. 그러나 나이를 먹자 원하는 모든 것을 얻을 수 있다는 개념이 윙카가 만든 절대 녹지 않는 왕눈깔 사탕의 감정적 등가물이라는 것을 이해하게 되었다. 그 사탕은 멋지고, 맛도 좋고, 영원을 약속하지만, 영양학적 가치는 제한적이고 결국 이를 썩게 만들 것이다.

모든 것을 가질 수 있다는 신화는 원하는 것이 무엇인지 알고 있고 그것을 선택할 능력이 있다는 가정을 바탕으로 한다. 어려운 문제다. 찰리처럼 정확히 당신이 원한다고 생각했던 것을 가진다면, 오래오래 행복하게 살 수 있을까? 찰리는 정말 초콜릿 공장을 경영하고 싶어 했을까? 윙카가 공장의 열쇠를 건넸을 때, 찰리에게는 선택지가 달리 없었다. 조부모님과 외조부모님 네 분이 한 방에서 노년을 보낼 정도로 가난했기 때문에 그 제안을 받아들일 수밖에 없었다.

이 시점에서 사실과 다른 상황을 생각해보는 것이 좋겠다. 만일 윙카가 공장을 넘겨줄 때 찰리에게 초콜릿 업계의 거물이 되는 것 이외에 다른 많은 가능성이 존재했다면 어떨까? 다른 도시의 대학에 가거나, 아시아로 배낭여행을 가거나, 록밴드의 기타리스트가 되는 것을 고려하고 있었다면, 그의 반응은 어떻게 변했을까? 여러 선택지를 포기하고 초콜릿 공장을 물려받았다면 그는 오래오래 행복했을까?

그의 미래를 실비아 플라스Sylvia Plath의 눈으로 본 다면, 답은 "아니오"다. 그녀는 끝없는 가능성의 세상을 즐기기보다는 늘어나는 선택지 속에서 위험을 찾는다.《벨자The Bell Jar》에서 그녀는 선택의 증식에 마비돼 결국 아무것도 얻지 못한다.

나는 내 인생이 이야기 속에 나오는 녹색 무화과나무처럼 내 앞에서 가지를 뻗는 것을 지켜봤다. 모든 나뭇가지 끝에는 잘 익은 무화과 같은 멋진 미래가 손짓을 하며 윙크를 보냈다. 한 무화과는 남편과 아이들이 있는 행복한 가정이었고, 또 다른 무화과는 유명한 시인이었고, 또 다른 무화과는 뛰어난 교수였고, 또 다른 무화과는 유능한 편집자, 또 다른 무화과는 유럽과 아프리카와 남아메리카, 또 다른 무화과는 콘스탄틴과 소크라테스, 아틸라처럼 괴상한 이름과 색다른 직업을 가진 내가 좋아하는 사람들의 무리였다. 또 다른 무화과는 올림픽 여자 챔피언이었고 그 외에도 내가 알 수 없는 수많은 무화과가 더 있었다. 나는 이 무화과나무 아래 앉아 굶어 죽는 나를 봤다. 어떤 무화과를 고를지 결정하지 못한 탓이었다. 하나같이 내가 원하는 것들이었다. 하나를 선택한다는 것은 나머지를 모두 잃는다는 것을 의미했다. 내가 결정을 하지 못하고 거기에 앉아 있는 동안, 무화과는 주름이 생기고 까맣게 변하기 시작했고, 하나 둘 내 발 밑에 떨어졌다.[1]

썩은 열매에 둘러싸인 무화과나무를 바라보는 플라스의 냉엄한 시선은 윌리 웡카가 보여주는 현실 도피와는 정반대다. 삶이 우리에게 제시하는 여러 가지 다른 길을 이해하기 위해 노력했던 사람이라면 훨씬 공감이 되는 시각이기도 하다. 좋은 가능성들이 주변에 있는 행운이라 해도, 어떤 것을 선택하면 그와 동시에 선택하지 않은 것들을 내려놓아야만 한다는 문제를 동반한다. 분명 성공하는 사람도 있을 것이다. 하지만 대부분의 사람은 행복한 가정을 꾸리고, 좋아하는 사람들을 추종하며, 세상을 두루 여행하고, 올림픽 챔피언이 되는 것까지 모두 할 수는 없다. 자신의 길을 택하려면 대가를 치러야 하고 다른 이국적이고, 흥미롭고, 다양한 모험들은 포기해야 한다. 그런데 어떤 길을 선택해야 한단 말인가? 어떤 길이 올바른 길인지 어떻게 알지? 자신이 원하는 것이 무엇인지 모른다면(대부분의 사람은 그렇다), 하나의 행동 방식을 선택하고 나머지를 버리는 것은 벅찬 일이 된다. 선택이 위험하게 느껴지는 것이다.

이러한 교착 상태에서 벗어나려면 당신이 이용할 수 있는 다양한 대안 중에서 선택의 기준을 만드는 법을 배워야 한다. 기준 설정의 목표는 확실하다. 최선을 선택하는 것이다. 당신에게 허락된 가능성의 범위 안에서 최선을 선택하고 싶은 것은 당연하다. 최악을 선택하는 것을 목표로 할 사람은 없다. 그렇다면 중간에 안주할 이유도 없지 않은가?

최선을 원하는 인간의 욕망은 자기도취 그리고 마음이 원하는 거의 모든 것에 대한 선택지의 폭발과 합쳐져 당신의 무화과나무가 될 수 있다. 이 세 요인들이 결합해 일으키는 영향은 삶을 헤쳐나가는 일을 대단히 부담스러운 과제로 만들 수 있다. 일상적으로 마주하는 작은 일들에 대해서도 말이다.

최선을 원하는 본능

여러 가지 선택지를 원하고, 가능한 최선의 대안을 추구하는 것은 본질적으로 아무런 문제가 없다. 야심가들이 자기 자신이나 자신이 사는 세상을 최대한 활용하려 하지 않는다면 진보의 속도는 느려지게 될 것이다. 그러한 욕망은 꼭 필요한 것이며, 인간의 정신에 깊이 각인되어 있는 것이기도 하다. 무리에서 제외되는 것을 두려워했던 선사시대의 수렵채집인들 역시 본능적으로 자원을 최대화하려 했다. 목표를 달성하기 위해 그들은 대단한 기동성을 발휘했다. 먹을 것을 찾는 일이 어려워지고 너무 많은 시간이 걸리면 짐을 꾸리고 이동해서 새로운 장소에 머물 곳을 마련했다. 이 같은 기동력은 "시간이 돈"이라는 격언이 야생에서도 적용됨을 보여주는 것이다.

수렵채집인이든 꽃가루를 찾는 꿀벌이든, 다른 곳으로 이동함으로써 가능성을 극대화시킬 수 있을지 여부를 파악하고 결정하는 기준은 대단히 간단한다. 생존하고 번성하기 위해 필요한 것이 무엇인지 정확히 알기 때문에, 현재의 상황이 충분한지 객관적으로 결정할 수 있는 것이다. 유일한 대안은 혁신을 하고, 작물을 심기 시작하고, 더 이상 유목민 생활을 할 필요가 없는 식량원을 만드는 것이다. 그것은 중요한 선택이고, 그 선택은 당신이 사느냐 죽느냐를 결정할 수도 있다.

선택은 생존에도 중요하지만 삶을 더 낫게 더 매력적으로 만들기도 한다. 매일 당신이 선택할 수 있는 것이 하나밖에 없다면 얼마나 지루할까? 더 많은 선택지가 있기에 당신의 욕망이나 필요에 더 잘 맞는 소모품을 고를 수 있고 그렇게 함으로써 시간과 돈을 더 많이 만들 수 있다. 선택을 통해서 자신을 표현하고 충족감을 얻을 수 있는 자신만의 경로를 선정할 수 있다. 하지만 계속 늘어가는 변수들 때문에 어떤 선택지가 정말 최선인지 판단하는 일이 더 어려워지고 더 시간이 많이 걸리게 된다면 문제가 생긴다.

이제는 고전이 된 《선택의 역설The Paradox of Choice》에서 심리학자 베리 슈워츠Barry Schwartz는 더 많은 선택지를 가지는 것이 그 중 하나에 정착하는 것을 스트레스가 크고 어려운 일로 만든다고 주장한다. 만족극대화자(최상의 것만을 추구하고 받아들이는 사람)들은 목표를 이루기 위해 가능한 많은 대안을 평가하며, 다양한 대안들을 연구해 후보를 줄여가는 과정에 동료들보다 훨씬 더 많은 시간과 에너지를 투자한다.[2] 이는 만족자(충분히 괜찮은 것에 정착하고 더 나은 것이 있을 수 있다는 가능성에 대해서 걱정하지 않는 사람)의 행동과 극단적으로 대조된다.[3]

슈워츠의 표현에 따르면, 만족극대화자는 더 나은 선택을 할 확률이 높은데도 선택에 대해 큰 행복을 느끼지 못한다. 극히 까다로운 사람, 즉 FOBO가 있는 사람은 너무나 많은 잠재적 대안들을 평가하느라 스트레스를 받으며, 후회를 피하기 위한 위험 회피의 경향이 있기 때문이다. 생각해보면 정말 얄궂은 상황이다. 숙제를 하고 더 나은 결정을 했다. 이웃집에 사는 만족자보다 더 나은 집, 더 나은 배우자, 더 나은 차, 더 나은 호텔을 선택했다. 하지만 그같은 노력의 결실을 제대로 즐기지 못한다. 초콜릿 공장을 물려받은 찰리처럼 원하던 것은 모두 가졌는데도, 좀처럼 오래오래 행복할 수 없는 것이다.

만족극대화에는 생물학적 요소만이 아니라 양육·국적·사회적 계층에 의해 형성된 강한 문화적 요소도 있다. 예를 들어, 당신이 중산층에서 성장한 일반적인 미국인이라면 원하는 것은 무엇이든 선택할 수 있는 자유와 자치가 독립선언서에 명시된 "생명, 자유, 행복 추구" 기본권에 따라 보장된다는 것을 교육받았을 것이다. 당신은 표현의 자유와 선택의 자유가 사회 계약의 일부라고 배웠다. 그것은 기업가들이 성공을 꿈꾸고, 아이들에게 어른이 되면 원하는 것은 무엇이든 할 수 있다는 확신을 심어주고, 예술가들이 자유롭게 작품을 통해 현상에 도전하게 한다. 선택의 가치는 나에게 그렇듯이 당신에게도 자명하게 보일 것이다.

그런데 정말 그럴까? 스탠퍼드대학교의 헤이즐 로즈 마커스는 베리 슈워츠와 같이 연구를 하면서 선택에 대한 인식이 문화와 사회 계층에 따라 크게 달라진다는 것을 발견했다.[4] 예를 들어, 북미의 사회는 개인주의를 떠받들고 선택을 필수적인 문화적 규범으로 보지만, 동남아시아처럼 보다 집산주의적인 사회에서는 자신의 결정이나 행동이 다른 사람에게 미치는 영향이나 상호의존성에 훨씬 큰 무게를 둔다. 또한 브룩클린의 고급 주택에 사는 부유한 부모들은 자녀들에게 세상은 자유롭게 무엇이든 할 수 있는 곳이라고 가르치는 반면, 퀸즈나 방글라데시와 같은 가난한 지역에 사는 노동자 계급의 부모들은 자녀들에게 세상이 그들 중심으로 돌아가지 않으며 앞서가기 위해서는 규칙을 따르고 체제에 순응해야만 한다고 가르치는 경향이 있다.

자신의 운명을 만들어갈 수 있고, 자율권이 있으며, 다양한 선택의 기회는 자유와 동일시된다고 믿으며 성장했다면, 선택 능력을 가졌다는 사실도 당연하게 받아들일 것이다. 하지만 다른 많은 자원들이 그렇듯 선택도 세상에 고르게 퍼져 있지 않다. 근본적으로 의사결정의 형태를 정하는 것은 바로 이런 선택 기회의 풍부함과 빈약함이다.

선택의 상업화

\

현대의 풍요로운 삶이 있기 전, 사람들은 매슬로의 기본적 욕구 단계에서 가장 낮은 곳에 있는 의식주 등 삶의 기본적인 것을 확보하는 데 너무 몰두한 나머지 FOBO와 같은 고차원적 문제에 할애할 시간이 없었다. 그런데 현재는 상황이 복잡해졌다. 호모 하빌리스가 정말 중요한 몇 개의 결정만 옳게 내리면 되는 환경에 살았다면, 풍요로운 사회에서 사는 현대인들은 크고 작은 문제에 대한 훨씬 더 복잡한 선택을 해야 하는 상황에 있다. 나는 베리 슈워츠의 연구에 공감하면서《선택의 역설》이 발표된 2004년이 나와 내 친구들이 FOBO가 우리 삶에 개입하게 놓아두었던 시기와 일치한다는 점을 깨닫고 매우 놀라웠다. 되돌아보면, 우리의 고투는 상당히 예스러웠다. 아이폰, 소셜 미디어, 메신저, 그중에서도 으뜸가는 선택 조장자인 아마존 프라임이 있기 전의 이야기다. 기본적으로 그때는 선택의 석기 시대라고 할 수 있었다. 지난 15년 동안, 새로운 기술과 서비스들이 우리가 만족극대화자가 되고 FOBO의 유혹에 굴복하는 일을 그 어느 때보다 쉽게 만들었다.

현재 당신은 100년 전 사회에서 가장 많은 특권을 누리는 구성원보다도 훨씬 많은 선택지를 갖고 있을 것이다. 사는 곳에 따라 다르겠지만, 일상적으로 소비하는 대부분의 물건에 대해서라면 보통은 특별히 부유하거나 연줄이 좋지 않아도 대단히 선택지가 많은 환경에 있을 것이다. 선택은 하나의 상품이 되었다. 선택은 대중 시장에 진출하면서 새로운 대안의 수혜자들에게 명확한 영향력을 갖게 되었다. 이럴 때 선택은 큰 부담이되기도 한다. 선택지가 넘쳐나는 통에 도무지 결정을 내릴 수가 없는 것이다. 이러한 역학관계를 관리하지 못하면 당신은 계속해서 우유부단의 함정에 빠지게 된다.

지금까지 이야기한 것처럼 선택지가 없다면 FOBO를 가질 수 없다. 주로 풍요로운 사회에 나타나는 선택의 과잉은 고통의 근본적인 요소이기도 하다. 반면에 추가적인 선택지가 생길 기대가 없다면, 문제는 시작도 하기 전에 끝난다. 당신이 장기 이식을 위해 차례를 기다리고 있는데 기증자가 나타났다는 전화를 받았다고 생각해 보라. 이러한 상황에서 의사에게 다음 주에 더 나은 장기가 나오지 않겠느냐고 묻지는 않을 것이다. 지금 당장 죽어가고 있는데 좀 더 젊고, 좀 더 적합하고, 평생 술 한 모금 마시지 않았던 기증자가 나올 때까지 버틸 수는 없는 일이다. 짐을 챙기고 차에 올라 병원까지 가는 내내 행운에 감사할 뿐이다. 그것은 수많은 사람들이 차례가 오기를 절실하게 기다리는 유일한 선택지다. 따라서 얻을 수 있는 것을 당장 받아들이고 그것에 감사하게 된다.

이것을 동네 스타벅스에서 토요일 아침에 일상적으로 벌어지는 일과 비교해보자. 첫째, 무엇보다 그 상황에는 생사가 걸려 있지 않다. 카페인 중독이 아무리 심각한 사람이라도 마찬가지다. 둘째, 스타벅스에는 단 몇 달러 가격에 준비하는 데 5분이 채 걸리지 않는, 미친 듯이 많은 선택지가 있다. 때문에 스타벅스는 바리스타에게 다가가 오늘은 벤티 사이즈에, 얼음을 넣고, 설탕은 빼고, 바닐라 시럽을 네 번 펌핑하고, 우유 대신 저지방 두유를 넣은 하프 카페인 리스트레토 시나몬 돌체 라테를 마시겠다고 선언할 수 있는 장소가 되는 것이다. 이처럼 다양한 주문을 할 수 있기 때문에 스타벅스는 고객에게 8만 가지 이상 조합의 음료를 제공한다고 자랑하고 있다.

이렇게 엄청난 선택권을 발전시킨 것은 스타벅스뿐만이 아니다. 선택지가 풍부한 환경은 가장 무해한 결정도 쓸데없이 복잡하게 만든다. 제조업의 발전, 물리적 제품에서 디지털 제품으로의 전환, 빠른 속도의 세계화 덕분에 기업들은 과거보다 더 많은 제품(종종 고객의 구체적인 욕구와 필요에 맞춤화된 제품)을 제공할 수 있게 되었다. 또한 그들은 소비자들에게 20년 전만 해도 상상 속에서만 존재했을 것 같은 다양한 선택지를 제공하고 있다. 자라나 H&M과 같은 패스트패션 소매업체들이 패션쇼 런어웨이에 등장한 새로운 아이디어를 세계적인 매장 네트워크로 전달하는 데는 2주밖에 걸리지 않는다. 아마존은 동네 슈퍼보다 1만 배 많은 선택지를 제공할 뿐 아니라 문을 닫는 법도 없고 개별 소비자에게 맞춤형 가격을 내놓는다. 아마존을 이용하면 소파에 편안히 앉아서 수백만 권의 책과 음악, 영화를 즐길 수 있다.

좋은 일이다. 그렇지 않은가? 누군가 정확히 당신이 원하는 것을 건넨다면 모든 FOBO는 해결되는 것처럼 보인다. 그러나 선택과 맞춤화의 기하급수적인 성장은 표면적으로는 만병통치약처럼 보이지만 사실 그 반대다. 세상이 당신의 욕구와 필요, 기호에 맞추어진 방식으로 서비스를 한다 해도, 방아쇠를 당기고 "예"라고 답하려면

자신이 원하는 것, 필요로 하는 것, 좋아하는 것이 무엇인지 알아야
한다.

이기적인 FOBO

＼

FOBO의 전제조건은 가능한 오래 선택지를 열어놓는 것이다. 이런
충동은 당신의 통제욕이 노골적으로 개인적인 이익을 추구하려 할
때 더 강해진다. 주변에 어떤 것에도 전력을 다하지 않는 친구, 가족,
구성원, 직장동료가 한 명쯤은 있을 것이다. 그는 마음이 바뀌면 구
입한 물건들을 모조리 반품하기도 하고, 파티에서 대화를 나눌 때면
더 나은 대화 상대를 찾기 위해 어깨 너머에 시선을 둔다. 또한 그는
식당에서 처음 권하는 자리나 호텔에서 처음 배정해주는 방을 받아
들이는 법이 없다. 몇 개의 방을 확인하거나 식당을 둘러보고 상대
적인 장단점을 평가한다. 이런 사람과 저녁 식사를 하게 된다면 가
장 먼 자리에 앉도록 하라. 메뉴에서 단 한 가지만을 고르는 것을 참
지 못하기 때문에 주위의 모든 사람에게 그들의 음식을 먹어봐도 되
냐고 물을지도 모르니 말이다.

　　FOBO가 있는 사람은 이런 행동들을 문제라고 생각하지 않는
다. 그는 충격 어린 목소리로 이렇게 외칠 것이다. "무슨 소리야? 내
가 왜 차선책에 만족해야 해?" 맞는 말이다. 기준을 갖는 것은 중요
한 일이다. 하지만 기본적인 선택의 기준을 정하는 것과 매번 균형

감을 잃고, 결정을 복잡하게 만들고, 삶을 필요 이상으로 복잡하게 만들면서까지 생각을 최적화하는 것 사이에는 큰 차이가 있다. 골대가 계속 바뀌는 축구 경기처럼 삶을 살아간다면, 다른 사람들과 함께하기 힘들다. 제대로 된 중심이라는 것이 없기 때문에 당신은 결국 주위의 모든 사람을 불편하게 하고 상호작용은 점차 거래처럼 변한다. 당신은 두 마리의 토끼를 다 잡으려 하면서 절대 절충을 하려 하지 않고, 다른 사람들이 양보해주기를 기대한다.

당신은 완벽을 추구하지만 자기도취에 빠져 스스로에게 해를 입히게 될 것이다. 2017년 6월, 《뉴욕타임스》의 칼럼니스트 데이비드 브룩스David Brooks는 "약속 뒤집기의 황금시대The Golden Age of Bailing"라는 제목의 논평 기사를 통해 FOBO가 인간관계에 어떻게 스며들었는지 설명했다. FOMO의 시대에 대단히 인상적인 기사였다.

우리는 약속 뒤집기의 황금시대를 살고 있음이 분명하다. 대부분의 사람들이 월요일이면 목요일에 X와 술을 한 잔 마시는 것이 정말 환상적인 스케줄이라고 생각한다. 하지만 정작 목요일이 되면 그들은 집으로 가서 침대에 몸을 던지고 〈카풀 가라오케〉를 보는 것이 더 좋겠다고 생각한다. 그래서 그들은 거절의 문자나 이메일을 보낸다. "정말 미안해요! 오늘 술 약속은 못 지키겠어요. 할머니가 림프절 페스트 진단을 받으셔서 너무 힘드네요."[5]

당신의 행동을 부추기는 것이 자기도취임을 어떻게 아느냐고? X

에게 거절의 문자를 보내는 것이 과연 상대방을 위한 일인지 생각해 보자. "오늘 하루쯤은 그녀를 쉬게 해주고 싶어. 나를 만나는 것보다는 〈나르코스〉를 몰아보기 하는 게 그녀에게 더 좋을 거야." 절대 아니다! FOBO가 있는 사람들은 다양한 사회적·직업적 기회에 발을 담그지만 약속 시간에 약속 장소에 걸어 들어가는 순간까지는 절대 태도를 확실히 하지 않는다. 약속 장소에 걸어 들어가는 그 순간까지 그들은 내심 자신이 거절할 권리를 갖고 있다고 생각한다. 그들은 변명을 덧붙인 문자나 이메일을 보내고 그 순간 최선이라고 생각되는 선택지로 옮겨간다. 그들의 자기도취에는 간단한 계산이 내재되어 있다. "나의 시간은 당신의 시간보다 귀중하다."

디지털 기술은 이렇게 약속을 깨고 연락을 두절하는 과정에서 중요한 역할을 한다. 과거 아날로그 시대, 그러니까 15년 이상 전에는 누군가와의 약속을 취소하거나 계획을 바꾸려면 반드시 전화를 걸어서 대화를 나눠야 했다. 저녁이 다 돼서 약속을 취소하고 다른 일을 하라고 말하는 문자를 받는 일은 거의 없었다. 지금은 저항이 적은 다양한 방법을 사용해서 약속을 깰 수 있다. 약속이 임박했을 때도 말이다. 게다가 상대방과 마주하지 않고 기술 뒤에 숨을 수 있다. 기술은 그런 거절을 비교적 손쉽게 만들어준다. 마음이 좀 편하지 않을 수는 있겠지만, 기술을 이용한 대화를 몇 마디 나누면 그뿐, 이상으로 결과를 책임질 필요는 없다.

선택지를 모두 열어두려는 강박적인 욕구가 삶을 사는 방식의 뚜렷한 특징이 될 때 자기도취와 FOBO가 만난다. 누구나 가끔은 계획을 변경하거나 다른 사람에게 이런 저런 요구를 해야 할 때가 있다. 하지만 간단한 질문에 대답하기 전에 여러 사람에게 확인을 하거나, 비서에게 50개의 다른 여행 스케줄을 정리하게 하거나, 분석가가 주말마다 피치덱을 계속(무의미하게) 바꿔야 하는 경우라면, 당신은 FOBO를 갖고 있으며 주변의 모든 사람이 그에 대한 대가를 치르고 있다고 보는 것이 정확하다. 이것은 월스트리트의 고위 임원에게만 해당되는 행동이 아니다. 독일의 작은 회사, 나이로비의 기술 스타트업, 마이애미에 있는 회사의 영업 부서 등 다양한 조직의 모든 직급에서 찾아볼 수 있다. FOBO는 어디에나 있다.

FOBO의 생애

＼

물론 누구에게나 어느 정도의 FOBO는 불가피하다. 어디에 살든 무슨 일을 하든 어느 순간에는 인생이 복잡해질 수밖에 없다. 어린 시절을 거쳐 성인이 되면 결정을 내려야 하는 상황이 엄청나게 늘어나고 그 안에서 사는 법을 배워야 한다. 더 많은 결정을 내릴 수 있는 것은 분명 긍정적인 일이다. 어디에서 살지, 뭘 해서 먹고 살지, 언제 잠자리에 들지, 저녁 식탁에서 무엇을 마실지(레드? 로제? 화이트?)를 결정해야 한다. 당신에게는 그 어느 때보다 많은 자율권이 주어져 있다. 레드와인이냐 로제와인이냐를 고르는 문제뿐만이 아니다. 지루하고 어렵고 힘든 선택도 해야 한다. 어렸을 때는 결정을 훨씬 잘

했던 것 같다는 생각이 드는 것이 바로 그런 때다. 보험을 평가하는 데 일주일의 절반을 날려 버렸지만 수많은 장난감 중에 하나를 선택하는 데는 몇 분도 걸리지 않았다.

유아기나 아동기에는 선택의 기회가 많지 않은 통제된 환경에서 살기 때문에 FOBO를 경험할 기회가 거의 없다. 아이가 생선을 먹기 싫다고 한다고 아이패드를 건네주면서 다양한 음식 중에서 원하는 것을 주문하라고 하는 부모는 거의 없을 것이다. 생선 요리를 거부하면 그것을 먹을 때까지 앉혀두거나 혹시 갑자기 관대해지면 치킨 핑거를 줄 때도 있을 것이다. 아이들은 보호자의 통제 하에 있으며, 그 시기에는 선택이 풍부한 환경에서 살지 못한다. 적어도 직접적인 통제가 가능한 요소들의 측면에서는 그렇다.

사춘기에 이르면 삶이 빠르게 변화하기 시작한다. 약간의 독립성이 보장되고 경험할 수 있는것들이 늘어나면서 호불호를 가늠하기 시작한다. 삶에는 익숙하지 않은 감정과 가능성의 물결이 밀려든다. 성인기에 FOBO의 경향은 선택이 얼마나 풍성한 삶을 사느냐에 달려 있다. 고등학교를 마치고 가업을 잇거나 고향에 있는 단 두 개의 회사 중 하나에서 일을 하게 된다면 FOBO를 느낄 여지가 많지 않다. 대단히 명확한 경로가 주어지고, 주변의 많은 사람들이 비슷한 선택을 했기 때문에 친숙한 경로에 정착하게 될 가능성이 높다. 반면 새로운 도시로 가서 대학에 입학하고, 서너 가지 전공을 경험해보며, 다양한 회사에 원서를 넣고, 다양한 방식으로 사는 사람들과 어울리다 보면, 선택의 결과를 예측하기 대단히 어려울 것이다.

이처럼 선택이 풍부한 환경에서라면 FOBO를 갖게 될 확률이 매우 높다.

당신이 큰 성공을 거두고 더 많은 재산을 모을수록 FOBO가 당신 삶에 영향을 미치고 생활에 스며들 확률은 더 높아진다. 점점 바빠지면서 중요한 결정에 쓸 시간은 줄어드는 반면, 어마어마한 숫자의 잠재적 선택지들을 고려할 자원은 늘어날 것이다. 또한 자신의 시간에 더 높은 가치를 부여하기 시작할 것이다. 일이 잘 풀린다면 10년, 20년 전보다 자신의 가치에 대한 스스로의 평가도 훨씬 높아질 것이다. 이 시점에서도 위험 회피와 자기도취가 큰 역할을 한다. 당신은 잘못된 선택을 해서 자신을 행복하게 만들지 못할 것에 귀중한 시간과 에너지를 낭비하는 일을 두려워한다. 당신은 자신에게 그럴 만한 가치가 있다고 생각한다. 당신은 열심히 일하는 바쁜 사람이고 당신의 시간은 귀중하다. 당신은 자신이나 가족과 친지의 욕구와 필요에만 관심을 갖는다. 당신의 행동과 태도가 당신의 결정에 혹은 당신이 결정을 내리지 않는 데 영향을 받는 다른 모든 사람들에게 2차적인 피해를 유발하더라도 말이다.

계속해서 부유하고 선택이 풍부한 삶을 산다면, FOBO는 세상에 대한 당신의 관점이 변화하기 시작하는 성인기 후반에 이를 때까지 수그러들지 않을 것이다. 그러나 그 시점이 오면 당신을 위협하는 FOBO의 힘은 줄어들기 시작한다. 당신은 삶에서 많은 경험을 쌓아 왔고 결정의 많은 부분을 알 수 없게 만들었던 정보의 비대칭성도 없앴다. 더 중요하게는 시간이 절대적으로 중요하다는 점을

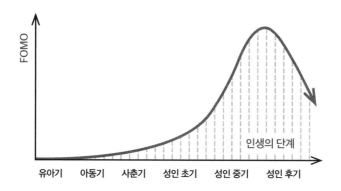

선택이 풍부한 환경에서의 FOBO

(세로축) FOMO

(가로축) 유아기　아동기　사춘기　성인 초기　성인 중기　성인 후기

인생의 단계

알게 된다. 고뇌하면서 보내는 모든 순간은 노동의 결실을 즐길 시간이 줄어든다는 의미다. 평생 축적해온 지혜를 통해 무엇보다 좋은 선택지는 FOBO에 귀중한 시간을 낭비하지 않는 것임을 깨닫는다.

앞에서 본 것처럼 선택이 풍부한 환경에서 사는 사람이라면 인생에서 FOBO의 진행은 비슷하게 나타난다. 물론 어떤 삶도 똑같을 수는 없기 때문에 두 가지 사항을 유념해야 한다. 첫째, FOBO의 성쇠, 특히 당신이 마주하는 예기치 못한 일이 이런 진행을 따를지, 철저히 다른 경로를 따를지 결정한다. 일이 계획대로 되지 않거나, 직장을 잃거나, 배우자와 헤어지거나, 예상치 못한 재앙에 직면하게 되면, 한치 앞도 내다볼 수 없는 삶을 살게 될 수도 있다. 더 이상 선택의 여지가 많은 환경에서 살지 않게 되는 것이다(적어도 존재의 매우 중요한 측면에 관한 한). 둘째, '선택이 풍부한'이라고 말한다고 해서 가장 많은 선택권을 가진 사람이 선택이 풍부한 환경에서 살지 않는 사람보다 더 잘 살거나 더 행복한 것은 아니다. 매년 다보스 포럼에 참석하는 포춘 500대 최고경영자가 마을을 떠난 적이 없는 스님보다 더 큰 성취감과 충족감을 느낀다고 생각하는가? 오히려 그 반대일 가능성이 높다.

당신은 포보 사피엔스인가

당신은 결단력이 없다는 평을 듣는가? 계속해서 스케줄을 바꾸고 며칠, 몇 주 전 한 약속을 취소하는가? 삶에 그다지 영향을 주지 않는 것들에 대해 고려하는 데 몇 분 이상의 시간을 할애하는가? 이런 질문에 대해 한 번 이상 "예"라고 답했다면 당신은 확실히 FOBO에 사로잡혀 있다. 물론 확실하게 파악하려면 의사 결정의 방식이나 방법론(혹은 결단력의 부족)이 당신과 주변 사람에게 미치는 영향을 좀 더 깊이 들여다봐야 한다. 다음 진단 테스트의 질문들은 만성 FOBO를 보이는 사람들에게 나타나는 행동과 태도를 강조하고 있다.

당신이 포보 사피엔스인지 판단하려면 두 가지 테스트에 대한 답을 종합해야 한다. 먼저 당신이 포모 사피엔스인지 판단할 때처럼, 자기 평가를 해야 한다. 다음으로 두 번째 테스트에 대한 답은 가까운 사람에게서 얻어야 한다. FOBO의 특징 중 하나는 FOBO가 해당자의 영향권에 있는 사람들에게 직접적인 영향을 미친다는 점이다. 때문에 당신의 가족과 친구들은 정직하고 정확하게 대답할 수 있어야 한다. 자신에 대해 착각을 하고 있거나 자신의 행동이 다른 사람들에게 어떤 영향을 미치는지 깨닫지 못하고 있는 경우라면, 이 테스트가 자신의 위치를 확인하게 하는 경종이 될 것이다.

각 질문에 1(전혀 그렇지 않다)에서 5(확실히 그렇다)의 범위로 답을 한다.

자기 평가 질문

1. 상대적으로 중요하지 않은 결정을 내리는 데 과도한 시간이나 에너지를 소모한다(예: 일주일 후에는 기억하지 못할 일).

2. 비중을 가늠할 여러 개의 선택지가 없을 때는 좋은 결정을 내릴 수 없다는 느낌이 든다. 충분히 수용할 수 있을 만한 선택지를 갖고 있을 때도 결정 전에 다른 대안을 만들어내려 한다.

3. 여러 개의 예약이나 약속, 계획을 만들고 마지막 순간까지 기다렸다가 선택지 중 하나(혹은 아무것도)를 택한다.

4. 처음에 제시되는 것(예: 레스토랑 테이블, 호텔 객실, 제품의 구매 가격)을 거절하고 더 나은 것으로 협상하거나 바꾸려고 노력하는 경우가 많다.

5. 물건을 구매했다가 반품하는 경우가 많다.

6. 약속(임박한 약속인 경우라도)을 취소하는 일은 내 바쁜 생활의 불가피한 부산물이라고 생각한다.

7. 계획을 수립하지 못하거나 다른 결정을 내리지 못하는 것 때문에 개인적·직업적 인간관계를 망친 적이 있다.

다른 사람에게 할 질문

8. 나는 결정을 내리거나 한 가지 행동 방침을 정하는 데 어려움을 겪습니까?
9. 나를 일관성이 없거나 신뢰할 수 없는 사람이라고 생각합니까?
10. 내가 결정을 내리지 못하기 때문에 나와 연관된 계획을 세우거나 결정을 내리는 일을 피합니까?

10개의 질문에 대한 점수를 더해 평균을 낸다. 평균 점수가 3점이 넘는다면 당신은 포보 사피엔스의 대열에 들어가 있다. 4점이 넘는가? 당신이 이 순간 다른 선택지들을 제쳐두고 이 글을 읽고 있다는 것이 믿어지지 않는다! 물론 이 평가에 정리된 성향 목록은 완벽하지 않다.

누구에게나 주변에 FOBO의 지배하에 있는 사람이 한 명쯤은 있을 것이다(점수에 따라 그것이 당신일수도). FOBO에 영향을 받아 이기적으로 행동하는 것을 어떤 '굴레'에 갇혀 있다고 표현할 수도 있다. 표면적으로는 자유를 보장하는 것처럼 보이는 일련의 행동이 사실은 다른 사람에게 강요하는 비용과 희생 이상으로 본인에게도 큰 대가를 받아내고 있기 때문이다. 선택의 가치를 일순위에 둔다면, 의사 결정이라는 부담을 내려놓지 못하고 모호함과 불확실성 사이에 있는 아주 살기 피곤한 무인도에 갇혀 있는 것이나 마찬가지다. 무의식적으로 혹은 의식적으로, 자신이 끔찍한 곤경에 처해 있다는 것을 인식하게 될 것이다. 결정을 내리기 전까지는 전혀 행복할 수 없다. 꼭 그렇지 않더라도 앞으로 나아갈 수 없는 것은 확실하다. 이 모든 사실을 아는데도 도무지 빠져나갈 수 없다면 지옥에 갇힌 것과 다를 바가 없다.

2부

두려움의 숨겨진 대가

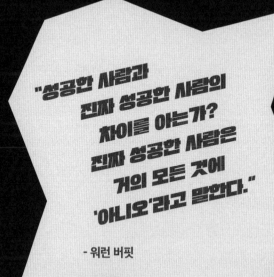

"성공한 사람과
진짜 성공한 사람의
차이를 아는가?
진짜 성공한 사람은
거의 모든 것에
'아니오'라고 말한다."

- 워런 버핏

6장

수십억 달러 규모의
FOMO 산업

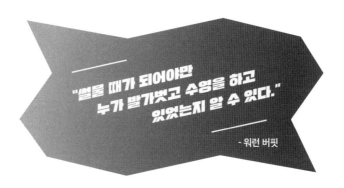

"썰물 때가 되어야만
누가 발가벗고 수영을 하고
있었는지 알 수 있다."

- 워런 버핏

2018년 NPR^{National Public Radio}의 팟캐스트, 〈마켓플레이스〉에는 "중국의 FOMO는 70억 달러 규모의 산업이다"라는 제목의 에피소드가 있다.[1] 에피소드의 주인공인 첸 준은 젊은 아빠로 상하이의 작은 아파트에서 아내, 딸, 부모, 동생 가족과 함께 살았다. 그는 안정적인 직업을 갖고는 있었지만 가족들의 생활을 개선할 수 있는 더 좋은 계획을 찾고 있었다. 그러던 어느 날 〈재정적 자유로 가는 길〉이라는 팟캐스트를 우연히 듣게 되면서 모든 것이 달라졌다. 1년에 단 29달러로 중국에서 가장 부유한 비트코인 거물, 리 샤오라이로부터 직접 가상화폐 거래법을 배울 수 있었던 것이다. 그는 가상화폐 거래를 전업으로 삼기 위해 대담하게도 직장을 그만뒀다. 모두들 비트코인을 사고팔며 큰돈을 번다고 생각했기 때문에 거리낌이 없었다.

첸만이 아니었다. 경쟁이 심한 노동 시장에서 살아남고자 필사적으로 기술을 업그레이드하려는 소비자들이 중국의 '지식' 산업을 움직이고 있다. 무리에서 뒤처지는 것에 대한 두려움은 너무나 커서 중국 씽크탱크에서 지식 산업의 규모가 FOMO의 영향을 받고 있다고 공개적으로 언급할 지경에 이르렀다.[2] 비트코인 강좌를 구매하는 것은 두려움을 완화시키며, 첸의 경우에는 새로운 경력을 쌓을 수 있는 문까지 열어주었다. 그는 거기에서 멈추지 않았다. 그는 지식 상품의 열렬한 소비자가 되어서 〈목소리를 좀 더 매력적으로 만드는 방법〉이라는 팟캐스트까지 구독했다.

첸 준의 이야기에서 눈에 띄는 것은 유별난 리스크 수용범위나 팟캐스트에 대한 욕심이 아니다. 그보다는 첸이 동시에 여러 유형의 FOMO에 사로잡혀 있다는 점이 보인다. 그의 FOMO는 자기 계발에 상당한 현금을 투자하게 만들었을 뿐 아니라 가족의 재정적 미래를 비트코인이라는 투기에 걸게 했다. 모두가 그가 팟캐스트에서 들은 빨리 부자가 되게 해주는 계획을 기반으로 한 것이다! 마켓플레이스의 이 보도가 있었던 2018년 9월, 비트코인은 최고가(약 2만 달러)에서 거의 70퍼센트 정도 폭락했다.

그가 지금은 어떻게 되었는지 모르겠다. 나는 첸과 그의 가상화폐 투자, 대가족이 어떻게 되었을지 진심으로 염려된다. 비트코인 가격은 그 보도 시점에 폭락한 뒤에도 다음 3개월 동안 50퍼센트 더 하락했다. 이후 어느 정도 바닥을 다지고 회복되고 있으며 언젠가는 다시 2만 달러에 이를 수도 있겠지만, 투기성 자산에 대한 투자는 소액 투자자, 특히 경험이 부족한 투자자를 나락으로 이끌 수 있다. 자신이 무슨 일을 하고 있는지도 모르는 상태에서 큰돈을 잃는 것을 막아줄 수 있는 팟캐스트는 없다. 아이러니하게도 이 이야기가 전해 지고 2주 후, 첸의 롤모델인 리 샤오라이는 소셜 메시징 앱 웨이보 를 통해서 더 이상 가상화폐 기반 기술인 블록체인에 돈을 투자하지 않을 것이라고 발표했다.[3] 그는 투자처를 전환할 때가 되었다는 결 정을 내린 것이다. 첸도 그의 뒤를 따르기 바란다.

FOMO는 어떻게 상거래를 주도하는가

상거래에서 FOMO를 이용하는 이유는 단 한 가지다. 외적인 자극이 없었다면 하지 않았을, 혹은 미뤄뒀을 일을 하도록 유도하는 것이다. FOMO가 중국에서 수십억 달러 규모의 시장이라는 기준을 근거로 감히 추측하자면, 전 세계의 FOMO 시장은 쉽게 수백억 달러 규모 에 이르게 될 것이다. FOMO와 관련한 비트코인 가치의 상승만도 2017년 한 해에 2천억 달러를 넘어섰다.[4]

FOMO가 사업에 어떤 영향을 주는지 파악하려면 FOMO를 두 개의 기본 요소, 즉 인식과 소속감으로 나누는 것이 도움이 된다. 이 요소들은 각각 마케팅과 상업을 움직이는 두 유형의 FOMO인 야심 FOMO와 무리 FOMO에 영향을 미친다.

야심 FOMO에서 인식의 역할: 인식을 신뢰할 경우, 당신의 행동은 자신의 결정이 지금보다 더 나은 삶을 살게 해줄 것이란 믿음에 근거를 둔다. 보통 자신의 위치를 향상시키겠다는 욕망을 드러내기 때문에 이를 야심 FOMO라고 부른다. 물론 논리는 어느 정도 보류시켜야 한다. 정보의 비대칭성이 판단을 흐릴 수 있다는 것을 감안하면, 현실이 기대에 미칠지 아는 것은 불가능하다.

무리 FOMO에서 소속감의 역할: 소속감을 추구하는 것은 뒤처지지 않으려는 욕망을 중심으로 한다. 두뇌는 정서적 거부로 인해 신체적 고통과 동일한 신경학적 반응이 일어날 테니 그런 일이 일어나지 않게 해야 한다고 알려준다. 본능적으로 무리에 섞일 수밖에 없는 영양을 떠올려 무리 FOMO라는 이름을 붙였다.

야심 FOMO

세레나 윌리엄스, 제이크 폴Jake Paul에서 후다 카탄Huda Kattan, 카메론 달라스Cameron Dallas에 이르기까지 유명한 인플루언서들은 팔로워들에게 제품을 홍보함으로써 매년 수십억 달러의 상거래를 주도

한다. 본질적으로 그들은 자신들의 명성을 통해 만들어지는 사회적 증거를 기반으로 곤궁한 현실보다 더 크고, 더 낫고, 더 반짝이는 꿈과 열망을 파는 것이다. 사회적 증거는 사람들이 자신의 삶에서 결정을 내리는 순간에 사회 속의 인플루언서를 떠올릴 것이라는 생각이다. 그것이 야심 FOMO에 동력을 공급하는 엔진이고 유명인들의 보증이 존재하는 근본적인 이유다. 2020년 인플루언서 마케팅 시장이 100억 달러에 이를 것이라는 《애드위크》의 전망도 이를 뒷받침한다.[5]

사회적 증거가 움직이는 상거래는 큰 사업이지만, 팔로워를 이용해 돈을 받고 물건을 팔거나 홍보하는 것은 전혀 새로운 일이 아니다. 유명인들은 오래 전부터 광고 등을 통해 사람들에게 이전에는 필요하다고 생각지도 않았던 물건들을 팔아왔다. 소셜 미디어의 부상 이후 변화한 것은 인플루언서의 존재가 아니라 우리가 그들을 따르는 방식이다. 과거 유명인들은 광고에 출연했고, 그에 따른 영향력도 그 정도에 그쳤다. 그러나 소셜 미디어의 발전으로 인플루언서들은 스마트폰을 통해 우리의 정신에 곧바로 이르는 경로를 얻게 됐다. 그들은 이 경로를 통해 자기 생활의 내밀한 단면들을 전달한다. 그들은 가정이나 휴가지에서 촬영한 사진이나 동영상을 게시함으로써 자신의 가족이나 개인적인 두려움, 좋아하는 것들에 대해 이야기를 한다. 그들은 인정받기 위해 관심을 끄는 일에 매달리게 된 온라인 문화 속의 트렌드세터라고 할 수 있다. 그 결과 그들은 트위터 멜트다운(마일리 레이 사이러스, 팔로워 4천만 이상), 인스타그램 불화(저스

틴 비버와 셀레나 고메즈, 팔로워는 둘이 합쳐 2억 5천만), 무분별한 리벤지 포르노(인스타그램 활동을 차단당한 롭 카다시안) 등을 통해 어두운 면을 노출하기도 한다.

관심을 끄는 이런 행동은 작위적으로 보일 때가 많음에도 불구하고 매끈한 잡지 표지에 박혀 있는 보정된 이미지만 보일 때보다 유명인을 훨씬 더 현실적이고 인간적으로 보이게 만든다. 인플루언서들은 자신들이 진짜임을 확신시킴으로써 제품이나 행사, 기타 상업 행위를 더 효과적으로 홍보할 수 있다. 이런 일을 정말 잘 하는 사람들은 조종당하는지 눈치 채지도 못하게 우리의 FOMO를 자극한다. 그들의 성공과 실패, 그들의 아이들, 그들의 불화, 그들이 치유를 위해 떠나는 여행, 그들의 개에 관심을 갖고 있는 당신은 그들에게 시간과 돈을 투자를 하고 FOMO를 느낀다. 이것이 애초에 그들이 물건을 판매할 수 있는 이유다.

그러나 기억해야 할 사실이 있다. 당신이 많은 시간과 돈을 투자하는 그들은 당신에게 투자하지 않는다. 2018년 가장 팔로워가 많았던 크리스티아누 호날두, 셀레나 고메즈, 아리아나 그란데의 인스타그램을 생각해보라. 이들은 다 합쳐서 3억 5천만 명 이상의 팔로워를 거느리고 있지만 그들이 팔로잉하는 사람은 1,500여 명에 불과하다. 당신은 그들을 팔로잉하고 있을지 모르지만 그들은 분명 당신을 팔로잉하고 있지 않을 것이다. 근본적으로 일방적인 관계인 것이다. 그것이 소셜 미디어의 이상한 점이다. 당신은 팔로워가 되기를 선택하고 유명인들에서부터 이웃들까지 많은 사람들의 콘텐츠를 적극적으로 소비한다. 결과적으로 당신이 잘 알고 실제적으로 삶의 일부인 사람들의 콘텐츠가 당신이 존재하는지도 모르는 사람들의 콘텐츠와 나란히 배열되는 것이다.

인플루언서와 팔로워의 관계는 표면적으로 나타나는 것보다 훨씬 더 위험하다. 아기 사진과 사촌의 결혼식 때 찍은 사진이 인플루언서 '친구'들의 감춰진 광고와 뒤섞인다. 정보의 비대칭성 때문에 당신은 그 인플루언서가 실제로 제품을 신뢰하고 있는지 그저 돈 때문에 홍보하는 것인지 판단할 수 없다. 물론 대부분의 경우 그가 당신을 이용하고 있을 확률이 높다. 그는 절대 대놓고 이야기하지 않겠지만 말이다. 이 사업의 추악한 면은 잘 가려져 있지만 가끔씩 진실이 드러나기도 한다. 파이어 페스티벌을 다룬 넷플릭스 다큐멘터리 〈파이어Fyre〉에는 인플루언서가 중심이 되는 마케팅 전략에 숨겨진 냉혹한 현실이 담겨 있다. 맥팔랜드는 자 룰과 파이어 스타터 슈퍼모델들과 바하마의 해변에 앉아 이렇게 말했다. "우리는 평범한 루저들, 미국에 사는 평범한 사람들에게 허황한 꿈을 파는 것이다."

무리 FOMO

소매업체와 마케터들은 FOMO를 불러일으키는 광고를 기획해서 당신으로 하여금 자신이 파는 물건이나 서비스, 경험에 돈을 쓰게 만든다. 블랙프라이데이에 상점으로 달려드는 인파에서부터 새로운 패드나 스마트폰을 사겠다는 희망으로 애플 매장 밖에 며칠이고 생기는 대기 줄까지, 구매 과정은 이미 오래전부터 일부 제품을 구매하는 경험의 필수적인 일부가 되었다. 영양이 그렇듯이, 끼고 싶은 충동은 근본적인 필요에서 비롯된다. 영양의 경우에는 그것이 생존이고, 포모 사피엔스의 경우에는 인정과 소속감이다. 자신보다 큰 어떤 것(기대, 계획, 공유하는 경험, 몇 주, 몇 년 후에 들려줄 이야기)에 참여하는 연대감은 제품의 핵심적인 혜택 중 하나가 된다. 그런 식으로 자아를 표현하는 것이다. 그것은 세상에 당신이 누구인지, 또 그 무리에 얼마나 적합한지를 말해준다. 구매하기 위해 줄을 서 있는 무리들을 지나치는 모든 사람들에게도 참여하라고 말하는 시각적인 자극이 되기도 하다.

그것이 바로 도미니크 앙셀Dominique Ansel이 맨해튼 소호에 있는 자신의 베이커리에서 매일 아침 판매할 크로넛(크로아상과 도넛을 혼합한 것)을 400개 미만으로 준비하라고 지시하는 이유다. 한정된 수량의 크로넛을 손에 넣으려면 베이커리가 문을 여는 시각인 오전 8시 전부터 줄을 서야 한다. 앙셀은 수요에 맞추어 제품을 더 만들 수도 있고 가격을 올릴 수도 있지만, 그는 크로넛을 사기 위한 긴 줄이 일일 매출을 극대화하는 것보다 훨씬 더 가치가 있다는 것을 알고 있다. 첫째, 제한적인 공급은 희소 가치를 만든다. 둘째, 베이커리 밖에서 크로넛을 사기 위해 서 있는 사람들의 긴 줄은 그가 만들고 있는 것이 정말 기다릴 만한 가치가 있는 것임을 입증한다. 명사나 인플루언서에 의해 제공되는 사회적 증거와 달리, 이것은 줄을 서는 무리의 힘, 뉴요커와 들뜬 관광객이 만들어내는 무리의 힘에서 비롯된다. 이 두 요소를 적절히 혼합한다면 크로넛 수준의 잠재력을 가진 인기 제품을 만들어낼 수 있다.

앙셀과 그의 베이커리의 경우 FOMO가 돈으로 사기 힘든 홍보, 페이스북 게시물, 트윗을 크라우드소싱하는 형태의 상품 노출로 이어진다. 하지만 2016년 어느 날 아침 이 가게에 몰려든 #크로넛에 미친 소비자들이 줄을 서 있으면서도 바로 옆에 있는 벤치에서 몇 시간 전 사망한 한 남자를 알아차리지 못하고 지나쳐갔다는 사실은 FOMO에 휩쓸린 군중심리에 대해 많은 것을 말해준다. 완벽한 셀카와 게시물에 도취되고 같은 것을 추구하는 무리에 휘말려 당신의 도움이 필요할 수도 있는 현실 세계의 사람들을 보지 못하는 것이 과연 옳은지 생각해봐야 할 문제다.

앙셀의 전략은 브랜드를 만들고 상품을 파는 데 오랫동안 이용되었던 강력한 자극이었다. 그러나 지난 10여 년 동안 온라인 마케터들은 불이 쉽게 붙는 무리와 사회적 증거, 희소성의 조합을 디지털 세상으로 끌어들이는 방법을 알아냈다. 디지털 마케터들은 온갖 도구를 이용해서 당신의 주의를 끌고 그 물건을 가져야만 한다고 마음먹게 만든다.

FOMO 마케팅에 대해 너무나 잘 아는 도시인 라스베이거스에서 휴가를 보내기로 했다고 상상해보자. 아메리칸항공 웹사이트로 가서 클릭을 몇 번하면 일련의 항공편이 나열된다. 둘러보다 보면 원하는 선택지 아래에 "3개의 좌석이 남아 있습니다"라고 적혀 있는 것을 발견한다. 지금이 아니면 예약하기 힘들겠다는 생각이 들어서 항공편을 클릭하여 넘어간 다음 페이지에는 무료 마일리지와 함께 250달러의 보너스를 받고 신용카드에 가입할 수 있는 기회가 제공된다. 신용카드를 건너뛰고 다음 페이지로 가면, 또 똑같은 '한시적 혜택'의 가입 화면이 뜬다. 그 화면에서 빠져나오면 좌석이 줄어들고 있다는 것을 알게 된다. 화장실 옆줄의 가운데 좌석에 앉지 않으려면 그 순간을 놓치지 말아야 한다. 45달러를 결제하려고 하면 또 한번 '한시적 혜택'으로 신용카드에 가입할 수 있는 세 번째 기회가 나타난다. 마지막으로, 지난 7일 동안 9만 3천 명 이상의 여행객이 보험에 가입했다며 여행 보험에 가입을 권유하는 창이 뜬다. 내 계산이 맞다면, 당신이 라스베이거스로 가는 비행기를 예약하는 사이에 적어도 여섯 개의 사회적 증거와 희소가치가 등장한다.

디지털 세상이든 물리적 세상이든 온갖 유형의 마케터들이 관심을 끌고 물건을 판매하기 위해 세우는 전략에 야심 FOMO와 무리 FOMO가 깊이 스며들어 있다는 것은 부정할 수 없는 사실이다. 공공연한 것이든 알지 못하는 사이에 영향을 미치는 것이든 이런 메시지를 알아차릴 수 있게 된다면, 통제권을 되찾고 정말로 당신이 원하는 것에 부합되는 결정을 할 수 있게 될 것이다. 당신의 진정한 기호를 반영한 선택은 판단을 유예하지 않도록 하는 데도 꼭 필요한 일이다. 이로써 당신은 크로넛을 지나치게 많이 먹는 일을 피하게 되고 그에 더불어 투기성 투자에 빠져드는 일도 막을 수 있다.

실리콘밸리의 (놓치는 것에 대한) 두려움과 탐욕

자산 버블은 대개 똑같은 방식으로 시작하고 끝난다. 가격이 타당한 정도를 넘어서기까지는 신뢰가 있는 사람과 현명한 투자자들이 가격과 투자에 대한 대중의 인지도를 끌어올리기 시작한다. 그러게 되면 돈 버는 것이 쉬워 보이고, 빨리 움직이지 않으면 빨리 부자가 될 기회를 잃어버리게 될 것이라고 생각하기 시작한다. 가격이 오르고 이성적인 선을 넘어서면 거품이 추진력을 유지하는 방법은 단 하나다. 아직 참여하지 않은 투자자들을 싸움에 끌어들이는 것이다. 이 새로운 투자자들은 치밀함이나 이성을 무너뜨리는 야심 FOMO와 탐욕에 이끌려 뛰어든다. 이들이 명절날 조카에게 이야기를 듣고 비트코인을 사는 사람들, 좋아하는 뉴스 채널에서 광고를 보고 금을 사는 사람들, 팟캐스트를 근거로 제대로 따져보지도 않고 투기적인 시장에 뛰어들기로 하는 첸 준과 같은 사람들이다. 자, 무리가 도착했다!

FOMO 무리가 들어오면 시장을 잘 아는 노련한 투자자들인 '스마트머니'는 주머니에 돈을 두둑히 챙겨서 빠져나가기 시작한다. 시장이 무리의 손에 남겨진 후 결국 거품이 꺼진다. 뒷수습은 FOMO의 먹이가 된 투자자들, 뒤늦게 투기적으로 시장에 뛰어든 투자자들에게 맡겨진다. 그들이 역사의 경험을 교훈 삼아 1929년 주식 시장 붕괴에서 1990년대 비니 베이비에 이르는 수많은 비슷한 거품을 살펴보았다면 자신들도 똑같은 거품 시장에서 놀아나고 있다는 것을 알았을 것이다. 몇 분만 할애해서 구글에 'FOMO와 비트코인'을 검색해서 나오는 90만 개 이상의 결과를 잠깐 살펴보기만 했어도 좋았을 것이다.

실리콘밸리라고 해서 스마트머니의 성공불패가 항상 유지되는 것은 아니다. 스마트머니도 어리석은 선택을 할 때가 있다. 테라노스Teranos의 사례를 살펴보자. 실리콘밸리의 기대를 한 몸에 받았으나 지금은 사라지고 없는 이 회사는 혈액 한 방울만으로도 수백 개의 질병을 검사할 수 있다고 주장했다. 비트코인과는 달랐다. 이 거품에 연료를 댄 것은 더 많은 것을 알고 있어야 마땅한 '수준 높은 투자자'들이었다. 공개기업이 아니었기 때문에 일반 FOMO 무리는 이 회사에 접근할 수 없었다. 테라노스는 미디어 거물 루퍼트 머독, 디보스 가족(암웨이 소유주), 월튼 가족(월마트 소유주) 등의 유명 투자자들로부터 7억 달러라는 엄청난 자금을 조달했다. 그 과정에서 회사의 가치는 90억 달러에 이르렀다. 투자에 대해서 알 만큼 아는 유명한 투자자들이었지만, 일반 대중들과 전혀 차이가 없었다. 증권거래위원회가 이 회사의 설립자인 엘리자베스 홈즈와 동업자인 라메시 발와니를 '벤처 사기'로 기소하면서 이들 모두 공멸했다.

엘리자베스 홈즈는 어떻게 무일푼에서 거부가 되었고, 다시 무일푼이 되는 놀라운 삶의 궤적을 만들 수 있었을까? 그녀는 파이어 페스티벌이나 도미니크 앙셀이 크로넛으로 시도했던, 유효성이 분명히 입증된 기법을 사용했다. 첫째, 그녀는 사회적 증거를 이용해 야심 FOMO를 자극함으로써 회사가 성공할 수밖에 없다는 분위기를 만들었다. 그녀는 사업계획이 아직 파워포인트에서 벗어나지 못한 상황에서 실리콘밸리의 유명 벤처 투자가 팀 드레이퍼로부터 초기 투자를 확보했다. 회사가 성장하면서, 그녀는 장관과 상원의원을 역임했던 사람들을 테라노스의 이사 자리에 앉혀 사회적 증거를 강화했다. 투자나 전략적 제휴관계를 고려하는 외부인들이 보기에는 수많은 똑똑한 사람들이 엄청난 돈을 벌어들일 수 있다고 생각하는 것 같았다.

바로 여기에서 무리 FOMO가 등장한다. 부유하고 힘 있는 사람들의 이야기는 다른 힘 있는 사람들을 끌어들이는 데 유용했다. 이 명사들 중에는 과학적인 전문지식이 있는 사람이 전혀 없었는데도 말이다. 무리를 모은 홈즈는 예비 투자자들이 얼마 안 되는 정보에도 돈을 송금하게 만들기 위해 희소성을 이용했다. 그녀는 업계의 전문가들을 파트너로 두고 있으며 면밀한 실사를 하지 않고서는 돈을 투자하지 않는 유명 벤처캐피털 기업이나 해당 분야에 전문 지식을 가진 노련한 투자자를 피하는 데도 주의를 기울였다. 회사의 '고도로 독점적인' 기술에 대해서 지나치게 많은 질문을 하는 사람도 제외했다. 이러한 과정을 통해 테라노스는 자금 조달에 성공했을 뿐 아니라 세이프웨이나 월그린과 같은 회사들과 혁신적인 제휴관계를 확보하는 데도 성공했다. 놀랍게도 두 회사는 기술이 효과가 있다는 아무런 증거가 없음에도 불구하고 독점 제휴를 성사시켰고, 매장에 그 기술을 설치하기도 했다.

홈즈의 계획은 완벽하게 성공을 거두었다. 그녀는 CVS와 세이프

웨이 같은 제휴사를 끌어들인 후, 제휴 관계를 이용해서 더 많은 돈과 인재를 끌어들이고 입소문을 냈다. 이 강력한 무리는 점점 성장했으나 문제는 홈즈가 모두를 속였다는 것이다. 그녀는 한때 《포브스》가 선정한 400대 거부 목록에 오르기도 했다. 그러나 기술은 실패했고 사람들이 문제를 제기하기 시작했다. 자신들이 속았다는 것을 깨달은 것이다. 몰락은 빠르게 진행됐다. 단 1년 만에 그녀의 자산 가치는 40억 달러에서 사실상 0으로 추락했다![6]

테라노스의 몰락은 여러 면에서 전례를 찾기 힘든 일이었지만 그 과정에서 FOMO가 발휘한 막대한 영향력은 우리가 지금까지 살펴본 그대로였다. 놓치는 것에 대한 두려움만으로 투자를 해서는 안 되지만, 투자할 스타트업을 찾는 멀쩡한 사람들은 언제든지 떠들썩한 포모 사피엔스 무리들로 바뀔 수 있다. 내게 상당히 친숙한 부분이다. 나는 벤처 투자가로서 벤처캐피털 회사에서 일하면서 내 개인 재산을 직접 투자하기도 하는데, 때때로 투자의 근거에 FOMO가 끼어들곤 한다. 나는 라틴 록 스타 출신이 이끄는 스타트업에 투자한 적이 있었다. 그는 함께 일하는 내내 변성의식 상태에 있는 것처럼 행동했다. 그 투자 기회를 놓쳤더라면 얼마나 좋았을까. 투자는 최단 기간에 실패하며 기록을 세웠다. FOMO가 논리를 대신할 때마다 나는 돈을 잃었다. FOMO가 이해하지 못하는 산업에 투자하게 만든다는 것을 큰 대가를 치르며 어렵게 배운 것이다. FOMO는 판단의 근거를 자신이 직접 조사해서 얻기보다는 무리에서 얻도록 만든다. 무리가 명성이 높은 사람들로 이루어져 있다면 특히 더 그렇다.

이것은 재앙으로 가는 지름길이다.

중력을 영원히 거스를 수는 없다

＼

FOMO에 말려들지 않으면 비판자들을 만나게 된다. 당신이 투자 기회가 있을 때 "아니오"라고 말하는 분별 있고 신중한 투자자라고 생각해보자. 당신이 "아니오"라고 말할 때는 여러 가지 마땅한 이유가 있다. 그렇더라도 자신은 구경만 하고 있는 와중에 친구들이 큰 성공을 거둔다면 부럽기도 할 것이고, 무리로부터 손가락질을 받을 수도 있을 것이다. 1999년 경제 주간지 《바론즈Barron's》는 "워런, 무슨 일이죠?"라는 제목의 기사를 냈다. 인터넷 버블에 뛰어들지 않은 워런 버핏을 공격하는 글이었다. 지금쯤이라면 《바론즈》가 어디 깊숙한 구석에 파묻어 버리고 싶을 이 기사는 70세인 버핏이 기술 부문을 '이해'하지 못하며 너무나 '보수적이며 구식'이라고 말했다.[7] 이 기사는 오마하의 현인이라고 불리는 버핏이 그가 이해하는 부문에만 투자를 하느라 좋은 투자 기회를 놓치고 있다고 비난했다. 버핏은 과연 뭘 놓쳤을까? 이후 몇 년 동안 나스닥은 87퍼센트 하락했다. 장기적으로 성공하기 위해서는 감정이 아닌 분석을 기반으로 투자를 해야 한다.

철저하게 분석하고 확인하는 태도가 버핏처럼 당신이 결국 옳았다는 것을 밝히는 데 도움을 줄 수도 있고 테라노스 같은 회사에 투자하는 것을 막아줄 수도 있지만, 그 때문에 당신이 틀릴 수도 있다. 좋은 기회를 날리고 그냥 구경꾼 신세로 남을 수도 있다. 물론 내 것이 될 수도 있었던 돈을 헤아리는 것은 아무짝에도 쓸모없는 일이다! 질투를 느끼고 후회로 가슴을 치게 되는 유혹으로부터 도망치려면 상황을 보는 방법 자체를 재구성해야 한다. FOMO를 극복하기 위해서는 때로 당신이 수익이 많이 날 수 있는 기회를 놓치게 될지도 모른다는 사실을 받아들여야 한다. 말은 쉽지만 실천은 어려운 일이다.

베세머Bessemer 벤처 파트너스와 같은 벤처캐피털 회사를 높이 평가해야 하는 이유가 여기에 있다. 베세머는 자사 웹사이트에 스태이플스나 링크드인 같은 성공적인 투자 사례는 물론 '안티-포트폴리오'까지 공개하는 것으로 유명하다. 안티-포트폴리오는 이 회사가 투자할 기회가 있었지만 하지 않은 회사들의 목록이다. 구글의 경우를 예로 들어보자.

데이비드 코완(베세머 벤처 파트너스의 파트너)의 대학 동창 한 명은 자기 집 차고를 세르게이와 래리에게 빌려주었다. 1999년과 2000년에 그녀는 코완에게 '검색 엔진을 만들고 있는 정말로 똑똑한 이 스탠퍼드 학생들'을 소개해주려 했다. 베세머의 안티-포트폴리오에서 가장 결정적인 순간이었다. 코완은 그녀에게 물었다. "너희 집 차고 가까이에 가지 않고 이 집에서 나갈 수 있는 방법은 없을까?"[8]

이렇게 놓친 대어가 구글만은 아니었다. 2000년대 초 큰 인기를 모은 소셜 네트워크 프렌드스터가 10년 뒤 완전히 역사에 파묻혀버린 것을 생각하면 페이스북과 관련된 이 일은 더 뼈아프게 느껴질 수 있다.

2004년 제레미 리바인(베세머 벤처 파트너스의 파트너)은 왈도 세브린의 맹렬한 투자 권유를 피해 회사 소유의 휴가지에서 주말을 보냈다. 식당에서 줄을 서 있다가 세브린을 맞닥뜨린 제레미는 이런 현명한 조언을 해주었다. "젊은이, 프렌드스터 이야기 못 들어봤나? 다른 걸 해. 그 시장은 끝났어!"[9]

베세머는 이렇게 놓친 기회를 부각시키고 놓쳐버린 수백만(또는 수십억) 달러의 수익을 헤아리면서 유머감각과 겸손함을 보여주었다. 안티-포트폴리오의 핵심은 아무리 똑똑한 투자자라도 모든 기회를 포착할 수 없고, 포착하지 못할 것이란 것이다. 사실 투자를 바라는 수많은 소규모 기업집단에 충분한 시간과 자원을 할애하려면, 집중력이 필요하며 결단력 있게 행동해야 하고 "아니오"라는 말을 많이 해야 한다. 효율적으로 행동할수록 좋다. 그 과정에서 판단 착오나 불가피한 상황으로 인해 엄청난 기회를 놓치는 것은 어쩔 수 없는 일이다. 베세머는 그러한 가혹한 현실을 받아들이고 심지어는 널리 드러내면서 회사의 문화에서 두려움을 제거하고 그 자리를 상식으로 채우고 있는 것이다. 아이러니하게도 실패에 대처하는 회사의 투명한 조치는 다른 많은 벤처캐피털 기업의 웹사이트에도 안티-포트폴리오가 올라오게 되면서 큰 호응을 얻고 있다. 허나 이를 모방한 회사들은 이렇게 안티-포트폴리오의 무리에 끼어들면서 한 종류의 FOMO는 이겨냈을지 모르지만 그것을 다른 FOMO로 대체하고 있는 것이 아닐까 하는 생각이 든다.

FOMO 주도 전략은 실리콘밸리의 빛나는 거품 속에서의 투자 결정에만 영향을 미치는 것이 아니다. 그 전략은 경영진이 자신의 신념에 의문을 품게 하고 기업들이 길을 잃게 할 수 있다. 투기 거품이 그렇듯 기술 변화도 기업의 운영 방식과 시장에서의 위상에 영향을 미친다. 하룻밤 사이에 오랫동안 우위에 있었던 기업들이 신생기업의 위협을 받고, 한때 혁신적이었던 아이디어가 진부하게 보이고, 안정성이 지배했던 곳을 공포와 불확실성이 다스리게 된다. 바로 이때 기업은 FOMO에 시달리는 자신을 발견한다. 앞으로 나아갈 길을 찾기 위해 주변을 둘러보고, 가능한 한 모든 방법을 동원해 뒤처지지 않으려 애를 쓴다. 그들은 중력을 거스르려 하지만 결국 땅으로 추락한다.

아마존이 아마존 파이어폰을 출시하고 펩시가 크리스털 펩시를 개발하고 롱아일랜드 아이스티가 이름을 롱블록체인으로 바꾸고 가상화폐 업체로 거듭나겠다는 의사를 밝힌 것도 그 때문이다. 파이어폰과 크리스탈 펩시는 오래 전에 실패했고 시장에서 철수했다. 롱아일랜드 아이스티의 주가가 300퍼센트 가까이 치솟자 포커머신 회사에서부터 주스 회사까지 수십여 개 회사가 더 합류해 전환을 시도했으나 일은 잘 진행되지 않았다. 1년 뒤 롱아일랜드블록체인은 비트 코인 회사로 전환했을 때에 비해 97퍼센트 낮은 거래량을 기록했고 나스닥에서 상장 폐지됐다. 세계 최초의 아이스티 블록체인 회사의 주주들이 큰 대가를 치르고 배웠듯이 FOMO는 투자 전략이 될 수 없다.

7장

FOBO,
반대 전략

"선택하지 않으면
모든 가능성은
열린 채로 남아 있다."

- 무명씨

어린 시절 부모님의 옛날이야기를 듣고 자란 사람이라면 무단 가택 침입으로 유명한 금발 머리 소녀에 대해 알 것이다. '골디락스와 곰 세 마리' 이야기다. 이 이야기를 모르고 자란 사람들을 위해서 잠깐 설명하자면, 이 이야기는 숲에서 작은 오두막에 들어가게 된 골디락스라는 이름의 어린 소녀에 대한 것이다. 문을 두드려도 아무도 대답하는 사람이 없자 그녀는 집에 들어가서 쉬기로 마음먹는다.

집안에 들어간 골디락스는 테이블에 오트밀 죽이 세 그릇 있는

것을 발견한다. 첫 번째 죽은 너무 뜨겁고, 두 번째 죽은 너무 차갑고, 세 번째는 온도가 적당했다. 그래서 그녀는 세 번째 죽을 먹었다. 다음으로 그녀는 의자 세 개를 두고 고민을 한다. 하나는 너무 딱딱하고, 하나는 너무 푹신하고, 하나는 적당

했다. 이 모든 FOBO에 지친 그녀는 결국 세 개의 침대 중 가장 편안한 침대에 누워 잠이 든다. 그녀는 반나절만에 집 안에 확실한 자취를 남겼다. 죽을 모두 다 맛보고, 의자를 부러뜨리고, 침실을 엉망으로 만든 것이다. 집에 사는 곰들이 돌아왔을 때 화를 내는 것도 당연했다. 그래서 그들은 그녀를 쫓아냈고 그 후로 아무도 그녀의 소식을 들은 사람은 없었다.

성인이 되어서 이 이야기를 다시 읽다 보면 명확하게 드러나는 두 가지가 있다. 첫째, 이 금발 소녀는 아주 즐거운 시간을 보냈다. 둘째, 골디락스의 FOBO(자기도취와 선택지의 과잉, 결정을 꺼리는 마음에서 비롯된)는 그녀를 말썽꾸러기로 만들었다. 그날 오두막에서 결정을 내릴 때마다 그녀는 자신의 행동에 영향을 받을 죄 없는 곰 가족의 욕구와 목표보다는 자신의 단기적 욕구와 목표를 우선했다. 행동에는 결과가 뒤따르기 마련이다. 그때그때 자신을 가장 기분 좋게

만드는 일을 했으면서도 그녀는 지쳤고, 결국 대가를 치렀다.

FOBO의 가혹함이 동화에서만 나오는 것이라면 좋을 텐데. 이를 현실 세계에서 확인하고 싶다면 데이트 앱 틴더Tinder를 다운로드하기만 하면 된다. 이 앱은 애초부터 선택 가치에 대한 욕망을 일깨우도록 설계되어 있다. 틴더를 이용한 적이 없는 사람들을 위해서 사용 방법을 잠깐 설명해보겠다. 이 앱은 당신의 위치를 기반으로 연애 상대 후보들을 끝없이 보여준다. 새로운 프로필 사진이 뜰 때마다 대화를 하고 싶으면 화면을 오른쪽으로 밀고 그렇지 않으면 왼쪽으로 민다. 모든 과정에 걸리는 시간은 단 2초다. 손가락을 움직이는 데 문제만 없다면 단 몇 분 안에 수십 명의 연애 상대 후보들을 훑어볼 수 있다.

주머니에 든 네모난 물건 하나면 오른쪽으로 화면을 밀 가치가 있는 상대를 찾을 때까지 몇 시간이고 후보들을 거절할 수 있다. 약속을 할 필요도, 대화를 나눌 필요도 없다. 속옷 바람으로 앉아서 화면을 넘기기만 하면 된다. 참으로 낭만적이지 않은가? 자 그럼 이런 접근법을 데이트가 아닌 당신의 경력, 우정, 인간관계, 사업 등 인생의 모든 것에 적용해보자. 직장동료든 공급업자든 거래처든, 함께 일하는 사람들을 틴더 피드의 사람들처럼 대한다면 인간관계와 경력에 영원히 회복할 수 없는 피해를 입게 될 것이 분명하다.

내 친구의 경우를 생각해보자. 그를 알렉스라고 부르기로 한다. 알렉스는 자기가 일하는 회사를 너무 싫어해서 같은 업계의 다른 직장으로 옮기길 간절히 바라고 있었다. 한편으로는 뉴욕을 떠나 유럽의 어딘가에서 일하고 싶은 마음도 컸다. 가족들이 파리에 있기 때문에 그가 가장 이상적으로 생각하는 곳은 파리였지만 유럽 대륙에서라면 어디나 좋았다. 몇 달에 걸친 여러 번의 면접 끝에 그는 결국 런던에 있는 회사에서 일자리를 제안받았다. 그는 그 자리가 마음에 들었다. 모든 면에서 적합했다. 파리가 아니라는 것만 제외하면. 그는 이렇게 자문했다. "오른쪽으로 밀어야 할까, 왼쪽으로 밀어야 할까?"

그날 밤 알렉스는 새로운 일자리를 영국 해협 건너편의 더 나은 선택지로 바꾸기 위한 최후의 시도에 착수했다. 잠들기 직전, FOBO에 젖은 그는 파리에 있는 친구에게 이메일을 보냈다. 런던에서 받은 제안을 이용해서 파리에 있는 그 정도의 일자리를 구할 방법이 없을지 묻는 내용이었다. 다음날 아침 일어난 그는 이메일을 열어 보고 자신이 실수를 저질렀다는 것을 깨달았다. 놀라서 잠이 싹 달아났다. 친구에게 이메일을 보낸 것이 아니었다. 그는 미래의 자기 상사, 전날 그에게 일자리를 제안한 런던 회사의 임원에게 이메일을 보냈던 것이다. 그가 받은 답은 짧았고 호의라고는 전혀 느껴지지 않았다. "24시간 내에 우리 제안을 받아들일지 여부를 결정해주시기 바랍니다."

알렉스는 현장에서 덜미를 잡히긴 했지만 한편으로는 대단히 운이 좋았다. 대부분의 고용주들은 그 자리에서 제안을 취소한다. 뒤에서 딴 생각을 하고 있는 사람을 누가 좋아하겠는가? 그는 받은 메일함의 최후통첩을 보면서 자신이 FOBO에게 당했다는 것을 깨달았다. 그는 대단히 좋은(거의 이상에 가까운), 처음 직장을 구할 때라면 정말로 반갑게 받아들였을 선택지를 위태롭게 만들었다. 알렉스는 신중하지 못했고 보통의 이직 협상에서 고려할 수 있을 만한 어떤 임금 인상도 감히 요구하지 못하고 그 제안을 받아들일 수밖에 없었다. 심지어 새 직장에서 일을 시작도 하기 전에 상사의 눈밖에 나버렸다. 이 일 때문에 새로운 회사에서 어떤 대가를 치르게 되지는 않을까? 그에 대한 답은 영영 알 수 없을 것이다. 엎질러진 물은 주워 담을 수 없으니까.

FOBO는 노동 시장을 어떻게 바꾸고 있을까

2018년 링크드인의 설문조사에 따르면 직장인의 68퍼센트가 경력과 관련된 결정에서 FOBO를 느끼며, 17퍼센트는 '꿈의 직장'을 얻을 때까지 버티지 않은 것을 가장 후회한다고 말하고 있다. 링크드인은 블로그 게시물을 통해 FOBO가 직장에서 어떤 역할을 하는지 설명했다.

> 상상해보라. 당신은 지금 막 직장에서 새로운 자리를 혹은 새로운 직장의 일자리를 제안받았다. 처음에는 그 기회에 황홀해하며 흥분하지만 이후 가능한 더 나은 선택지들이 잇달아 떠오른다. "정말 내게 가장 잘 맞는 일일까? 더 많은 보수를 주는, 더 높은 직함을 주는, 근무 환경이

더 유연한, 재택근무가 가능한 다른 일자리를 구할 수 있지는 않을까?" 이제 어떤 결정도 내리기가 힘들다. 당신은 FOBO, 더 나은 선택지가 있지 않을까 하는 두려움을 경험하고 있다. 당신만 그런 것은 아니다.[1]

링크드인은 표면적으로는 소셜 네트워크처럼 보이지만, 비즈니스 모델 전체가 사람들에게 커리어에 대한 FOBO를 주는 것들로 이루어져 있다. 그것은 링크드인이 구직의 중심지이고 구직자의 80퍼센트가 이 사이트를 사용하여 일자리를 채우기 때문이다.[2] 로그인할 때마다 구인 목록, 헤드 헌터의 메시지, 네트워크 내에서 진행 중인 전환 및 승진에 대한 모든 정보를 알려주는 상태 업데이트가 쏟아진다. 이러한 기능 중 일부는 분명히 FOMO를 자극하도록 설계되었지만, FOBO에도 캣닙과 같은 역할을 한다. 링크드인은 구직 틴더가 되고 있다. 커리어에 불만이 있거나 변화를 결심한 사람이 몇 시간이고 더 나은 일자리를 찾아 헤맬 수 있는 쾌적한 환경을 제공하지만 더불어 많은 불안감도 불러일으킨다. 그런 불안감은 꿈의 직업을 찾는 데 아무런 도움도 되지 않는다.

FOBO가 구직 시장에 미치는 영향은 링크드인 앱의 범위를 훨씬 넘어선다. FOBO는 긱 경제, 즉 프리랜서를 만든 흐름의 주요 동인이기도 하다. 긱 경제는 어디에서든 일을 하고 정해진 길 없이 한 프로젝트에서 다른 프로젝트로 이동하는 디지털 유목민을 낳았다. 이러한 노동 시장의 전환은 미국 노동인구에 놀라운 영향을 미쳤다. 2020년이면 미국인의 40퍼센트가 프리랜서가 될 것으로 예상된다.[3] 물론 이 모든 사람들이 전업 프리랜서는 아니다. 따라서 이 수치는 해석이 좀 필요하다. 이들 노동자의 일부는 긱 경제를 이용해 상근직에서의 수입을 보충하거나 비고용 상태에서 수입을 창출한다. 또한 수백만 명의 사람들이 여전히 사무실을 차려 자기 사업을 시작하고 있다. 이는 포트폴리오 커리어의 형태를 띠기도 한다. 한 개인이 여러 다른 활동을 한데 묶어 자신의 '일'로 삼는 것이다. 이런 현상이 실제로 일어나는 현장을 보고 싶다면 위워크나 커피전문점 같은 협업 공간에서 일하는 사람들을 둘러보고 그들에게 하루 종일 무슨 일을 하는지 물어보라.

프리랜서 혁명은 세 가지 세속적인 경향의 산물이다. 첫째, 프리랜서 혁명은 인터넷에 의해 움직인다. 인터넷이 이 모든 유연한 근무 제도를 가능하게 했다. 둘째, 평생 고용의 종말이 가져온 직접적인 결과다. 법조계나 금융계와 같이 한때 명망 있고 예측 가능했던 경로들이 사라지면서 많은 전문직 종사자들이 직장생활에서 벗어나 컨설팅 역할로 밀려났다. 마지막으로 많은 대기업이 기본적인 복리후생 혜택을 제공하지 않으면서도 팀 내의 공백을 메우고, 생산성을 높이고, 인재를 끌어들이기 위해 고용 모델을 프리랜서 중심으로 전환했다.

포트폴리오 커리어를 만드는 데는 유연성, 자율성, 추가 수입이라는 명확한 장점이 있다. 하지만 FOBO를 자극하는 양의 탈을 쓴 늑대가 될 수도 있다. 하나의 프로젝트에 정착할 필요가 없기 때문에 항상 원하는 만큼의 선택 가치를 얻을 수 있고 기업계 노동자들을 짓누르는 족쇄 없이 자유를 누릴 수 있다. 그렇게 많은 부분에서 자유롭지만, 자유에는 대가가 따른다. 유연성에는 필연적으로 예측 불가능성이 따르며, 미래의 수입에서 예측가능성을 확보하려면 끊임없이 다음 프로젝트를 확보하기 위해 서둘러야 한다. 또한 클라이언트를 위해 당신이 창출해낸 가치의 혜택을 온전히 누릴 수도 없다. 멋진 로고를 디자인하거나, 비상한 코드를 만들거나, 훌륭한 마케팅 전략을 세워도 보상은 정해진 보수에 그친다. 승진, 봉급 인상, 주식 소유 등 기업이 직원들에게 장기적으로 보장하는 다양한 장려책은 남의 이야기일 뿐이다. 선택 가치는 좋은 것이지만 그것으로는 아파트에 계약금을 지불할 수도 차에 기름을 넣을 수도 없다.

친구를 잃지 않고 사람들에게 영향을 주는 방법

FOBO와 경력은 서로 영향을 주고받는다. FOBO가 당신이 일하는 방식을 결정할 수도 있지만, 당신의 일이 FOBO를 느끼는 방식에 큰 영향을 주기도 한다. 만약 당신이 성공한다면, 직업에서 비롯되는 경험과 보상 그리고 그것들이 만들어내는 선택이 풍부한 환경이 결국 FOBO가 되어 당신을 사로잡을 수도 있다. 아이러니하게도 여러 업계가 FOBO를 이용한 전략을 적극 수용하고 있고, 심지어 매우 효과적인 협상 전술로 인정받는다. FOBO를 무기로 사용하는 방법을 안다면 출세를 하고 많은 돈을 벌 수도 있다. 그 순간이 바로 위험해지는 지점이다. 직장에서 FOBO를 많이 이용할수록 삶의 다른 측면에서도 FOBO를 사용하면서 편안함을 느끼게 된다. 한때 이기적이고, 불친절하고, 심지어 바보처럼 보였던 행동들이 점점 더 평범하게 느껴지고 수월해진다. 이 모든 것이 악순환을 일으킨다. 개인적인 FOBO는 직업적인 FOBO의 먹이가 되고, 이로써 개인적인 FOBO가 더 늘어나는 식으로 반복되는 것이다.

일이 잘 돌아가고 당신이 영향력을 갖고 있을 때라면 그나마 괜찮다. 하지만 하룻밤 사이에 많은 선택지들이 사라지면(중책에서 밀려나거나 회사의 합병이 무산되거나 회사가 문을 닫는 등) 당신과 FOBO의 균형이 무너지게 된다. 영웅에서 갑자기 아무것도 아닌 존재가 되었는데도 자기도취에 빠져 있을 수 있는 사람은 드물다. 당신은 "그러게 내가 뭐랬어"라는 말을 듣는 위치에 서게 되고, 그 순간 진실이 명확해진다. 아무리 잘난 사람이라도 언젠가는 다른 사람들의 친절에 의지해야 할 때가 있게 마련이다.

FOBO가 협상 전략을 훨씬 넘어서는 지점까지 확장되어 삶의 전략이 되어 버리면, 그것은 장기적으로 심각한 영향을 주면서 인간관계를 해친다. 결정을 미루고 버티면서 세상이 당신에게 맞춰주길 기대하는 동안, 주위의 사람들은 알아차리기 시작한다. 처음에는 아닐지도 모른다. 처음에는 친구나 직업적으로 만나는 사람들이 당신의 행동을 기꺼이 참아줄 수도 있다. '그는 워낙 바쁘잖아' 또는 '그녀는 해야 할 일이 많아'라고 생각하면서 선의의 해석을 한다. 그렇지만 주기만 하는 사람은 없다. 또 한 번, 또 한 번, 또 한 번! 반복되다 보면 상황은 바뀌고 주위 사람들도 당신의 이기심을 알아차릴 것이다.

FOBO는 길게 이어지는 사기와 비슷하다. 한동안은 바라는 대로 할 수 있지만 어느 시점이 되면 주변의 사람들이 당신이 무슨 일을 하고 있는지 파악한다. 결국 당신의 FOBO를 참아주었던 사람들이 당신의 이기심에 주목하고 그것이 자신에게 미치는 영향을 알아본다. 자존감이 전혀 없거나 저항할 힘이 전혀 없지 않는 한, 그들은 더 이상 당신이 그런 식으로 자신을 대하게 두지 않는다. 그것은 충실한 직원이 경쟁업체로 옮겨가고, 신뢰가 충만했던 동업자가 자기 회사를 차리고, 믿음직한 공급업자나 클라이언트가 관계를 끊는 원인이 된다. 관계를 망치는 것은 FOBO가 만들어내는 일련의 부정적 영향 중 첫 번째에 불과하다. FOBO는 인간관계를 넘어서 조직의 전략적 결정까지 오염시킨다.

우유부단 주식회사

FOBO는 성격에 영향을 주고 행동을 변화시킴으로써 대기업이든, 중소기업이든, 벤처기업이든, 정부 기관이든, 조직의 일상적인 측면에 직접적이고 부정적인 영향을 미친다. FOBO는 생산성을 저하시키며, 좋은 전략이 달성해야 하는 모든 것과 정반대의 효과를 낸다는 점에서 반﹦전략이라고 할 수 있다. 그것은 첫째로 분석 마비를 낳고, 둘째로 현상 유지를 통해 혁신을 억누르고, 셋째로는 경영진이 관성에 굴복하게 함으로써 추진력을 약화시키고 효율성을 낮춘다. 또한 FOMO와 결합해 우유부단과 정체를 낳는다.

분석 마비의 수렁에 빠지다

일상적인 비즈니스 결정도 쉬운 일은 아니다. 자신이 한 조사와 분석을 믿고 미래의 예측불가능성을 인정해야 한다. 실망과 후회, 불가피한 절충이나 실패에 직면하고 싶은 사람이 어디 있겠는가? 자연히 결정을 미루고 싶은 유혹에 흔들릴 때가 있을 것이다. 유혹에 넘어가 알 수 없는 정보를 제거하거나 추가 선택지를 생성하는 방법을 찾다 보면, 결국 분석 마비에 빠진다. FOBO는 서서히 모습을 드러내면서, 실질적인 조치를 취하지 않고 다음 보고서, 다음 이정표 또는 다음 이사회를 기다리는 문화를 만든다. 어떤 면에서는 FOBO와 분석 마비가 분별 있는 행동으로 보일 수 있다. 앞으로 나아갈 길을 계획하기 전에 조사를 하고, 수많은 시나리오를 생각해보고, 가능한 많은 선택지를 만드는 것이 나무랄 일은 아니지 않은가? 그러나 시간이 흐른 후 당신이 FOBO에 휩싸여 너무 느리게 행동해서 기회를 놓치고 남들보다 뒤처졌다는 것을 깨닫게 될 것이다.

650억 유로가 넘는 매출을 올리는 세계적인 자동차 제조업체 아우디를 예로 들어보자.[4] "기술을 통한 진보 Vorsprung durch Technik"[5] 라는 슬로건이 무색하지 않게, 아우디의 연구개발 예산은 연간 45억 유로가 넘는다. 하지만 엔지니어링 기량과 충성도가 높은 고객 기반, 든든한 재원에도 불구하고 아우디는 전기차 시장에서는 경쟁사들에 뒤처지고 있다. 한 자동차 전문 기자는 엄청난 불상사로 끝난 일에 주목했다.

다른 자동차 제조업체들(특히 닛산)은 이미 3~4년 전 전기차를 생산하고 판매하기로 확고한 결정을 내리고 현재는 수천 대의 전기차를 판매하고 있다. 반면 아우디는 계속해서 이 문제를 검토하고만 있다. 11월 27일까지 열리는 로스앤젤레스 자동차 쇼에서 아우디는 전기차 A3 이트론을 선보였지만, 아우디에서는 이 차를 '기술 연구용'이라고 발표했다.[6]

아우디의 경영진에게는 불행한 일이지만, 지금에 와서 생각하면 이러한 평가조차 너무 너그러웠던 것 같다. 앞에서 인용된 기사는 2011년의 것이다. 2009년 프랑크푸르트 모터쇼에서 1세대 전기 콘셉트카를 선보였음에도 불구하고 아우디의 임원들은 디자인이나 생산 일정, 마케팅 계획을 결정짓지 못했다. 거의 10년이 지난 지금, 자동차 산업의 미래라고 할 수 있는 전기차 시장 어디에서도 아우디를 찾아볼 수 없다. 이로 인해 놓친 이익과 발전은 금액으로 따지면 수십억 달러에 이르렀다. 우유부단함의 대가가 가중되고 있는 것이다. "기술을 통한 진보"는 이제 그만하고 결단을 내려야 한다.

아우디의 불운은 FOBO의 전형적인 사례다. 아우디는 제품을 어떻게 디자인하고 출시할 것인지 정확하게 파악하려 노력하는 데 과도한 시간과 비용, 자원을 썼다. 테슬라와 같은 신생 업체들과 GM과 닛산 등 경쟁 업체들이 그 빈틈을 이용해 앞서가는 동안 시장을 연구하고, 콘셉트카를 만들면서 말 그대로 엔진을 공회전만 시켰다. 기술 상용화가 이뤄질 때쯤이면 판돈은 그야말로 천문학적으로 커질 것이다.

분석 마비는 '빅데이터'의 출현으로 특히 위험해졌다. 정보 저장 비용이 점차 감소하고 데이터 과학이 정교해지면서 빅데이터 시장의 규모는 2천억 달러를 넘어섰다.[7] 사실 지난 2년간 생성된 데이터가 인류의 역사를 통틀어 만들어진 데이터보다 많다.[8] 새로운 도구들 덕분에 의사 결정 과정은 눈에 띄게 발전했지만, 의사 결정권자의 일은 더 어려워졌다. 건초더미가 클수록 바늘을 찾기가 더 힘든 법이다. 이러한 추세가 가속화되면 기업은 더 많은 양의 데이터를 수집하고 싶은 유혹을 느낀다. 또한 앞으로 나아가기 전에 가능한 모든 위험을 수량화하는 데 더 많은 자원을 투입하려 한다. 물론 아무리 많은 정보를 수집한다해도 미래를 예측하는 일은 쉽지 않은 일이다(타임머신이 없는 한). 즉, 그들은 정보 수집을 위해 결정을 무기한 연기하거나 전혀 진전하지 못하는 위험을 감수하고 있는 것이다.

벤처의 경우에는 특히 문제가 크다. 새로운 것을 만들 때는 어떤 선택이 '옳은' 선택인지 확신하기 힘들기 때문이다. 여러 선택지에 대해서 조사한 뒤에는, 재빨리 하나의 경로를 택하고, 앞으로 나아가야 한다. 결과를 감수하고 만약의 경우 경로를 바꿀 수 있는 여지를 남겨두고서 말이다. 이론적으로는 데이터가 원하는 해답을 구하는 데 많은 도움을 줄 수 있다. 따라서 데이터가 넘쳐날 때는 앞으로 나아가기보다는 계속 수치분석을 하고 싶은 유혹이 들 수밖에 없다. 그러나 앞서 말했듯이 아무리 정보가 많아도 미래를 정확히 예측하는 것은 불가능하다. 시간과 자원이 제한적인 기업가가 분석 마비의 함정에 빠진다면, 그것은 최악의 결정이자 마지막 결정이 될 수 있다.

혁신 대신 최적화

최적화로는 위대한 성과를 낼 수 없다. 최적화를 통해 효율을 높이고, 비용을 절감하고, 구조를 조정할 수는 있다. 그리고 이 모든 것은 기업 경영에서 반드시 필요한 일이다. 하지만 결정에 앞서 선택 가치를 지키고 끊임없이 분석하기만 해서는 세상을 바꿀 수도 새로운 길을 개척할 수도 없다. 최적화는 현상을 유지하게 해줄 뿐이다. 물론 장기적으로 볼 때 약간의 진전은 있을 수 있다. 그러나 기업을 이끄는 리더라면 비전을 명확히 밝혀서 추종자와 팀원들이 동참하고, 사명에 헌신하고, 노력의 혜택을 함께 나눌 수 있게 해야 한다.

《뉴욕타임스》에 미국의 한 유명 기업 CEO가 직원들에게 야간이나 주말에 온라인 강좌를 수강하는 등 새로운 기술을 개발하고 업무 현장에서 관련성을 유지하기 위해 각자의 능력을 계발해달라고 당부했다는 기사가 실렸다.[9] 그는 시대에 발을 맞추지 못하면 회사의 운명과 더불어 직원들의 미래도 불확실해질 것이라고 경고했다.

이 기사의 주인공은 마크 저커버그, 지니 로메티, 일론 머스크 같은 첨단 스타트업 기업의 대표가 아니라 30만 명에 가까운 직원을 거느리고 있는《포춘》500대 기업 AT&T의 수장인 랜달 스티븐슨이다. 편안한 회사 사무실에서 타성에 젖어 움직이는 것은 이제 그만할 때가 된 것이다. 스타트업이 아닌 대기업에서 직원들이 여가 시간에 온라인 강좌를 수강해 자신의 기술 등에 투자하기를 기대한다고 밝힌 것이다. 지각 변화가 일어나고 있는 것이 분명하다. 스티븐슨이 AT&T를 변화시키기 위해 직원들의 자기계발을 요구하는 데는 그만한 이유가 있다. AT&T가 통신 업계의 싸움에서 영향력을 유지하고 아마존과 구글과 같은 거대 기술 회사들과 경쟁하기 위해서는 강력한 인적 자본이 필요하기 때문이다.

현명한 기업이라면 혁신을 하거나, 적에게 먹혀버리거나, 공룡이 되어야 한다는 것을 깨달아야 한다. 대기업은 신생 기업처럼 민활하게 움직이기 위해 직원들을 독려하며 최선을 다하고 있지만 수세에 몰리고 있다. 2000년《포춘》500대 기업의 52퍼센트는 도산하거나 인수되었고, 기술의 발전으로 해체 또는 재편되었다.[10] 변화의 속도가 더 빨라지면서 다음 10년 안에 기존《포춘》500대 기업의 40퍼센트는 사라질 것으로 예상된다.[11]

FOBO를 가진 사람들, 더불어 그들이 이끌거나 일하는 조직들은 선택 가치를 다른 어떤 것보다 앞세운다. 이것은 그들이 본질적으로 새로운 것을 만들 능력이 없다는 것을 의미한다. 세상을 정해진 파이로 보고, 유일한 목표를 모든 결정을 최적화해서 그 파이에서 가장 크고 가장 좋은 조각을 확보하는 데 둔다면 당신은 혁신을 할 수 없다. 새로운 것을 만들고, 업계를 개편하고, 현상에 이의를 제기하기 위해서는 기업과 리더가 위험을 감수하고 새로운 것을 시도하며, 실패를 두려워해서는 안 된다. 분석 마비, 위험 회피, 과잉 최적화에서 허우적거리고 있는 기업 문화로는 불가능한 일이다. FOBO에 찌든 기업 문화는 정체를 낳고 겨우 현상을 유지하게 할 뿐이다.

스타트업이 불리함을 극복하고 대기업을 능가하는 것은 FOBO 때문이다. 넷플릭스가 할리우드 블록버스터를 누르고 아마존이 미국 전통 유통업체들의 자리를 빼앗고 있는 이유다. 기존 업체들이 끝없이 연구에만 매달리고, 재무부서와 수없이 많은 회의를 하고, 무수한 성장 계획이나 구조조정 계획을 만드는 동안, 스타트업들은 그들을 추월해서 그들의 밥상을 빼앗는다. 신생 조직들은 확신을 가지고 신속하게 움직인다. 그들은 데이터를 또 다른 회의, 컨설팅, 정적 사고를 정당화하는 데 사용하지 않는다. 그들은 데이터를 사용해 위험을 계산한다. 스타트업은 빠듯한 스케줄에 맞춰 한정된 자원으로 운영되기 때문에 다른 방식을 택할 시간도 돈도 없다. 그들은 결단력을 발휘해야만 한다. 그렇게 하지 못하면 게임은 끝이기 때문이다.

리더십을 타성과 바꾸다

＼

정부든 군이든 기업이든, 리더는 그들 앞에 놓인 도전에 다가가서, 자신이 알고 있는 것은 무엇이며 알지 못하는 것은 무엇인지 판단하고, 진로를 결정해야 한다. 선택지를 놓치거나 기회를 포기할 가능성, 위험, 불확실성에 직면해서도 결단력을 발휘해야 한다. 그것이 리더의 자질이며, 이것이 없다면 진보도 없다.

FOBO는 그 자체만으로도 의사 결정에 큰 걸림돌이 되지만, FOMO와 결합할 경우에는 모든 일의 실행이 두려워지는 FODA Fear Of Doing Anything에 이를 수 있으며, 그 결과는 재앙이다. 이 현상은 모든 것을 시도하고 싶은 욕구(FOMO)가 모든 선택지를 열어 두어야 하는 욕구(FOBO)와 충돌할 때 일어난다. FODA는 두 방향에서 당신을 동시에 당기는 것과 같다. 마음의 절반은 자신이 갖고 있는 것보다 더 낫고 더 수익이 크다고 인식되는 것을 좇기 위해 이 방향 또는 저 방향으로 가고 싶어 안달을 한다. 그러나 한편으로는 이 잠재적 선택지 가운데 어떤 것에도 정착할 수 없다. 어디로 가야 할지 모르겠고, 한 가지 대안에만 정착하는 것은 싫다. 그 결과 당신은 그 어디에도 가지 못하고 제자리를 맴돌면서 지쳐간다. 리더십, 집중, 헌신은 실패했다. 당신은 의사 결정의 지옥에 갇혔다.

나는 FODA를 어휘의 일부로 사용하기 시작한 이후, 몇몇 문화권에서는 FODA를 굳이 번역할 필요가 없다는 흥미로운 사실을 알게 되었다. 브라질에서 FODA를 외칠 때는 문맥을 조심하는 것이 좋다. 그 지역에서는 F로 시작되는 단어가 대부분 욕이기 때문이다. 정말 적절하게 느껴지는 우연의 일치가 아닌가! 최근에는 중동에서의 번역어가 그보다 더 적절하다는 것을 알게 되었다. FODA라고 말하면 그곳 사람들은 당신이 '파우다', 아라비아어로 فوضى를 말하고 있다고 생각할 것이다. 그 의미는 '혼돈'이다. FODA가 당사자와 그 주변인들에게 불러일으키는 것은 다름 아닌 혼돈이다.

지난 몇 년간 브렉시트라는 국제적인 문제를 통해 FOMO와 FOBO의 결합효과가 세계무대에 나타났다. 영국에서 이루어진 국민투표에서 과반을 약간 상회하는 수가 유럽연합 탈퇴 의사를 밝힌 후, 영국 총리와 의회는 국민의 의지를 현실로 옮기기 위해 고통스럽고 초현실적이기까지 한 싸움에 휘말렸다. 문제의 복잡성과 장기적 효과의 불확실성, 당장의 정치 현실 속에서 의회의원들은 일반 국민들과 마찬가지로 FO에 휩싸였다.

투표장에서 브렉시트를 지지한 영국 유권자들의 계산에는 FOMO가 한몫을 했다. 그들은 EU로부터 자유로워지는 것이 분명한 경제적·정치적 이익을 가져다줄 것이라고 생각했고, 정보의 비대칭이 그것을 부채질했다. 유럽연합 탈퇴 운동은 잘못된 정보와 감정에 기반을 둔 캠페인을 통해 인식과 현실의 격차를 이용함으로써 지지층을 동원해 투표에서 승리를 얻어냈다. 영국의 탈퇴 일자는 2019년 3월로 정해졌고, 영국에게는 탈퇴 협상을 위한 시간이 2년 주어졌다. 안타깝게도 유럽연합과의 분리에 얽힌 정치적 현실은 대중을 설득했던 것과 딴판이었다. 그러나 인식이 사실 속임수였다고 해도, 의원들이 FOMO에 기인한 약속을 정책으로 바꾸어야 한다는 사실에는 변함이 없었다. 떠도는 수많은 계획들과 입법안들은 저마다 모두 절충안을 수반했다. 정치에서는 흔히 볼 수 있는 현상이었다. 그런데 문제는 복잡하고 어렵지만 필요한 선택들 앞에서도 영국의 지도자들이 행동하지 않고 FOBO를 선택했다는 데 있다.

2019년 3월, 유럽연합 탈퇴안에 합의하거나 합의 없이 탈퇴해야 하는 시한이 임박한 상황에서 국민의 대표들은 도출된 모든 행동방침에 반대표를 던졌다. 어떤 것이든 기존의 선택지보다 더 나은 것을 기다리기로 한 것이다. FOMO가 FOBO와 충돌하고 시한은 지나갔다. 그들이 취한 유일한 긍정적인 조치는 수차례의 기한 연장뿐이었다. 불가피한 일을 미루면 마법처럼 상황이 바뀔 것이라고 생각하고 있는 듯했다.

아이러니하게도, 시간이 촉박해지면서 영국 의회는 브렉시트 실행이라는 문제에서 최적의 솔루션과 점점 더 멀어졌다. 영향력도 시간도 없어진 상태에서, 문제의 핵심에서 벗어나 수습 쪽으로 옮겨갔다. 세계에서 가장 명성이 높은 심의 기관이 그 어느 것보다 중요한 문제에 대한 결정짓지 못하면서 무능력을 드러냈다. 영국 국민의 80퍼센트 이상이 정부가 브렉시트를 제대로 처리하지 못했다고 생각하는 것도 무리는 아니다.[12] 이 불쾌한 문제는 2020년 1월 드디어 영국이 유럽연합 탈퇴를 결정짓고, 12월에 확정하면서 일단락되었지만 그 결과가 어떻게 될지는 알 수 없는 일이다. 하지만 이 사태가 영국의 정치 체제에 커다란 트라우마를 안겼다는 것만은 명확하다.

브렉시트를 둘러싼 일련의 사건들이 보여주듯, 리더의 우유부단함을 칭찬하는 사람은 없다. 그 영향이 세계적일 때라면 말할 것도 없다. FOBO를 가진 리더들은 본질적으로 이타적이 아니라 이기적이다. 자기 보호, 위험 경감, 욕구 충족을 다른 사람에 대한 걱정보다 앞세우고 단기적 목표 성취를 극대화하는 데 집중한다. 이런 리더가 있더라도 당분간은 성공할 수 있다. 하지만 장기적인 전망은 매우 어둡다. FOMO는 냉정하고 엄연한 사실과 현실적 상황을 회피하면서 감정을 기반으로 결정을 내리게 만든다. FOBO는 위험 회피와 침체의 문화를 만들며, 이는 결국 리더십 공백으로 이어진다. 스스로의 선택이든 아니든 이기적인 지도자가 떠나고 나면 방향을 잃은 배만 남는 것이다.

3부

결단력: 진정으로 원하는 것을
선택하고 나머지는 놓치는 것

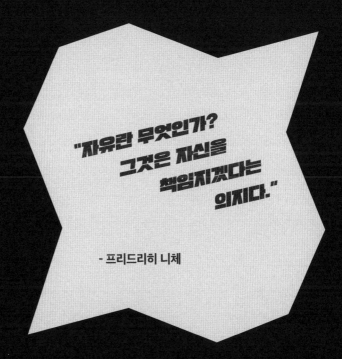

"자유란 무엇인가?
그것은 자신을
책임지겠다는
의지다."

- 프리드리히 니체

8장

두려움으로부터의 자유

"놓칠 것이 두려워서
놓친 것이
얼마나 많았던가."

- 파울로 코엘료

1880년 이후 거의 모든 미국 대통령은 대통령 집무실이나 개인 서재에서 리졸루트Resolute 책상을 사용해왔다. 그 책상이 백악관에 있게 된 배경에는 매우 흥미로운 이야기가 있다. 1854년 영국 해군 소속의 HMS 리졸루트 호는 캐나다령의 얼어붙은 북극해에 갇힌 뒤 버려졌다. 16개월 후 미국 포경선이 유실된 것으로 여겨지던 이 군함을 빙붕 한쪽에서 발견했다. 배는 별다른 파손 없이 배핀 만을 지나 그린란드 쪽에 가 있었다.[1] 실종된 곳에서 동쪽으로 1,600킬로미터 이상 떠내려간 셈이다. 배를 구조한 미국 측은 필요한 수리를 마친 뒤 영국에 돌려주었다. 이후 영국은 퇴역한 리졸루트 호를 해체해 그 목재로 여러 개의 책상을 만들었다. 빅토리아 여왕은 그 중 하나를 감사의 표시로 러더포드 B. 헤이스 대통령에게 선물했다.[2]

이후 리졸루트 책상은 미국 최고 권력자의 자리를 대변해왔지만, 사실 리졸루트 책상에 얽힌 이야기는 리더라면 절대 해서는 안될 실패에 관련된 것이다. 리졸루트 호는 얼음에 갇혀 있다가 해류에 휩쓸렸고 1년을 떠돌다가 훨씬 작은 배에 구조되었다. 리더라면 그래서는 안 된다. 이러한 모순 때문에 리졸루트 책상은 리더들이 직면하는 시험을 의미하기도 한다. 리졸루트 책상에 앉았다고 해서 당연히 결단력과 분별을 기대할 수 있는 것은 아니다. 인간은 누구나 실수를 할 수 있다. 따라서 성공하기 위해서는 항상 경계를 늦추지 말아야 한다. 군중을 따르거나 결단을 미루지 말아야 하며, 겸손하게 도움을 청할 줄 알아야 한다. 가장 중요한 것은 결단력을 발휘하기 위해 열심히 노력해야 한다. 특히 그들의 결정이 수백만 명의 (수십억 명까지는 아니더라도) 사람들에게 영향을 미칠 때라면 특히 더 그렇다. 백악관에 있는 깊은 역사를 가진 책상에 앉았더라도 그 일은 쉽지 않다.

결단력을 배우다

＼

3부에서는 FOMO와 FOBO의 동인을 찾아, 우선은 그것들을 관리하고 결국은 중화시키는 데 도움이 될 만한 일련의 전략을 탐구할 것이다. 이 전투는 직업적인 영역과 사적인 영역 모두를 아우를 것이다. 한때 대단히 독립적이었던 영역들이 통합되고 있는 것을 고려할 때, 성공을 위한 자리매김에는 포괄적인 접근법이 반드시 필요하다. 그 과정에서 FO들을 극복하는 데 특별한 비법이 있는 것이 아님을 곧 발견하게 될 것이다. FOMO와 FOBO에서 빠져나갈 수 있는 열쇠는 그것을 알아보고, 불러내고, 크고 작은 다양한 방법으로 맞서는 데 있다. 당신이 앞으로 배우게 될 전략은 매우 실용적이며, 당장 오늘이라도 실행할 수 있다. FOMO나 FOBO 또는 둘 다와 아무리 어려운 싸움을 벌이고 있더라도, 지속적으로 노력한다면 당신도 결단력을 발휘할 수 있음을 곧 깨닫게 될 것이다.

의도는 명확해졌으니 이제는 의도를 해법으로 전환시켜야 할 때가 왔다. FO들을 정복하고 그것들을 유용하게 이용하기 위해서는 그 근원인 의사 결정법부터 바뀌어야 한다. 결국 FOMO는 당신이 무엇인가 놓치고 있다는 점을 걱정할 것인가에 대한 결정이며, 무엇인가를 할 것인지 하지 않을 것인지의 결정이다. 무리를 따르는 영양이 될지 되지 않을지의 결정이다. FOBO는 의사 결정의 두려움을 극복하는 싸움이다. 모든 기준을 극대화하지 않는 결과를 수용할 수 있는가? 자신의 행동이 스스로에게는 물론 주변의 다른 사람들에게 어떤 영향을 줄지 진단할 준비가 되어 있는가?

부담스럽게 들리는가? 두려워할 필요는 없다. 결정장애는 오랫동안 개인과 기업, 국가에 재앙이었다. 그 사실에는 논쟁의 여지가 없으며 지속적인 위험과 과제를 내포하고 있는 문제임에 분명하다. 하지만 그렇다고 해서 극복할 수 없는 것은 아니다. FOMO의 함정과 FOBO의 수렁에서 벗어날 수 있는 방법은 언제든지 배울 수 있지만, 목적을 달성하기 위해서는 결단력이 있어야 한다. 성공은 자유와 닮아 있다. 자신이 실제로 원하는 것을 선택할 수 있는 힘과 나머지를 놓칠 수 있는 용기를 발견하면 마침내 우유부단함과 모든 것을 가져야 한다는 충동에서 해방된다. 비록 선택지가 현저히 줄어들고, 잠재적인 경험과 기회를 놓치고, 할 수 있는 일의 범위를 제한하게 될지라도, 상황은 전반적으로 개선될 것이다. 당신은 보다 편안한 상태로 흐름에 따를 수 있게 되고, 후회 없이 미래로 나아가게 될 것이다. 가장 중요한 것은 결단력을 배움으로써 두려움에서 자유로워진다는 점이다.

FOMO와 FOBO는 모두 두려움에 관한 것이다. FOMO와 FOBO의 행동들은 두려움에 뿌리를 두고 있기 때문에 감정적이다. 당신이 느끼는 모든 것의 동인이 두려움과 감정임을 기억하면, 상황을 바꿀 수 있다. 불안과 우려로 점철된 삶을 살고 싶어 하는 사람은 없다. 그러므로 일어서서 두려움과의 전쟁을 선포하는 일이 중요하다.

전쟁은 혼자 하는 것이 아니다. 치열한 전투에서 이기려면 함께 싸울 군대가 필요하다. 나는 FO에 대항하는 전쟁에서 나만의 전문가 부대를 조직하여 내 나름의 시각을 명확하게 하고 다양하게 만드는 데 필요한 참신한 의견을 구했다. 그 과정에서 내가 운영하는 팟캐스트 〈포모 사피엔스〉와 이 책을 위해 이론과 실전 응용 모두에 적용할 수 있는 전문 지식을 갖춘 다양한 사람들을 인터뷰했다. 여기에는 불교 승려이기도 한 신경과학자, MBA 학위를 가진 심리치료사, 여러 기업가, 가톨릭 신부, 벤처 투자가, 디지털 웰빙 전문가, 연구 심리학자, 내 어머니, 소셜 미디어 전문가, 인간관계 전문가, 행동 디자이너, 심지어 12살 아이까지 포함된다. 이 모든 사람들이 FOMO와 FOBO에서 벗어나 두려움으로부터 해방되고자 하는 나의, 이제는 당신의 전쟁에 동참하고 있다.

확신이 집중과 만날 때

단호함이 목적지라는 것을 아는 당신에게는 이제 이런 의문이 생길 것이다. 단호함을 얻기 위해서는 무엇이 필요할까? 결단력 있게 행동하는 법을 배우기 위해서는 여러 단계를 거쳐야 한다. 첫째, FO를 알아차리고 진단하며, FO가 당신을 어떻게 조종하고 당신의 결정을 어떻게 약화시키는지 이해하는 훈련을 해야 한다. 좋은 소식이 있다. 이 책의 1, 2부에서 이미 그 작업을 했다. 이제는 당신이 실제로 원하는 것을 선택하고 나머지를 놓치는 데 집중해야 한다. FOMO

와 FOBO를 모두 정복하는 데 필요한 두 가지 기본 조치는 다음과 같다. 각 기본 조치를 학습한 후 지금부터 연습에 들어가보자.

1. **실제로 원하는 것을 선택해야 한다.** 이를 위해서는 무엇이 자신에게 중요한지 알고, 목표의 우선순위를 정한 뒤, 목표를 달성할 수 있는 방식으로 움직여야 한다. 할 수 있는 일에 집착하지 않고 해야 하는 일에 전념해야 확신을 가지고 인생을 살아갈 수 있다. 확신은 모든 것을 선택하려는 FOMO와 아무것도 선택하지 않으려 하는 FOBO, 모두에 대한 해독제다. 9, 10, 11장에서는 이 목표에 초점을 맞출 것이다.

2. **나머지를 놓쳐야 한다.** 이것은 당신을 위태롭게 하고 확신을 앗아가는 수많은 유인과 집중을 방해하는 요소 및 행동을 항상 경계한다는 의미다. 아무리 열심히 노력해도 현대인의 삶에는 인간으로서 피할 수 없는 것들이 있다. 따라서 진정으로 중요한 것에 집중하고 나머지 것들을 내려놓기 위해 끊임없이 노력해야 한다. 12장에서는 이 목표를 위해 노력하는 방법에 대해 알아볼 것이다.

FOMO와 FOBO를 떨쳐내고 결단력 있게 행동하기 위해서는 다른 유형의 의사 결정과는 다른 특별한 사고방식이 필요하다. FO를 다루는 것은 일련의 유리한 선택지 중에서 선택을 하는 것이다. "산 채로 물이 끓는 솥에 들어가는 것이 나을까, 보아 뱀에게 먹히는 것이 나을까?"같이 끔찍한 가상의 선택을 하는 것과는 다르다. 덜 끔찍한 선택지를 좇는 것이 아니라 충분히 수용 가능한 여러 결과들 중에서 하나를 선택하는 것이다. 아무것도 결정하지 못하고 어영부영하다가 선택지가 사라져 버리게 되면 상황은 악화될 뿐이므로 결정을 미루어서는 안 된다. 확신을 가지고 당신 손에 있는 여러 성공 가능한 후보들 중에서 하나를 선택한 다음 그 결정을 고수하는 데 전념해야 한다.

앞으로 확신을 갖고 행동하고, 산만함을 집중으로 바꾸면서 자신의 괴롭히는 것들과 싸우는 방법을 배워나갈 것이다. 결단력 있게 살기로 결심을 해도, 당신을 방해했던 FO들의 공격은 끊이지 않을 것이다. 수년간 FOMO와 FOBO에 굴복했던 세월은 당신을 현실에 안주하게 만들었을 것이다. 결정장애가 습관화되고 편안하게 느껴지면, 변화를 받아들이기 쉽지 않다. 무리 속으로 쉽게 끌려들어가거나, 분석 마비에 시달리거나, 타성에 젖어 있었다면, 변화에 저항하는 것은 당연하다. 그렇기 때문에 당신이 활용할 전략들은 대단히 실용적인 특성을 갖고 있다. 실용성은 두려움의 치명적인 적이다. 새로운 시도가 상식에 뿌리를 두고 있다면, 그것을 수용하고 실행하여 눈에 보이는 진전을 이루기가 훨씬 쉬워진다. 일단 실천을 하게 되면 거의 즉각적으로 이점을 깨닫게 되고, 노력을 지속할 수 있는 동기를 얻을 수 있을 것이다.

결단력을 갖게 되면 파괴적인 행동을 하지 않을 뿐만 아니라 생산성을 높힐 수 있다. 확신과 집중력을 가지고 움직인다면 그 과정에서 많은 이점을 발견할 수 있다. FO는 엄청난 시간과 에너지를 낭비하게 한다. 더 이상 그들과 씨름하지 않아도 된다면 당신은 가능하다고 생각했던 것보다 훨씬 더 빠른 속도와 효율로 삶을 살아갈 수 있을 것이다. 노력과 시간, 에너지를 낭비하지 않고 전보다 훨씬 더 많은 결실을 낳을 것이다. 엘리트 운동선수나 위대한 아티스트처럼 아마추어의 반열에서 한 단계 올라설 수도 있다.

나의 처제, 데이바로이스 피어론은 뉴욕에서 활동하는 무용가이자 안무가다. 공연을 하는 데이바로이스를 본다면 대단히 효율적으로 이루어지는 그녀의 안무에 감탄하게 될 것이다. 우아함과 운동신경이 안정적으로 조화를 이루도록 몸을 움직이면서도 낭비되는 동작이 전혀 없다. 이는 움직임의 경제와 목표가 통합적으로 결합된 선순환이며, 수년간의 연습과 노력을 통해 완성된 일련의 동조와 흠 없는 실행이다. 당신이 움직이는 방식에도 이러한 정밀함을 적용해보자. 목표에 집중하여 결정을 내릴수록, 행동을 통해 이룰 수 있는 것은 더 많아진다. 또한 목표에 동조될수록 당신이 피해를 입지 않고 성공과 성취감을 찾을 수 있는 가능성은 커진다. 실천과 헌신을 통해, 더 나은 결과를 도출하고, 가족과 직업 그리고 지역사회에 더 큰 기여를 할 수 있는 선순환이 만들어진다. 가장 중요한 것은 자신이 승객으로 차에 타고 있는 것이 아니라 직접 차를 운전하고 있다는 것을 앎으로써 그 여정을 온전히 즐길 수 있게 된다는 점이다.

이쯤이면 이러한 전략들을 어떻게 실천해야 완전히 익힐 수 있는지 궁금할 것이다. 그 점에 있어서 아주 좋은 소식이 있다. 당신에게는 매일 수많은(대략 수백 개의) 선택의 기회가 주어진다. 이런 선택의 대부분은 무의식적으로 이루어지거나 많은 생각을 필요로 하지 않지만 일부는 결정을 내리기 힘들어 우유부단해지고 싶은 충동을 느끼게 한다. 이제 당신은 이러한 각각의 순간 속에서 FO들과 백병전을 벌이며 그것을 통해 배움을 얻을 수 있다. 이후에는 소소하게 마찰을 일으키지만 인생을 뒤바꿀 정도로 큰 문제는 일어나지 않도록 기술을 가다듬을 수 있다. 그 과정에서 당신은 조금씩 발전하고 결국 이전과는 전혀 다르게 단호한 결정을 내리는 자신을 발견하게 될 것이다. 결단력 있는 행동으로 의미 있는 영향력을 발휘할 수 있는 중요한 순간에 대한 준비도 갖추어가게 될 것이다. 이런 면에서 의사 결정은 근육을 단련하는 것과 비슷하다. 많이 할수록 튼튼해진다. 단련을 계속하면 언젠가는 생각보다 훨씬 무거운 것을 들어올릴 수 있는 자신을 발견하고 놀라게 될 것이다.

이제 FO에서 벗어날 준비를 할 시간이 왔다. 모든 중독적인 행동이 그렇듯이(FOMO와 FOBO 모두 대단히 중독성이 강하다) 회복의 첫 단계는 당신에게 문제가 있음을 인정하는 것이다. 이는 당신의 FO들을 알아차리고 인정하는 것이다. 앞서 해보았던 진단 테스트 외에 상식에도 의지해야 한다. 인생을 바꾸는 결정을 하루에 20개 이상 하고 있다는 생각이 드는가? 그렇다면 다시 한번 생각해보자. 당신이 한 나라를 이끌고 있거나 심각하게 아픈 환자를 치료하고 있지 않은 한, 삶이 그렇게 복잡할 리 없다. 당신은 정말로 중요하지 않은 것들에 시간, 에너지, 의식을 낭비하고 있는 것이다.

삶의 작은 파도를 비교적 쉽게 헤쳐갈 수 있다면, 폭풍을 견뎌낼 가능성은 훨씬 더 커질 것이다. 다음 장에서 볼 수 있듯이, FO를 극복하는 과제를 시작하는 가장 좋은 방법은 우선 인생의 작은 결정부터 해결하는 것이다. 일단 그렇게 하고 나면, 중요한 문제에 대해서도 확신을 얻을 수 있는 정신력과 회복력을 갖게 될 것이다.

9장

작은 일에
매달리지 말라

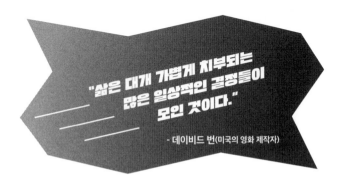

"삶은 대개 가볍게 치부되는
많은 일상적인 결정들이
모인 것이다."

- 데이비드 번(미국의 영화 제작자)

위대한 리더들은 결단력이 뛰어난 것으로 알려져 있다. 에이브러햄 링컨, 로자 파크스, 마하트마 간디 등 역사의 흐름을 바꾸어 놓은 사람들을 생각해보라. 전설적인 인물들은 위험을 각오하고 중요한 결정을 내렸다. 긴 목록의 선택지들을 좇았다면, 마음이 흔들렸다면, 결정을 내리지 못했다면 그들은 그저 역사의 뒤안길로 밀려나고 말았을 것이다. 그들은 결단력 있는 행동을 통해서 주변의 세상을 재구축하는 변화의 물결을 불러왔다.

위대한 지도자들은 삶에서 내린 중대한 결정으로 평가를 받는다. 그러나 그들의 삶에도 중요하지는 않지만 꼭 해야만 하는 셀 수 없이 많은 작은 결정들이 있었을 것이다. 일상적인 문제들을 처리하지 못하고 작은 일에 매달린다면, 정말로 상황을 눈에 띄게 바꾸는 문제들에 할애할 시간을 갖지 못한다.

세세한 부분을 살피지 말라는 이야기가 아니다. 스티브 잡스는 애플을 경영할 때 지나칠 정도로 세심했던 것으로 유명하다. 하지만 그의 강점은 어떤 부분이 중요하고 어떤 부분은 그렇지 않은지 아는 데 있었다. 예를 들어, 그에게 있어 애플에서 만들어내는 제품의 디자인은 대단히 중요했지만 자신의 옷차림은 그다지 중요하지 않았다. 그는 매일같이 검은 터틀넥에 청바지를 입고, 뉴발란스 운동화를 신어서 다른 중요한 문제에 집중할 시간을 빼앗기지 않으려 노력한 것으로 유명하다. 어떤 사람들에게는 매일 입을 옷을 결정하는 것이 자기를 표현할 수 있는 중요한 수단이지만 잡스에게는 그렇지 않았던 것이다.

FOMO와 FOBO가 있는 사람은 큰일이든, 중간 정도의 일이든, 작은 일이든 가리지 않고 그 일에 매달린다. 언제나 말이다. 큰일에 매달리는 것은 이해할 수 있다. 하지만 경중을 따지지 않고 모든 일에 매달린다면, 삶을 필요한 정도보다 훨씬 더 복잡하게 만들게 된다. 어떤 결정이 분명히 하찮은 영역에 속한다는 것을 본질적으로는 이해하고 있을 것이다. 그러나 FO를 자극하기 위해 갖가지 기술적·생물학적·사회적·문화적 자극을 이용하는 선택으로 가득한 환경에서 살고 있는 당신에게 그런 이해는 전혀 도움이 되지 않는다. 일을 단순하게 만드는 것도 쉽지 않다. 아마존에서 신발끈을 사려면 2천 개가 넘는 선택지 중에서 선택을 해야 한다. 우리는 가장 결단력이 뛰어난 신발끈 쇼핑객이라도 견디기 힘든 정도로 수많은 선택지를 제공하는 세상에 살고 있다. 게다가 당신이 극복해야 하는 일상의 전투는 신발끈 고르기 외에도 수없이 많다.

우선순위: 무엇이 걸려 있는가

＼

FOMO 그리고 FOBO와 맞붙으려면 당신이 진정으로 원하는 것이 무엇인지 확실히 정해서 주의가 산만해지지 않도록 해야 한다. 겉보기에는 더없이 간단하지만 일상적으로 내리는 소소한 결정에 있어 실제로 자신이 진정으로 원하는 것이 무엇인지 생각해보는 사람은 충격적일 정도로 드물다. 물론 큰일에서도 마찬가지다.

때문에 결단력을 키우는 첫 단계는 작게 생각하는 것이다. 나는 작고 빠른 승리의 가치를 굳게 믿는다. 작고 빠른 승리를 얻는 가장 확실한 방법은 불필요하게 스트레스를 주고 주의를 빼앗고 시간을 낭비하게 하는 작은 결정들을 해치우기 위해 노력을 집중하는 것이다. 이로써 삶을 훨씬 단순하게 만들 수 있다. 일상적 선택들을 재빨리 해치울 수 있다면 당신은 자신감을 얻고 더 큰 문제에 집중할 수 있다. 그렇다면 당연히 이런 의문이 생길 것이다. 작고 사소한 문제와 시간과 노력이 많이 필요한 문제를 어떻게 구분해야 하는가? 이것은 우선순위의 문제다.

수십 통의 일상적인 이메일에 응답하다가 중요한 일은 시작도 하지 못했다는 것을 깨달았던 적이 있을 것이다. 더 중요한 일에 신경을 써야 하지만, 온라인상의 이런 저런 잡무에 손이 가고, 가끔은 그런 일이 더 생산적으로 느껴지기도 한다. 그런 면에서 받은 메일함을 정리하는 것은 일을 하는 것처럼 느껴지지만, 사실은 합리적이라는 가면을 쓴 미루기의 한 형태다. 받은 메일함이나 소소한 집안일로 관심을 돌리게 되면 더 크고 중요한 문제를 정리할 시간이나 힘, 인내심은 남지 않는다. 그렇기 때문에 가능한 한 적은 시간과 에너지로 사소한 일들에서 벗어나 빨리 다른 일로 나아가는 것이 중요하다.

많은 사람들이 인생에서 가장 중대한 사건을 헤쳐나가는 데 도움을 준 프레드릭 돌란Frederick Dolan은 전형에서 조금 벗어난 성직자다. 그는 MBA 학위를 획득했고 메릴린치에서 증권 중개인으로 일하다가 가톨릭 사제가 되었다. 현재는 캐나다 오푸스데이회의 캐나다 주교 대리다. 직업의 특성상 프레드릭 신부는 생사를 오가는 때는 누구도 FO를 느끼지 못한다는 것을 경험으로 익힐 수 있었다. 생사의 순간에는 모든 불안과 우유부단함이 사라지고 명확해진다. 이러한 경험을 수없이 한 그는 신도들에게 다음 위기가 찾아오기 전에 중요한 일을 우선하라고 조언한다. 프레드릭 신부는 프란치스코 교황의 말을 인용하며 자신의 주장을 강조했다. "쉽게 버려질 피상적이고 덧없는 문화, 당신에게 책임을 지고 삶의 큰 도전에 맞설 능력이 없다고 가정하는 문화를 거부하라!"[1]

우선순위 결정의 열쇠는 전체적인 삶의 맥락에서 우유부단해지는 순간에 맞닥뜨릴 때 발견할 수 있다. 이를 위해서는 우유부단의 수렁에 빠졌다는 느낌이 들 때마다 당장의 결정에 걸린 판돈을 기반으로 우선순위를 정해야 하고, 그러려면 먼저 중요한 것과 평범한 것을 나눠야 한다. 특정한 사안이 판돈이 큰 결정, 판돈이 작은 결정, 판돈이 없는 결정의 세 가지 범주 중 어디에 해당하는지 결정한다. 판돈이 얼마인지, 걸려 있는 것이 무엇인지 알면 우유부단함을 극복할 수 있는 전략을 알맞게 조정할 수 있다.

판돈이 큰 결정은 중대하고 중장기적 영향을 미치는 근본적이고 전략적인 결정이다. 성공하려면 반드시 옳은 방향을 택해야 하는 선택이다. 하지만 어떤 것이 최선의 행동 방침인지 명확하지 않기 때문에 체계적이고 신중한 과정을 필요로 한다.

판돈이 작은 결정은 생활과 일에서 자주 되풀이되는 결정이다. 일상적으로 반드시 일어날 수밖에 없는 일들과 연관되어 있다. 다소 평범하긴 하지만 기차가 정시에 도착하고, 상점 선반에 물건이 갖추어져 있고, 식물이 잘 자라게 하기 위해 꼭 필요하다. 그런 문제에 관해서라면, 당신이 고민해야 할 일은 거의 없다. 대부분 명확한 답이 있기 때문이다. 다만 그 답이 여러 개일 수 있기 때문에 하나만 골라 고수한다는 것이 어려운 문제이긴 하다.

판돈이 없는 결정은 우주를 흔들 가능성이 없다는 이야기다. 여기에는 "어떤 색 셔츠를 입을까?"나 "오늘 달리기하러 나갈까?"와 같은 질문들이 포함된다. 이것들은 삶의 아주 세부적인 부분이며 정확한 답이 없다. 이런 선택에도 시간을 할애할 수는 있겠지만 그래서는 안 된다.

이쯤 되면 모든 결정을 세 가지 범주로 나누는 것이 가능할까라는 의문이 들지는 않는가? 판돈이 중간이거나 약간 크거나 약간 작은 범주도 있을 수 있지 않나라는 생각을 하는 사람도 있을 것이다. 그것이 바로 이 연습의 핵심이다. 결정을 25개의 범주로 나눠야 한다면 아무것도 할 수 없다. 당신의 목표는 의사 결정 과정에서 복합함을 제거하는 것이지 그 과정을 더 복잡하게 만드는 것이 아니다.

이미 잘 되고 있는 일에 손을 댈 필요는 없다. 인식하든 못하든, 당신은 이미 매일 수많은 결정을 매우 성공적으로 하고 있다. 그렇지 않다면 아침에 침대에서 일어나지도 못할 것이다. 너무나도 일상적으로 일어나는 일이라 자신이 결정을 내렸다는 것도 인식하지 못할 가능성이 높다. 직관이 일을 잘하고 있다는 증거다. 그러나 일단 수렁에 빠지면 당면한 문제의 비중과 상관없이 모든 것이 중요한 것처럼 느껴지기 시작한다. 걸려 있는 판돈이 크게 느껴지고, 올바른 선택지를 고르고 완벽한 결과를 내야 한다는 압박감이 직감을 짓누른다. 결국 당신은 스트레스를 받고 결정에서 오는 만족감을 얻을 수 없다. 바로 이때부터 당신은 의사 결정 과정에 불필요한 복잡성을 끌어들이게 된다.

잊지 말자. 당신의 목표는 머릿속에 일어나는 일을 복잡하게 만드는 것이 아니라 단순하게 하는 것이다. 한발 물러서서 넓은 의미에서 우선순위를 정해야 그 상황에서 감정을 걷어낼 수 있다. 대부분의 결정이 대수롭지 않은 일이고 스트레스를 받을 필요가 없다는 것도 곧 깨닫게 된다. 판돈이 작은 결정과 판돈이 없는 결정들을 판돈이 큰 결정에서 적극적으로 분리해낸다면, 대뇌 피질에서 가장 까다로운 세입자에게 내주었던 고급 부동산을 되찾아올 수 있다.

물론 어떤 사람에게는 판돈이 작은 결정이 다른 사람에게는 판돈이 큰 결정이 될 수 있다. 선거일 전 마지막 토론회에 입고 나갈 옷을 고르는 대통령 후보라면 어떤 색 셔츠를 입을지 오랫동안 열심히 생각하고 싶을 것이다. 마라톤을 준비하고 있는 마라톤 선수라면 달리기 연습 시간을 고민하는 것이 훈련 계획을 세우는 데 중요한 문제일 것이다. 하지만 이런 것들은 개인적인 특성에 따른 예외일 뿐 통상적으로 적용되는 규칙이 아니다. 대부분의 사람들에게 셔츠 색이나 달리기 시간 조정은 그리 중요하지 않다.

판돈을 근거로 결정을 분류하다 보면 가끔 의심이 들 것이다. 각 범주의 정의는 완벽한 것이 아니므로 모든 다양한 활동에 딱 들어맞을 수는 없다. 때문에 다시 한번 확인하는 절차를 거쳐야 한다. 판돈이 작거나 없다는 결정을 내렸다면, 확신을 갖고 일을 진행할 수 있도록 다음의 세 가지 최종 질문을 통해 확인 과정을 거치도록 하자.

1. 일시적인가? 일주일(판돈이 없는 결정) 혹은 한 달(판돈이 작은 결정) 내에 이 결정을 내린 것을 잊게 될까?

2. 그 결정에 뒤따르는 결과가 돈이나 시간, 당신 자신이나 다른 사람들에게 미치는 영향을 고려할 때 대수롭지 않은가?

3. 결과가 어떻든 선택을 고수할 수 있는가?

이들 각각의 질문에 긍정의 답을 할 수 있다면 그 고민은 판돈이 작은 결정 또는 판돈이 없는 결정의 영역에 속하는 것이 분명하다. 그렇다면 FOMO와 FOBO를 함께 다루는 방법을 배워서 적용하면 된다. 혹 이 질문 중 하나라도 답이 "아니오"라면, 당신이 다루고 있는 문제는 판돈이 큰 결정이다. 이 경우 결과가 복잡해질 수 있으므로, FOMO와 FOBO를 별도로 다루어야 한다. 그 방법은 11장과 12장에서 배우게 될 것이다.

중요한 것에 집중하고 그렇지 않은 것은 잊는다

중요하지 않은 결정을 내리는 데 어려움을 겪는 이유가 무엇인지 자문해본 적이 있는가? 그 문제의 근본 원인이 무엇인지 궁금했던 적은 있었는가? 막후에서 무슨 일이 벌어지는지 파악하는 것은 지적 흥미를 돋우는 일이기는 하지만 이 장의 목적과는 무관하다. 당신이 닭고기이냐 생선이냐를 결정할 수 없는 이유를 누가 신경 쓰겠는가? 그냥 빨리 정하기만 하면 되는 일이다. 판돈이 없거나 작은 결정에 시간을 할애하지 말자.

방식을 바꾸고 오래된 습관을 고치려면 반 ^{反}직관적으로 보일 수도 있는 결단을 내려야 한다. 무엇이 결정장애를 유발하는지 알아내는 일에 깊이 파고들지 않는 것이다. 원인을 알아내기 위해서는 상당한 시간과 에너지를 쏟아야 한다. 결정장애가 습관이 된 상황이라면, 당신의 내면을 면밀하게 살피는 것이 오히려 일을 더 미루게 만든다. 동기를 이해하는 일의 가치를 부정하는 것은 아니다. 결정장애의 원인이 무엇인지 안다면 문제를 더 잘 해결할 수 있을 것이라고 여기는 것은 상당히 합리적인 생각이다. 그 때문에 원인 조사에 나서게 되는 것이기도 하다. 하지만 그 일은 판돈이 큰 결정에 집중하는 시간을 가진 후로 미뤄두도록 하자. 판돈이 큰 결정들은 중요한 문제들이기 때문에 행동의 뒤에 있는 근본적인 힘에 대해 깊이 생각하는 것보다 시급한 일일 경우가 많다.

판돈이 작거나 없는 결정의 경우, 분석 마비에 빠지지 않고 일을 간단하게 해결할 수 있다. 행동에 집중하고, 두 가지 FO를 정확히 같은 방식으로 다루는 것이다. 당신의 내면에서 귀중한 부동산을 되찾으려 하고 있다는 것을 기억하라. 더 시끄럽고 점잖지 못한 세입자를 들이려는 것이 아니다. 지금부터 당신의 주된 목표는 시간 낭비를 중단하고 사소한 것들을 깨끗이 정리해서 보다 중요한 문제로 나아갈 수 있게 만드는 것이다. 최대한 빨리 행동에 나설수록 좋다.

아웃소싱으로 FO를 물리치는 방법

＼

당신이 침대에 누워 임종을 맞이하고 있다면, 과거를 돌아보며 2014년 5월에 메리어트 호텔이 아니라 웨스틴 호텔에 갈 걸 하는 생각 따위를 할 리는 없을 것이다. 하지만 호텔을 예약하고 있을 때라면 그 문제로 골몰하게 될 것이다. 그것이 FOMO와 FOBO의 얄궂은 점이다. 당장의 순간에는 그 문제가 중요하게 느껴져서 냉정하게 생각하기가 어렵다. 그러므로 감정과 의심이 직관을 가리고 당신을 수렁에 빠뜨리기 전에 그것들을 걷어낼 방법을 발견하는 일이 중요하다.

이를 실행하는 가장 효과적인 방법은 그 과정에서 자신을 제거하는 것이다. 애초에 이런 요소들을 고민에 끌어들이는 사람은 바로 당신이다. 당신이 사라지는 순간 고민거리도 사라진다. 판돈이 없거나 작은 결정은 그 영향이 제한적이기 때문에 위험을 회피하거나 통제력을 행사할 이유가 없다. 당신은 이미 그것들이 일시적이고 그 결과가 제한적이며 어떤 결과도 감수할 수 있다는 결단을 내렸다. 그냥 결정을 내려버리는 데서 오는 안도감이 최적의 결과를 선택하기 위해 시간을 투자해서 얻을 수 있는 잠재적인 이익보다 훨씬 크다. 게다가 수렁에 빠진 상태라면 얼마나 시간이 걸릴지 모르지 않는가! 때문에 당신은 한 발짝 물러서고 누군가(혹은 곧 보게 될 것처럼 우주)에게 대신 그 일을 하게 하는 편이 낫다. 그것이 결정을 아웃소싱하는 이유다.

아웃소싱은 기업 또는 개인이 자체적으로 처리하던 서비스를 외부 공급업체에 맡기는 것이다. 가족 기업이든 다국적 기업이든 문제를 해결하기 위해 도움을 줄 사람을 찾고 새로운 자원을 고용하는 전략을 사용한다면 아웃소싱이라 할 수 있다. 아웃소싱을 할 때는 기본적으로 시간과 자원을 어디에 집중할지 계산한다. 직접 할 수도 있지만 다른 사람을 고용하여 비용을 절감하고 효율성을 높이기 위해 아웃소싱을 하는 것이다. 대부분의 대기업이 콜센터 운영의 상당 부분을 아웃소싱하는 이유가 여기에 있다. 다양한 기능을 모두 직접 수행할 때 비용이 더 들고 효율이 떨어진다는 사실을 알고 있기 때문에 제3자를 끌어들이는 것이다.

물론 이 기업들이 시간과 자본을 투자해 내부적으로 직접 콜센터를 운영하는 것도 가능하다. 인적 자본과 금융 자본을 적절히 조합해서 아웃소싱에 준하는 혹은 그보다 나은 결과를 낼 수도 있다. 하지만 그들은 그 일에 주의를 빼앗기는 것이 그것에 드는 노력만큼 가치 있는 일이 아니라는 것을 알고 있다. 시간은 가치 있게 사용해야 한다. 최선을 목표로 하기보다는 차선의 결과와 효율을 택하는 편이 나은 것이다. 아웃소싱을 함으로써 더 큰 수익을 낼 가능성이 있는 일로 자원을 돌릴 수 있다.

당신도 마찬가지다. 당신의 귀중한 시간과 자원을 중요하지 않은 인생의 결정에 투자한다면 약간 더 좋은 결과를 얻을 수는 있겠지만 높은 투자수익을 기대할 수는 없다. 판돈이 작거나 없는 결정의 작은 개선으로는 상황을 눈에 띄게 바꿀 수 없다. 때문에 당신에게도 아웃소싱이 필요하다. 외부 자원을 끌어들이면 정체를 해소하고, 효율을 높이고, 의사 결정의 비용을 낮출 수 있기 때문이다.

판돈이 없는 결정: 시계에게 묻다

전혀 중요하지 않은 문제라면 결과가 어떻든 수용할 수 있다. 판돈이 없는 결정에는 정답이 없기 때문이다. 당신이 할 수 있는 유일한 나쁜 선택은 마음을 정하는 데 1분 이상의 시간을 낭비하는 것이다. 그저 하나를 선택하고 그것을 받아들이면 그만이다. 다른 사람에게 조언을 구할 수도 있겠지만 그럴 경우 피드백을 기다리느라 더 많은 시간을 낭비할 위험이 있다. 또한 사소한 문제에 대해서 조언을 구하느라 다른 사람을 귀찮게 군다면 리더로서 신뢰를 해칠 수 있다. 작은 일도 처리하지 못하는 사람이란 평판을 얻는다면 판돈이 큰 일을 처리해야 할 때 누가 당신을 신뢰할 수 있겠는가? 이런 딜레마에 대한 해법이 있다. 단, 열린 마음이 필요하다. 우주의 손에, 아니 보다 정확하게는 시계의 손에 당신의 운명을 맡기는 것이다.

이것은 대학교 2학년 때 내 친구 프란체스카가 알려준 방법이다. 그때 나는 기숙사에서 뭔가 아주 사소한 문제로 고민하고 있었다. 너무 하찮은 문제라 이제는 기억조차 나지 않는다. 그저 이런 정도의 문제였던 것 같다. "지금 공부를 하고 점심을 나중에 먹을까? 아니면 지금 점심을 먹고 공부를 그 후에 할까?" 그렇다. 나는 어릴 때 사서 고민을 하는 피곤한 영혼이었다.

사소한 문제로 고민하는 나를 20분 정도 지켜보던 프란체스카가 이렇게 말했다. "시계에게 물어봐." 시계에게 물어본다는 것은 무슨 뜻일까? 먼저 결정을 간단한 가부의 문제로 축소시킨다. 이런 것을 폐쇄식 질문이라고 한다. "글꼴 크기를 11로 할까, 아니면 12로 할까?", "고객과의 저녁 식사는 이 레스토랑에서 할까, 저 레스토랑에서 할까?"라는 형태의 질문으로 만드는 것이다. 선택지를 조금 더 늘릴 수는 있지만, 감당할 수 있는 적은 수로 제한해야 한다. 그런 다음, 각 결과를 시계의 절반에 할당한다. 예를 들어, "예"는 시계의 오른쪽 절반, 즉 초침이 1초에서 30초 사이에 있을 때를, "아니오"는 나머지 절반에 있을 때로 정하는 것이다. 이렇게 정해지면, 고민이 생길 때 시계를 보고, 시간을 읽고, 시계가 시키는 대로 하면 된다. 시계가 없다면 핸드폰을 사용하여 시간을 확인하고 분이 짝수인지 홀수인지에 따라 결정을 내리면 된다. 필요한 경우 시계 면을 세 개, 네 개 등으로 분할할 수도 있다. 그래서 동전을 던지는 것보다는 시계가 낫다. 시계에는 선택지를 더 추가할 수 있는 유연성이 있기 때문이다.

시계에게 물어보게 된 이후로는 더 이상 작고 중요하지 않은 결정에 마음이나 에너지를 소모하지 않게 되었다. 또한 시계에 결정을 맡기는 것은 의외로 상당한 위안이 된다. 신기하게도 시계가 무한한 지혜를 갖고 있어서 내가 원하는 것을 항상 알고 있는 것 같은 기분이다. 삶을 좀 더 흥미진진하게 만드는 독특한 방법이기도 한다. 시계에게 물어보는 것은 삶을 좌지우지하지 않는 문제에 제한해야 한다. 만약 시계를 보았는데 초침이 딱 30초에 있거나 60초에 있다면 몇 분을 기다렸다가 다시 시도한다. 두 번째 시도까지 했는데도 명확한 답을 얻지 못한 적은 한 번도 없다.

판돈이 작은 결정: 분대에 위임한다

판돈이 없는 결정과 달리, 판돈이 작은 결정에는 정답이 있으며, 다양한 합리적인 행동 방침이 존재한다. 잠재적 결과를 고려할 때 그들 사이의 차이는 비교적 작다. 당신은 다양한 선택지들을 수면 위로 올릴 만한 경험과 지식을 가지고 있으며, 변수를 정하고 수용 가능한 결과가 어떤 모습일지 판단할 수 있다. 그 결과 판돈이 작은 결정은 대부분 도움을 구할 필요 없이 직접 쉽게 해치울 수 있다. 그러나 종종 FO가 그 과정을 복잡하게 만든다. 일련의 완벽하게 합리적인 선택지들을 만들어내도 그 중에서 선택이 불가능할 때가 있다. 이런 경우, FOMO는 모든 것을 시도해보도록 만들고 FOBO는 결과가 최적이 아닌 한 어떤 것도 선택하지 못하게 한다.

판돈이 없는 결정과 마찬가지로 판돈이 작은 결정에는 의사 결정을 아웃소싱할 수 있는 기회가 있다. 그렇게 함으로써 당신은 시간을 낭비하게 만들고, 집중력을 흐트러뜨리며, 내적 통제력을 방해하는 문제들로부터 해방될 수 있다. 이때 내리는 선택의 결과는 그리 크지는 않더라도 영향력을 갖기 때문에 두뇌의 힘을 동원해야 한다. 여기서는 당신을 대신해서 결정을 내릴 수 있는 능력을 갖춘 누군가에게 결정을 위임하는 접근방식을 사용할 수 있다. 닫힌 질문을 제시할 수도 있지만, 경계를 정하고 한계가 있는 열린 질문을 제시할 수도 있다. "이런 분석을 할까, 아니면 저런 분석을 할까?"라고 묻는 대신 "이 프로젝트가 타당한지 판단할 수 있는 방법을 제안해 줄 수 있을까요?"라고 묻는 것이다. 이후 결정권을 부여받은 사람은 당신이 정해둔 한계를 근거로 수용 가능한 결과가 무엇인지 판단하고 의견을 줄 것이다. 아마도 그들은 당신이 생각하지 못했던 접근 방법을 제안할 가능성이 높다.

당신은 도움을 요청할 수 있는 사람들에게 늘 둘러싸여 있다. 업무적으로는 동료나 행정 직원이 있고, 업무 외적으로는 배우자, 가족, 친구를 비롯해 당신에게 솔직하며 당신을 위해 최선을 다할 것이라고 신뢰할 수 있는 사람들이 있다. 이들이 바로 당신의 분대원이다. FO들과 씨름하고 있을 때라면 판돈이 작은 결정에 관해서 당신을 둘러싼 귀중한 자원에게 도움을 요청하자는 생각이 쉽게 떠오르지 않는다. 의사 결정의 감정적인 요소에 사로잡혀 도움을 요청한다면 우유부단한 상황을 해결할 수도 있다는 것을 생각하지 못하기도 한다. 이런 경우야말로 도움이 필수적이다.

사회생활을 처음 시작했을 무렵 내게 위임의 가치를 가르쳐준 것은 내 상사인 수잔 시걸이었다. 그때 나는 중남미 지역의 벤처 투자가로 일하고 있었다. 10명으로 구성된 우리 팀은 수억 달러를 관리했고 지역 도처에 수십 개의 투자처를 두고 있었다. 팀원들은 뉴욕, 부에노스아이레스, 상파울루, 멕시코시티, 마이애미에 흩어져 있었다. 규모가 그리 크지 않은 조직이 분산되어 일을 해야 했고, 처리해야 할 일은 너무 많았기 때문에 도움을 구할 데가 거의 없었다. 일

손이 부족해 직함에 관계없이 소매를 걷어붙이고 나서서 다양한 일을 해야 했다. 수잔은 새로운 업무를 맡은 지 몇 주되지 않은 나에게 비행기를 타고 포트폴리오에 있는 회사 중 한 곳으로 가서 회사를 어떻게 포지셔닝해야 새로 자본금을 모을 수 있을지 알아보라는 지시를 내렸다. 그녀의 분대원은 바로 나였던 것이다. 출동 명령이 떨어지자 겁이 덜컥 났다. 그녀는 겨우 23살 먹은 애널리스트에게 왜 이렇게 중요한 일을 맡기는 거지?

처음 안전지대 밖으로 나가라는 요구를 들었을 때는 꽤나 놀랐지만 그녀와 3년을 일한 후에는 그런 일이 대수롭지 않은 것이 되었다. 나는 그녀가 팀원들에게 권한을 부여하고 위험을 감수하도록 강요한 뒤 책임을 부여한다는 것을 곧 알게 되었다. 그때 나에게 큰 일처럼 보였던 업무는 사실 비교적 판돈이 작은 일이었다. 수잔은 실수나 잘못된 판단의 순간을 잡아낼 수 있는 전문가였고, 굳이 진창에 발을 담그지 않아도 직원이 정보에 입각한 결정을 내리는지 아닌지 판단할 수 있었다. 우리는 좋은 생각이든 나쁜 생각이든 그녀에게 마음껏 제안했고 그녀는 자신의 경험을 바탕으로 우리를 이끌었다. 우리 팀의 유일한 금기는 매일 책상에 쌓이는 문제를 성실하게 해결하지 않고 미온적인 태도를 보이는 것이었다. 수잔은 확신을 갖고 행동에 나설 것을 요구했고, 그 안에서 FO는 허용되지 않았다.

수잔은 판돈이 작은 결정을 위임함으로써 판돈이 큰 결정에 할애할 더 많은 시간과 자유를 얻었다. 그녀는 팀원을 믿고 일을 맡김으로써 자신도 큰 혜택을 보았다. 경험이 쌓여가면서 우리는 그녀에게 기업 관리에 관한 더 나은 조언과 식견을 제공할 수 있게 되었다. 경력이 미천했던 시기부터 꾸준히 내게 권한을 부여하는 수장의 업무 방식은 그녀에게도 유용했지만 나에게는 결단력을 기를 수 있는 귀중한 훈련이 됐다. 그녀는 이기적이지 않은 리더였고, 그것은 우리 모두에게 큰 이익으로 돌아왔다.

분대 아웃소싱에는 여러 가지 혜택이 있다. 첫째, 아웃소싱은 더 중요한 사안에 집중할 수 있는 자유를 준다. 통제력에 집착하고 판돈이 작은 결정에 매달리는 사람은 부담이 큰 자리에서 성공할 수 없다. 리더에게는 위임이 필요하다. 둘째, 아웃소싱은 결단력과 자신감을 갖춘 사람들, 판단력을 행사하고 자율권을 받아들일 줄 아는 사람들로 이루어진 팀을 구축하는 데 도움을 준다. 모든 결정이 하나같이 중요하지는 않다. 따라서 상대적으로 판돈이 작을 때는 경험이 적은 사람들에게 권한을 부여해 의사 결정 근육을 단련시키는 것이 좋다. 당신에게는 사소한 문제로 보이는 것도 후배나 어린 자녀 등 다른 사람에게는 큰 책임으로 느껴질 수 있다는 점을 명심하라. 다른 사람들에게 책임을 질 기회를 주면, 그들은 자신감을 얻고 감당할 수 있는 위험을 감수하면서 성공과 실수를 통해 배움을 얻을 것이다. 당신은 위임을 통해 그들에게 결단력을 가진다는 것이 어떤 의미인지 무료로 가르쳐주는 선행을 베풀고 있는 것이다.

하지만 위임을 할 때는 항상 기본적인 한계를 정하고, 폐쇄 혹은 개방형 질문으로 틀을 설정하고, 권한을 부여한 사람과 원활한 커뮤니케이션을 유지해야 한다는 것을 기억하라. 당신은 그들을 지원해

주어야 하고, 결단력 있게 행동하도록 가벼운 부담도 줄 수 있어야 한다. 이때 여러 사람들 끌어들이고 싶은 유혹은 피해야 한다. 판돈이 낮은 결정은 한 사람에게만 도움을 청하면 족하다. 더 많은 사람을 끌어들이는 것은 오히려 문제를 복잡하게 한다. 한 사람 이상을 끌어들이고 싶다면 공동 권고안을 제출하도록 하는 것이 좋다.

분대에 위임하는 방법을 사무실에 제한할 필요는 없다. 삶의 다른 부분에도 동일한 전략을 적용할 수 있다. 어디로 데이트를 하러 갈지, 면접 때 어떤 옷을 입을지, 새로운 소파를 어디에 두어야 할지 고민할 때라면, 다른 사람에게 묻는 것도 효과적일 수 있다. 당신이 이것이냐 저것이냐를 선택하느라 지나치게 많은 시간과 에너지를 낭비하게 될 것이란 점을 받아들여라. 그리고 당신이 모든 면의 전문가가 아니라는 점도 받아들여라.

누구나 스타일이 아주 좋거나, 시내의 새로운 식당에 대해 잘 알거나, 일상적인 문제에 대해 대단히 분별 있는 조언을 해주는 친구가 한 명쯤은 있게 마련이다. 선택의 교착상태에 빠졌다고 생각되면 당신 분대에 속한 해당 문제의 전문가들에게 도움을 요청하자. 그들을 끌어들이고 그들의 충고에 귀 기울이면 노력할 가치가 없는 일에서 끝없는 허우적대는 상황을 막을 수 있다. 다른 사람의 전문적인 지식에 의지하여 개방형 질문을 던진다면 새로운 것을 알게 되거나 해보지 못했던 것에 도전하는 혜택을 누리게 될 때도 있다. 다만 당신 역시 어떤 일에서는 전문가라는 것을 기억하라. 분대가 당신을 필요로 할 때 그 호의에 보답하도록 하라. FO에 시달리는 사람도,

다른 사람을 도울 때는 훨씬 더 쉽게 결정을 내릴 수 있다는 점을 발견하게 될 것이다. 다른 사람의 결정에 자신의 선택이 영향을 미치기 때문에, 자신의 문제를 다룰 때보다 훨씬 더 객관적인 태도를 갖고 감정을 절제할 수 있다.

이 장에 제시된 전략들은 가능한 한 효율적으로 결정을 하게 해주지만, 결정장애를 자극하는 중요한 문제에는 적용이 되지 않는다. 판돈이 크면 당연히 다른 접근법이 필요하다. 중요한 문제를 시계에 의존해서는 안 된다. 또한 중요한 일을 다른 사람에게 위임하는 것은 책임을 회피하는 것이다. 판돈이 큰 일을 결정할 때는 깊이 생각하고, 데이터를 수집한 뒤, 이성적으로 엄격한 기준을 세우고 경험에 따라 스스로 결정을 내려야 한다.

다음 장에서 보게 될 것처럼, 판돈이 큰 결정에 있어서는 한 발 물러선 뒤 결단력 있는 행동을 막는 요소들에 대해 시간을 들여 생각해보아야 한다. 또한 FOMO에서 시작해 FOBO로 옮겨가는 방식으로 FO들을 따로 처리해야 한다. 각각의 문제들은 저마다 성격이 다르기 때문에 그에 맞는 전략을 각각 채용해야 한다. FO에 맞붙음으로써 당신이 왜 수렁에 빠지는지 파악하고 장래에 같은 종류의 사안으로 고민할 때 도움이 될 만한 방법을 구축하도록 하자.

10장

누구를 위한
FOMO인가

"위대함의
비결은
우유부단함이다."

- 절대 누구도 하지 않을 말

FOMO의 공격이 들어올 때 촉발되는 감정들을 분석해보면, 자기를 중심으로 행동하지 못하고 다른 사람의 태양계 주변을 돌고 있는 현상을 발견할 수 있다. 일을 하고 잘 살아가다가 갑자기 무엇인가를 보거나 듣거나 읽거나 생각하다가 자극을 받는다. 그로 인해 놓치고 있는 것에 집착하게 되고 아무런 경고도 없이 불안이 찾아온다. FOMO를 자극하는 것에 집착하면서, 무의식적으로 자신이 갖고 있는 모든 것의 가치를 깎아내리게 된다. 갖고 있는 것들에 감사하는 대신 현재의 부족함에 집중한다.

FOMO는 현실에 부합하지 않는 수많은 개념에 사로잡혀 자신의 삶이 형편없는 것처럼 느끼게 만든다. 자신이 갖고 있는 것과 갖고 싶은 것 사이의 격차가 부정적인 감정, 스트레스, 불행을 몰고온다. 이런 감정에 많은 시간을 할애할수록 상황은 악화된다. 현실은 절대 상상과 경쟁이 되지 않기 때문이다. 불안이 날뛰게 놓아두면, 정보의 비대칭성이 무기가 되어 당신을 공격한다. 이런 함정에 빠지면 중요하지 않은 문제에서도 확신이 사라진다. 판돈이 큰 결정을 다룰 때 큰 피해를 불러오는 것은 말할 것도 없다.

FOMO와 정면 대결을 하려면 인식과 현실 사이의 위험한 단절을 해결하는 것부터 시작해야 한다. 이 문제를 해결하면 FOMO라는 포획자로부터 당신의 직관을 구해내 감정이 아닌 사실에 입각하여 사고할 수 있다. 앞서 확인한 두 유형의 FOMO를 다루어 체계적으로 문제를 해결해보자.

1. 야심 FOMO: 어떤 사물 혹은 경험이 당장 가지고 있는 것보다 낫다는 인식이 주도한다. 정보의 비대칭성에 의해 활성화된다.
2. 무리 FOMO: 소속에 대한 욕구와 놓치고 있다고 느껴지는 것에 참여하고자 하는 충동으로 채워진다.

이 장에서는 야심 FOMO와 무리 FOMO의 영향으로부터 벗어나 구조적인 의사 결정을 가능하게 하는 과정을 배워볼 것이다. 이 과정을 배우고 나면 FOBO와 대결할 때 도움이 되는 일련의 의사결정 기술을 구축하게 될 것이다.

야심 FOMO에서 정보 비대칭성을 제거한다

＼

과거 암흑시대에 살던 사람은 병에 걸리면 치료 과정에서 끔찍한 경험을 해야만 했다. 환자가 느끼는 증상에 따라 주술, 거머리를 이용한 사혈, 수은 정제, 동물 똥으로 만든 연고 등을 사용해서 치료를 받았다. 이 정도는 나은 편이다. 편두통이나 우울증을 앓는다면 말 그대로 머리에 구멍을 뚫어 대뇌의 외층을 노출시키는 치료법을 썼다.[1] 치료사들은 과학적으로 근거가 있는 치료를 할 수 없었고, 그 격차를 믿음과 미신으로 메웠다. 다행히 오랜 세월에 걸친 연구와 실험을 통해 얻은 사실들을 근거로 의료 기술도 발전해왔고, 오늘날에는 어떤 의사도 그런 식의 처방을 하지 않는다.

그것이 사실이 가진 장점이다. 사실은 당신에게 힘을 주고, 분별없는 짓을 하지 않게 하고, 짐작이나 감정, 맹목적인 신념 대신 정보를 근거로 판단을 내리게 해준다. 하지만 그렇다고 알려지지 않은 것을 신뢰하거나 마음이 머리를 지배할 여지가 없는 것은 아니다. 사실에 근거를 둘 수가 없는 것들도 있기 때문이다. 마음에 관련된 일에는 항상 감정적인 요소가 있다. 예를 들어, 종교적인 문제는 신앙에 뿌리를 둔다. FOMO를 다루는 일에 있어서는 두통을 치료하기 위해 머리에 구멍이 필요하다고 생각할 때처럼 짐작과 추측이 필요한 경우도 있다.

FOMO를 자극하는 요소는 다양하지만 그들이 불러일으키는 감정은 동일하다. 해야만 하는 일이나 가져야 하는 것이 생기고 야심 FOMO가 시작되면서 갈망, 후회, 질투, 스트레스, 심지어 실패감까지 온갖 종류의 감정을 느낀다. 다만 정확히 무엇을 놓치고 있는지에 대한 절대적인 확신만은 갖지 못한다. 시도해본 적도 없는데 무엇을 놓치고 있는지 어떻게 알겠는가? 신통력이 있는 사람(암흑시대에 인기가 높았던 또 다른 유형의 치료사)이 아닌 한 머릿속에서 일어나고 있는 일과 현실 세계에서 일어나는(혹은 일어날) 일 사이에는 큰 간극이 있을 수밖에 없다. 익숙한 경험이나 기회라고 해도 언제나 당신의 상상대로 일이 펼쳐질 것이라고 확신할 수는 없다. 이제 결정을 내려야 할 때다. 그 간극을 몽상이나 짐작, 감정으로 채울 것인가, 아니면 사실로 채울 것인가? 정보를 이용해 모호함을 없애는 순간부터 당신은 통제력을 갖게 된다.

벤처 투자가들은 끊임없이 FO들과 싸워야 한다. 눈에 보이는 모든 것에 투자하라고 강요하는 FOMO에 사로잡히면, 곧 영양의 무리 속에 있는 자신을 발견하게 된다. 어떤 것에도 헌신하지 못하게 하는 FOBO의 지배로 마음을 정하지 못하면 영원히 벤치에 남아 아무것도 하지 못하게 된다. 위대한 투자자들은 이러한 충동들을 극복하기 위해 확신을 가지고 행동하는 데 필요한 지식을 축적하는 명확하고 반복 가능한 과정을 고수한다.

때문에 당신도 벤처 투자자와 같은 사고 방식을 적용해야 할 필요가 있다. 당신은 아무런 보상도 없이 이미 많은 시간과 에너지를 FOMO에 투자하고 있다. 이 시간과 에너지를 더 유용한 곳에 투자해야 한다. 너무 부유해서 투자금을 회수하지 못해도 상관없는 사람이 아니고서는 무리를 떠나지 못하는 영양 같은 FOMO에 빠져 투자해서는 안 된다. 엄정하고 진지하게 고민하자. 시간과 돈, 에너지는 다른 누구도 아닌 당신의 것이다. 시작하기에 앞서, 과제를 수행하는 동안 당신을 인도할 기본적인 규칙을 이해하는 것이 중요하다.

판돈이 큰 결정에서 FOMO를 극복하는 법

항상 열린 마음을 유지한다: 무엇이 되었든 당신에게 FOMO를 주거나 특정한 결과를 상정하는 것에 빠지지 않도록 한다.

무엇이 중요한지 안다: 기회가 목표에 부합하는지 판단하기 위한 기준을 설정한다.

감정이 아닌 사실에 의존한다: 결정을 내리기 전에 충분한 정보를 모은다.

정보는 다양한 정보원을 통해 수집한다: 단절된 상황에서 결정을 내리지 말라. 주변 사람들(직계 범위를 벗어난 사람들)에게 의지하고 정보와 조언을 얻는다.

이렇게 몇 가지 핵심 지침이 마련되었으니, 이제 판돈이 큰 결정에서 FOMO를 분리하는 과정을 시작해보자.

1단계: 질문을 명확히 한다

첫 단계는 FOMO를 주는 선택지나 기회를 명확히 표현하는 것이다. 이는 데이터를 수집하고 기준을 세우는 데 필수적인 과정이다. 잠시 시간을 내어 생각을 정리한 다음 답을 찾고자 하는 질문을 최대한 직접적이고 간결하게 만든다. "캘리포니아에서 면접을 봐야 할까?", "직장을 그만두고 사업을 시작하는 것이 좋을까?"와 같은 식이다.

2단계: 의사 결정의 틀을 만들 기준을 설정한다

결정을 내리려면 해당 기회가 기준을 충족하는지 판단할 수 있는 선을 정해두어야 한다. 이렇게 하려면 몇 가지 기본적인 기준을 설정해야 한다. 이때는 요구 사항을 간결하게 유지하고 다음 5가지 중요한 질문이 포함되도록 노력한다.

1. 선택을 정당화할 수 있는가? 이것을 갖고 싶거나 하고 싶은 이유를 다섯 개 이상 댈 수 있는가?

2. 이것을 살 수 있는가? 가격이 얼마나 되는가? 이 돈으로 할 수 있는 다른 것은 무엇인가?

3. 더 중요한 목표를 희생시키지 않고 이 선택을 할 수 있는가? 여기에 할애할 시간이 있는가? 달리 내 시간과 에너지를 투자할 방법은 없는가?

4. 이 선택지를 택할 때 얻을 수 있는 투자수익이 명확히 보이는가? 여기에서 내가 얻게 될 것은 무엇인가? 눈에 보이는 것인가, 아니면 감정적인 것인가? 혹은 둘 다인가?

5. 실제로 실행 가능한 일인가? 이 기회가 정말 유효한 것인가? 그만큼 매력적이고 훨씬 더 현실적인 기회에 집중해야 하는 것은 아닐까?

3단계 : 데이터를 수집한다

야심 FOMO 극복의 열쇠는 숙고하는 과정에서 감정을 제거하고 생각을 데이터와 분석에 집중하는 것이다. 투자자는 어떠한 기회가 자신의 기준에 부합하는지 파악하기 위해 실사라는 과정을 거친다. 학생이 시험을 대비해 공부를 하는 것과 같다. 혹시라도 교수가 발표를 시킨다면 교단에 서서 수업을 진행할 수 있을 정도로 주제를 완전히 익히는 것이 이상적인 목표다. 실사에서는 까다로운 질문을 하고 가능한 많은 정보를 수집해 판단력을 흐리게 하는 정보의 비대칭을 없애기 위해 노력해야 한다. 정보도 관련성도 없는 단절된 상태에서는 이러한 활동이 불가능하다. 다른 사람들, 특히 관련 전문 지식을 보유한 사람들에게 도움을 구해 시각을 넓혀야 한다. 다양한 정보원을 통해 정보를 얻을 수 있도록 주의를 기울이자. 미루기를 마치 숙고의 과정인 것처럼 가장하는 일이 생기지 않도록 주의하자.

4단계 : 적는다

주요한 조사 영역을 살펴보았다면, 이제 다음 단계로 넘어가자. 투자자들은 실사를 진행하면서 자신이 발견한 것을 정리해 보고서로 만들고 그것에 근거하여 결론이나 제안을 이끌어낸다. 머릿속에 나열했던 질문에 대한 답을 찾았다면 그 답안을 적어두고 나름의 실사보고서를 만든다. 생각을 종이에 적는 일에는 두 가지 명확한 장점이 있다. 첫째, 생각이나 정보를 적어 그것을 가시화하면 자연스럽게 논리적으로 생각하게 된다. 대답을 찾기 위한 투자를 했다면, 그 답을 종이에 적는 순간 구체화되고, 모호하게 넘어가고 싶은 충동은 약해진다. 둘째 이 목록을 보관했다가 미래에 참고할 수 있다. 당신이 FOMO를 느낀 것을 추구하는 데 시간이나 에너지, 돈을 투자하기로 결정했다면, 그 과정을 적어 두었다가 이후에 살펴볼 수 있게 하자. 실사와 의사 결정이 얼마나 효과적이었는지 파악함으로써 다음에는 개선할 수 있다.

5단계 : 예비 심사를 실시한다

내 형이 소중한 조언을 해준 적이 있다. 세상을 헤쳐나가면서 당신이 통제할 수 있는 유일한 것은 주변에서 일어나는 일에 대한 당신의 반응뿐이라고 말이다. 실사를 하고 생각의 정확도를 높이는 과정을 통해 통제력을 얻을 수 있다. 정보 비대칭성을 최대한 없애 감정적인 결정이 아닌 정보에 입각한 결정을 하려 노력한다. 그 일자리에 지원해야 할 다섯 개의 이유를 만들어낼 수 없다면 지원을 하지 않아야 한다. 사업을 시작할 돈과 시간이 없다면 거기에서 중요한 가르침을 얻어야 한다. 마음은 꿈을 접을 수 없다고 해도 머리는 그것이 당장은 불가능하고 다른 선택지로 넘어가야 할 때라는 것을 알아야 한다. 질문 모두에 확실한 답을 할 수 없을 수도 있다. 그렇더라도 당신은 시작하기 전보다 훨씬 많은 정보를 얻었을 것이고, 결단을 내리기 위한 기본적인 질문에 답을 할 수 없다는 점을 통해 인식과 현실 사이의 격차를 메우기 위해 얼마나 많은 노력이 필요한지도 알게 될 것이다.

지금까지의 노력을 통해 당신의 FOMO가 중화되었다면 과정을 계속 진행할 필요는 없다. 하지만 여전히 불확실하다고 생각되면 두 번째 과정으로 간다. 이제 마지막 필수 질문을 스스로에게 던지면서 무리 FOMO와 씨름할 차례다.

무리에서 탈출하기 위한 최종 평가

어릴 때 부모님이나 선생님, 대중문화는 자신만의 길을 찾고, 절대 주위의 압력에 굴하지 말라고 끊임없이 일깨워주었다. 그것은 디즈니 영화의 주제기도 하다. 〈인어공주〉의 에리얼, 〈미녀와 야수〉의 벨, 〈코코〉의 미구엘 같은 주인공의 여정은 비관론자들의 말에 굴복하지 않고 무리에서 벗어나 자신을 찾는 방법을 배우는 과정이다. 당신의 어머니 역시 독자적으로 판단하라는 메시지를 주었을 것이다. "누가 다리에서 뛰어내리면 너도 따라 뛰어내릴래?"라는 누구라도 한번쯤은 들어보았을 법한 내용으로 말이다. 많은 용기가 필요했지만 당신은 그 메시지를 마음에 새겼고, 어렵고 힘든 상황에서도 자신을 찾으려 노력했다. 그리고 남들과 조금 다른 모습인 것도 당신만이 할 수 있는 일을 하는 것도 괜찮다는 것을 배웠다.

FOMO가 그 모든 노력을 무효로 만들 수 있다는 것이 아이러니하게 느껴지지 않는가? FOMO를 느꼈는지 알아차리기도 전에 당신은 곧장 무리로 되돌아간다. 그렇게 열심히 애써서 빠져나온 그곳으로 달려가는 것이다. 운동선수나 치어리더를 경외하던 10대일 때와 달리 이제는 기업, 유명인, 인플루언서들이 당신을 조종하기 위해 나선다. 그들은 당신의 돈, 당신이 누르는 "좋아요"를 원하며, 그것들을 얻기 위해 기꺼이 비열한 수법을 쓴다. 당신은 자신을 추종자라고 생각하는가? 장담하건대 그들은 분명히 그렇게 생각할 것이다. 그것이 무리를 따르는 데서 유발되는 문제점이다. FOMO는 당신이 해야 할 일에 정신을 쏟지 못하게 만들고 대신 다른 사람이 하고 있는 일에 집중하게 한다. 진정성 없는 선택을 하도록 유혹하고, 당신이 내면의 나침반과 부합하는 길에 전념하지 못하게 방해한다.

최악의 결말은 실제로는 원하지도 않는 것에 대해 FOMO를 느끼는 상태다. 소셜 미디어 인플루언서든 단순히 당신의 사고방식에 영향을 미치는 주변 인물이든 간에 당신은 다른 사람의 신호에 집중했고 판단력이 흐려졌다. 원하는 것을 얻었지만 비참한 기분이 든다면 정말 끔찍하지 않은가! 그렇기 때문에 야심 FOMO에만 맞서는 것만으로는 FOMO를 누그러뜨릴 수 없는 것이다. 판돈이 큰 결정으로 나아가기 전에 자신에게 던져야 할 질문이 하나 더 있다.

나는 정말로 이것을 원하는가? 아니면 그저 무리를 따르고 있는 것인가?

이 질문은 당신의 상황을 평가하는 것으로, 당신이 궤도에서 벗어나지 않게 하고 다른 누군가의 꿈 혹은 무리의 꿈을 좇지 않게 해준다. 이 질문은 당신을 당신만의 가치관, 당신이 가장 소중하게 생각하는 것으로 되돌아가게 해줄 것이다. 때로는 대중을 따르는 것이 문제가 되지 않는 경우도 있다. 하지만 그렇게 되기 위해서는 자신이 무엇을 하는지, 왜 하고 있는지 반드시 알아야 한다. 무리를 멀리할 수 있는 검증된 방법은 처음부터 그 일원이 되지 않는 것이다. 주위의 사람들이 당신과 아주 비슷한 모습을 하고 있고 비슷한 행동과 생각을 한다면 당신은 아주 위험한 상태에 있을 가능성이 높다. 가치를 기반으로 결정을 내리려고 아무리 열심히 노력을 해도 매우 비슷한 방식으로 세상을 보는 사람들을 본보기로 삼게 될 위험이 있는 것이다. 집단사고에 익숙해지면 당신은 눈치 채기도 전에 무리로 끌려가 있게 된다. 의사 결정을 할 때 다양한 사람들로부터 조언을 구하는 것이 중요한 이유도 여기에 있다.

샨 린 마Shan-Lyn Ma는 결혼 준비 목록 사이트인 졸라Zola의 공동 창립자 겸 CEO다. 졸라는 미국에서 가장 빠르게 성장 중인 전자 상거래 기업 중 하나다. 이 회사는 1억 4천만 달러의 자금을 조달해 2019년 〈뉴욕 타임스〉에 차세대 유니콘 기업으로 언급되었다. 성공의 비결은 다양한 고위 경영진이 더 현명하고 혁신적인 결정을 할 것이라는 샨의 확신이었다. 그녀는 다양성(성별, 인종, 종교, 성지향의 측면에서)에 집중했고, 그것이 경쟁 우위의 핵심이라고 생각했다. 졸라의 고위 경영진 절반 이상은 여성으로, 기술 업계에서는 드문 상황이다. 졸라는 경쟁업체들과 다른 DNA를 가짐으로써, 다르게 생각하고, 무리를 피하고, 강력한 기존 기업들이 포진한 업계에서 빠르게 시장 점유율을 높일 수 있었다.

실사를 마치고, 발견한 결과를 기준과 비교해 검토하고, 추론의 동기를 확인했다면, 이제 결정을 내릴 준비가 되었다. 당신은 명확하고 체계적인 프로세스를 수행했고, 결단력 있는 조치를 취하는 데 필요한 정보를 가지고 있을 것이다. 이론상으로는 FOMO를 때려눕히고도 남았을 것이다. 그러나 중대한 결정을 내리는 것은 여전히 어렵다. 모든 단계를 적절히 밟았더라도 말이다. 아직 수렁에서 빠져나오지 못했더라도 걱정할 필요 없다. 그것은 고칠 수 있는 문제다. 아직 해야 할 일이 남아 있지만 끝이 보인다.

아직도 수렁에서 빠져나오지 못했다면

이 장의 모든 과정을 성실하게 진행했다고 가정하자. 당신은 야심 FOMO를 해결하기 위해 면밀한 실사를 거쳐 가능성을 조사해 사실을 수집했고, 사람들과의 대화를 통해 분석의 빈틈을 메웠다. 또 무리 FOMO와 싸우기 위해 사고방식을 형성하는 다양한 동기에 대해 신중히 생각해보았다. 마지막으로 장래에 참고할 수 있도록 모든 내용을 정리해 적어두었고 클라우드에 사본을 저장했다. 판돈이 큰 결정에서 확신을 가지고 결정을 내리는 데 필요한 명확성도 얻었다. 그런데도 여전히 수렁에서 빠져나오지 못했다고 가정해보자. 그렇다면 어떻게 해야 하는가?

아직 우유부단한 마비 상태에 있기는 하지만 당신은 이 과정을 시작하기 전과는 매우 다른 위치에 있다. 논리와 동기에 대해 깊이 생각하는 시간을 가졌고 주장을 뒷받침하기 위한 사실을 모았다. 그 결과 정보의 비대칭성(과 상당한 위험 요소)을 상당 부분 제거했다. 완벽한 정보란 있을 수 없고 미래 또한 예측할 수 없는 것이지만, 당신은 방심하지 않고 정신을 바짝 차리고 있으며 직감을 믿을 수 있는 상태다. 이 시점이면 당신의 FOMO는 타성으로 대체된다. "아니오"라고 말할 이유를 열심히 찾았으나 좋은 이유를 찾지 못했으니, 이제 편안히 "예"라고 말할 수 있다! 자 이제 덤벼들 시간이다. 모든 의사 결정에는 예측된 위험이 따르지만 당신은 위험을 감수할 수 있는 능력을 갖추었다.

엄정한 과정을 적용하면 더 이상은 FOMO에 굴복하는 것이 아니라, FOMO에게 귀를 기울이고, 그것에서 배움을 얻고, 숙고의 과정을 거친 후 FOMO의 긍정적인 면도 인정할 수 있게 된다. 물론 일이 뜻대로만 되는 것은 아니다. 하지만 인생이란 원래 그렇지 않은가. 인생에는 어느 정도 위험이 따르기 마련이다. 중요한 것은 FOMO가 아닌 당신이 결정을 내렸다는 것이다. 아직 물에 뛰어들 준비가 되지 않았다면, 작은 것부터 시작해볼 수도 있다. 물에 손을 살짝 넣어보고 일이 어떻게 진척되는지를 살핀 뒤에 완전히 뛰어들면 된다. FOMO에 귀를 기울이고도 자신만의 관심사를 좇을 수 있다면 FOMO가 당신에게 도움이 되도록 만들 수 있다.

FOMO를 관리할 수 있는 방법에 대해 배웠으니 이제는 FOBO 에 대해 생각해보자. FOBO를 가지고 있을 때라면 좀처럼 위험을 감수하지 않으려 하기 때문에 어떤 것도 당신을 자극해 행동을 취하게 만들 수 없다. 이 장에서 배운 일부 전략은 다음 장에서도 응용할 수 있지만 FOBO를 극복하는 데는 다른 접근법, 특히 의사 결정 방법을 공략하는 접근법이 필요하다. FOMO는 감정에 깊이 뿌리내리고 있지만, FOBO는 전적으로 과정의 문제이기 때문이다.

11장

선택 가치보다는 행동

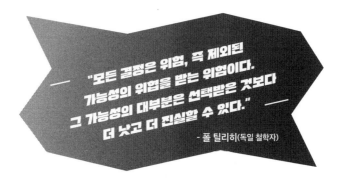

"모든 결정은 위험, 즉 제외된 가능성의 위험을 받는 위험이다. 그 가능성의 대부분은 선택받은 것보다 더 낫고 더 진실할 수 있다."

- 폴 틸리히(독일 철학자)

야엘 멜라메드Yael Melamed보다 FOBO를 잘 이해하는 사람은 찾기 힘들 것이다. 대학을 졸업한 그녀는 전략 컨설팅 분야에서 사회생활을 시작했지만 법학석사와 경영학석사 복수 과정을 밟는 것이 합리적이라는 결정을 내렸다. 그 당시 야엘은 인생에서 무엇을 하고 싶은지 확신이 없었다. 때문에 판돈을 나누어 걸기로 결심했던 것이다. 그녀는 법학과 경영학 학위를 모두 취득하면 선택지가 많아질 것이라고 판단했다. 선택 가치가 불확실성이 가득한 미래를 대비할 수 있는 방안이 될 것이라고 생각한 것이다. 하지만 피부암 진단을 받는 순간 모든 것이 바뀌었다. 그녀는 자신이 모든 것을 잘못 생각하고 있었다는 것을 깨달았다. 냉혹하고 무서운 불확실성의 순간에 직면한 그녀는 이력서를 채우기 위한 선택 가치를 만드는 데 너무 많은 시간을 들였던 것을 한탄했다. 또래의 평범한 기준에서 볼 때는 직업적인 영역에서 많은 선택지를 얻어내는 큰 성과를 거뒀지만, 인생에서 자신이 진정으로 원하는 것이 무엇인지는 알지 못하는 상태였다.

위기가 닥치면 무너질 수도 있고, 오히려 중요한 결정을 내릴 수 있는 기회를 얻을 수도 있다. 피부암 진단을 받은 후 야엘은 자신이 그 시점까지 한 선택들(혹은 하지 않은 선택들)에 대해서 생각하는 데 많은 시간을 보냈다. 다행히 암은 치료가 가능했고 한 번의 수술 후 그녀는 건강을 되찾았다. 젊은 나이에 그런 일을 겪고 나자, 그녀는 두려움과 후회 속에 살고 싶지 않다는 생각이 들었다. 그녀는 인생이 매일 행복을 누리기에도 짧은 시간이라는 깨달음을 얻었고, 심리치료사 겸 경영 코치로 일하기로 마음먹었다. 새로운 직업을 통해 그녀는 자신의 시간을 다른 사람들이 자아를 찾고 삶을 조화롭게 만드는 데 도움을 주는 일에 쏟고 있다.

결국 FOBO는 더 나은 것을 추구하는 것과 선택 가치를 보존하는 두 개의 서로 다른 강력한 충동을 특징으로 한다. 판돈이 큰 결정에서 이와 같은 이중적인 압박을 견디려면, 현재 자신이 인생의 중요한 결정을 어떻게 내리고 있는지 검토한 후 보다 효과적인 접근법을 재설계해야 한다. 그렇다고 해서 문제를 해결하기 위해 모든 기준을 내던지라는 뜻은 아니다. 혹시 걱정할까 봐 미리 말해두겠지만 FOBO의 해결책이 "웬만하면 만족하라!"인 것은 아니다. FOBO는 궁극적인 목표보다는 의사 결정 과정에 관한 문제인 것으로 판명됐다. 최고를 추구하는 목표를 포기하지 않아도 되는 것이다. 다만 그것을 어떻게 얻느냐에 대해서는 신중을 기해야 한다.

우선 FOBO를 느낄 때 무슨 일이 일어나는지 다시 살펴보는 것이 좋겠다. 기억할지 모르겠지만 FOBO는 최고를 가지려는 만족극대화의 욕구와 차선에 안주하는 것에 대한 혐오에서 비롯된다. 워털루대학교의 연구진은 충동과 FOBO에 대한 논의를 다소 흥미로운 방식으로 재구성했다.[1] 만족극대화자와 연관된 부정적 결과는 만족극대화라는 최종 목표로 인한 것이 아니며 그보다는 탐색 중에 고려할 대안들을 찾는 데 사용하는 진행 과정의 부작용이라고 주장했다. 간단히 말해, FOBO를 느끼고 싶지 않다면, 원하는 것과 그것을 얻기 위해 행동하는 것을 분리해야 한다. 특히 이미 제거했거나 무시한 선택지로 몇 번이고 계속 되돌아가고 싶은 유혹을 피해야 한다. 깨닫지 못하지만 버려진 대안을 재고할 때마다 당신은 행동을 선택 가치와 맞바꾸고 있는 것이다. 지금 보고 있는 것이 이미 괜찮은데도, 더 나은 것이 있는지 끊임없이 TV 채널을 돌리는 심리와 같다. 계속 채널을 돌려도 만족스럽지 못하듯이, 버려진 대안을 재고해도 만족스럽지 못할 것이다.

FOBO의 진짜 근원은 만족극대화보다는 선택 가치를 보전하려는 욕구가 아닐까? 성공한 리더들은 최선을 추구하지만 FOBO에 무릎 꿇지 않는다. 훌륭한 기업들은 탁월함을 추구하지만 분석 마비나 정체에 빠지지 않는다. 성공한 개인이나 조직은 최고를 목표로 하지만 의사 결정 과정의 수렁에 빠지지 않고 여전히 무엇인가에 전념한다. 그들은 성공을 위해 시도해야 할지 말지를 결정해야만 하는 현실을 받아들인다. 또한 앞으로 나아가기 위해서는 다른 잠재적인 선택지들을 놓아주어야 한다는 것도 알고 있다.

그들을 본보기로 삼아, 당신이 모든 것을 가질 수 없으며 하나 이외의 모든 선택지를 버려야 한다는 점을 받아들여야 한다. 그 과정은 고통스러울 수도 있다. 대안을 제거하면서 당신은 작은 상실감을 경험할 것이다. 하지만 이런 상실감을 받아들이고 앞으로 나아가지 않는 한, 앞길을 막고 있는 압도적인 수의 선택지를 보고 고민을 거듭하면서 아무것도 못하는 상태에서 벗어나지 못할 것이다. 판돈이 큰 결정에 있어서 FOBO를 극복하려면, 선택지를 제거한 뒤 그것들을 내려놓아야 한다. 그 과정에서 당신은 선택지를 하나로 줄이고 명확한 선택을 할 수 있게 될 것이다.

마음 정리

＼

모든 것을 가질 수는 없다는 것을 받아들이려면, 최종 선택으로 나아가기 전에 각각의 선택지를 버릴 방법부터 찾아야 한다. 충분히

Fear of Missing Out

좋은 선택을 했다는 확신이 있어도 나머지 선택지를 내려놓는 것은 상당히 어려운 일이다. 모든 것을 가질 수 있고 그래야 한다는 생각에 길들여져 있다면 특히 더 그렇다. 그러나 선택이 풍부한 환경에서 살더라도 그것을 이용할 수 없다면 무슨 의미가 있겠는가? 당신은 잡동사니 틈바구니에서 살고 있는 것이다. 입을 시간이 없는데 옷장에 옷을 잔뜩 쌓아놓을 필요가 있을까? 기회도 마찬가지다. 당신이 기회를 많이 쌓아둘수록 그것을 향유할 가능성은 줄어든다.

머릿속에서 잡동사니를 치워버리고 싶다면 일본의 정리 전문가 곤도 마리에의 이야기에 귀를 기울여보자. 그녀는 정리의 힘을 중심으로 세계적인 규모의 사업을 구축했다. 잡동사니를 제거하는 곤마리 방법에는 두 가지 핵심 개념이 포함된다. 첫째, 삶을 단순화하려면 소유물 중에서 '설렘'을 주지 않는 것은 제거해야 한다.[2] 둘째, 어떤 것이든 내던지기 전에 그것이 내게 준 유익에 감사하는 시간을 가짐으로써 내려놓을 때 죄책감을 느끼지 않도록 해야 한다. 이 두 번째 개념은 선택지의 제거를 위해 노력할 때, 특히 선택 가치를 우선하기 위해 심리적 가치를 무시하려 할 때 유용하다.

곤도의 방법이 다소 이상하게 생각될지도 모르겠다. 하지만 앞에서 논의했던 대로, FOBO는 풍요로 인한 고통이다. 선택지가 없다면 결정장애를 걱정할 필요가 없다. 우선은 그토록 많은 기회를 갖고 있는 자신이 행운아라는 것을 인식하는 것이 좋다. 모든 것을 수용할 수 없기 때문에 당신은 혼란에 빠지고 망설이지만, 그렇더라도 선택지가 많다는 것은 감사히 여길 일이다. 현실을 인정하면 죄

책감이나 후회를 느끼지 않고 좀 더 쉽게 필요하지 않은 것을 포기할 수 있다. 옷장을 정리하듯이 마음도 정리할 수 있다.

정리를 하는 동안 '설렘'을 위한 배경음악이 좀 필요하다면, 가수, 작곡가, 소셜 미디어 인플루언서이자 현대판 철학자로 활동하고 있는 아리아나 그란데에게서 영감을 얻을 수 있다. 대히트를 기록한 그녀의 노래 '고마워, 자 다음Thank U Next'이 그저 남자들과의 결별에 대한 것이라고 생각한다면 가사의 진짜 메시지를 놓친 것이다. 이 노래는 FOBO에 저항하는 궁극의 외침이다. 이 노래에서 그란데는 관계를 끝낼 때마다 교훈을 얻고 결국 가장 중요한 것은 자신이라는 것을 깨닫게 된다고 설명한다. 비속어를 섞어 전 남친들에게 정말 고맙다고 여섯 번이나 외치는 노래치고는 메시지가 놀랄 만큼 심오하다. 결론에 이르기 위해서 대안을 줄여나가는 것은 대단히 좋은 전략이다. 선택지를 제거하려면 그것들을 하나씩 제거해 최종 승자를 택할 준비를 갖추어야 한다. 지난 후에 뒷말을 하거나 후회를 해서는 안 된다. 앞으로 나아가야 한다.

야엘 멜라메드는 여러 선택지 가운데에서 선택을 해야 할 때 사용하는 나름의 전략을 갖고 있다. 그녀는 선택지가 '충분히 좋은지'를 고민하기보다는 '충분히 좋은 점이 있는지'를 생각한다. 그녀는 각각의 결정을 더 이상 추상적이고 이상적인 목표와 비교해 평가하지 않고, 각각의 대안을 장점으로 평가한 후 진행한다. 선택지에서 부정적인 것보다 긍정적인 특성에 집중하면, 최종 결정에 더 만족하게 될 가능성이 높다.

곤도 마리에, 아리아나 그란데, 야엘 멜라메드의 전략이 긍정적 생각의 단초를 제공하는 것은 맞지만, 모든 가능성을 샅샅이 살펴서 일부를 버리는 일은 그렇게 간단하지 않다. 정보가 비대칭적일 때는 계산이 어려울 수 있고 결정의 기반이 되는 정보를 수집하기도 힘들다. 게다가 정보가 항상 명확한 것만은 아니다. 미래에 어떤 일이 일어날지는 예측할 수 없기 때문이다. 더구나 FOBO가 있는 사람은 이미 분석 마비의 경향이 있다.

판돈이 큰 결정에 관한 한 쉬운 해답이나 특효약은 없다. 따라서 안전장치를 철저히 마련하고 정면으로 맞서야 한다. 그러기 위해서는 몇 분이 아닌 몇 시간 또는 며칠이 걸릴 수 있다는 사실을 받아들여야 한다. FOBO의 성격을 고려하면, 결과뿐만 아니라 과정도 매우 중요하다는 것을 기억해야 한다. 명확한 전략을 만들어내는 데 에너지와 시간을 투자하면 효율을 상승시켜 큰 이익을 얻을 수 있다. 동일한 일련의 단계를 여러 번 이용할 수 있으며, 한 번 익혀 둔 기술은 그 접근법을 계속 다듬어 발전시킬 수 있다.

결단력을 갖추는 과정

선택 가치와 관련해 사고방식을 바꾸는 방법을 알게 된 당신은 이 방법을 판돈이 큰 결정에 적용할 준비를 갖췄다. FOBO를 극복하는 데는 연습이 필요하다. 경험을 쌓다 보면, 과거에는 벅차게 느껴졌을 문제들이 갑자기 해결 가능한 문제로 보일 것이다. 복잡한 고속도로에서 차들의 행렬에 끼어드는 것과 비슷하다. 처음에는 다른 사람들이 최첨단 전기차를 타고 질주하는 동안 자신만 스쿠터를 운전하는 것처럼 당황스럽게 느껴질 수 있다. 실수를 하거나 잘못된 선택을 할 가능성이 대단히 높다. 그러나 점차 경험이 쌓이면 두 가지일이 일어난다. 첫째, 현명한 결정을 내릴 준비가 된다. 스쿠터를 더좋은 것으로 바꾸고 언젠가는 고대하던 아우디 전기차(그들이 정신을차린다면)도 몰 수 있을 것이다. 둘째, 모든 것에서 두려움을 덜 느끼기 시작한다. 경주용 자동차처럼 보였던 주변의 차들이 10년 후에는미니 자동차처럼 보일 수도 있다. 인생의 많은 도전과 그것을 스스로 해결할 수 있는 능력 사이의 격차가 더 이상 장애가 되지 않을 정도로 줄어들게 된다. 경험이 큰 차이를 만드는 것이다.

판돈이 큰 결정에서는 경험 곡선을 어떻게 끌어올릴 수 있을까?앞에서는 주어진 기회를 활용할 것인지 결정하기 위해 실사를 하는방법을 배웠다. 여기에서도 이 방법을 사용해 결정장애를 극복할 수있다. 단 이번에는 다른 관점에서 분석에 접근한다. FOMO처럼 하나의 선택지나 기회가 당신의 기준에 부합하는지 판단해서는 안 된다. FOBO가 있을 때는 다룰 수 있는 것보다 선택지가 많은 것이 문제다. 그러므로 그들 중 하나를 선택할 능력이 있다면(즉, FOMO를 극복했다면), 이제는 그들을 하나로 줄여가는 과정에 참여해야 한다. 앞서배웠던 동일한 원칙을 따르되, 몇 가지 새로운 규칙을 더해야 한다.

판돈이 큰 결정에서의 FOBO 극복

열린 마음을 유지한다: 시작도 하기 전에 특정 결과에 마음을 주는 일이 있어서는 안 된다. 그렇게 하면 기회 목록에서 대안들을 제거하기가 어려워진다.

중요한 것이 무엇인지 안다: 당신이 달성하려는 것이 무엇이며 수용할 수 있는 결과는 무엇인지 판단한다. 결과와 관련된 특성과 기준을 목록으로 작성한다.

감정이 아닌 사실에 의지한다: 결정을 내리기 전에 필요한 모든 정보를 취합한다.

정보는 다양한 정보원을 통해 수집한다: 단절된 상태에서 결정을 내리지 않는다. 주변 사람들에게 조언을 구한다.

최악을 버리는 것이 아니라 최선을 택하고 있는 것임을 명심한다: 모든 선택지가 수용 가능하다는 판단을 하면, 의사 결정은 그 가운데에서 최선의 선택지를 정하는 일이 된다. 선택지를 제거하고 포기한 기회와 작별하는 것은 FOBO가 있는 사람에게 대단히 어려운 일이다. 따라서 항상 당신이 현명한 선택을 하고 있다는 확신을 강화하는 방향에 결정을 맞추어야 한다.

이와 같은 기본 원칙을 내면화하면 의사 결정 과정을 진행할 수 있다.

1단계: 질문을 만든다

FOMO에서처럼 FOBO를 가져다주는 것이 무엇인지 요약하는 질문을 만드는 것이 우선이다. 이것은 이후 의사 결정 과정의 틀을 정하는 데 꼭 필요한 작업이다. 당신의 목표는 앞으로의 결정을 명료하고 간결하게 서술하는 것이다. "네 대의 차 중 어떤 것을 사야 할까?" "여덟 명의 지원자 중 누구를 고용해야 할까?"

2단계: 결정의 틀을 만드는 기준을 설정한다

주어진 기회가 당신의 기준에 맞는지 판단할 수 있는 선을 정해야 한다. 결과를 극대화하려는 노력에는 아무 문제도 없다는 점을 기억하라. 단, 장점을 근거로 결정을 내릴 수 있어야 하기 때문에 당신에게 중요한 것이 무엇인지 판단해야 한다. 따라서 지나치게 넓은 기준을 설정해 분석 마비의 위험을 감수할 경우 과정이 불필요하게 복잡해진다. 결정의 근거가 되는 기준이 5~10개 이상이 되면 일이 어려워지므로 목록을 줄여야 한다.

3단계: 정보를 모은다

실사를 하면서 정보를 모아 가능한 선택지에 대한 당신의 생각이 정확한지 확인한다. 사실과 정보에 의지해서 정보 비대칭성을 줄여나가면 각각의 잠재적 결정에 '충분히 좋은 점'이 있다는 확신을 얻게 된다. 기본적인 기준에 맞지 않는 것이 있다면 고려의 대상에서 영구적으로 제거하라.

4단계 : 선두주자를 선정한다

이제 당신은 자신의 직관을 믿고 남은 대안들 중에 선두주자 후보를 찾을 수 있다. 모든 선택이 수용 가능하기 때문에 가장 마음에 드는 것을 찾는 일에 확신이 생겼을 것이다. 직감을 믿고 당신에게 가장 유리할 것이라고 생각되는, 가장 관심이 가는 대안 하나를 선택한다. 이것이 당신의 '최선의 선택지'가 된다. 직관이 완벽하지 않더라도 손해는 없다. 나머지 선택지들 모두 '좋은 점'이 있기 때문에 당신은 어떤 것을 선택하든 자신의 기준에 부합하리란 확신을 가질 수 있다.

5단계 : 하위 선택지를 체계적으로 제거한다

이후 각 후보를 선두주자와 비교한다. 어떤 선택이 선두주자보다 '더 나은 선택'이 아니라면, 당신은 곤도 마리에의 방법을 사용하여, "고마워, 자 다음"이라고 말하고, 고려의 대상에서 제거할 수 있다. 이 과정을 계속 진행하여 목록을 간결하게 정리해나간다. 이 과정은 융통성이 발휘되는 구간이다. 어느 시점에든 최선의 선택지를 대체할 수 있는 것이다. 선두주자의 위치는 영구적이지 않다. 교체가 결정되면 과거의 선두주자 역시 제거된다. 첫 번째 선택과 예비 선택지 두 가지만 남을 때까지 이 과정을 반복한다. 어떤 이유에서 첫 번째 선택을 더 이상 사용할 수 없게 되면 예비책으로 돌아가면 된다.

이 모든 과정에서 반드시 고수해야 할 중요하고 절대 양보할 수 없는 원칙이 있다. 버려진 대안은 뒤돌아보지 말고 그에 대해 두려움을 갖지도 말아야 한다는 것이다. 버려진 대안을 계속 뒤돌아보면 FOBO에 빠질 위험이 있다. 따라서 어떤 대가를 치르더라도 이 유혹을 떨쳐내야 한다.

6단계: 적는다

선택의 근거를 기록한다. 생각을 종이에 적는 것은 논리를 충분히 깊게 생각하고 포괄적으로 검토하는 데 도움이 된다. 근거를 적으면서 선택지에 순위를 매기고 싶은 유혹을 이겨내야 한다. 대신 각 선택지를 개별적으로 고려한 후 고유한 장점을 근거로 목록에 남기거나 삭제해야 한다. 선택지에 순위를 매기기 시작하는 순간, 평가는 복잡해지고 FOBO를 다시 자극할 위험에 처한다.

여전히 수렁에 빠져 있다면?

선택지를 몇 개로 축소할 수 없거나 최종 선택지 2개를 정할 수 없는 경우에는 도움이 필요하다. 벤처캐피털에는 투자 결정마다 심사하고, 조사를 하고, 까다로운 질문을 통해 정보를 얻은 뒤 투자를 승인하거나 거부하는 투자위원회가 있다. 정보에 정통하고 가장 이득을 많이 얻을 수 있는 방향을 찾을 수 있는 사람들에게 객관적인 의견을 구함으로써 한 방향으로 정하기 전에 최종적인 평가를 내릴 수 있다. 이러한 집단을 만들 때는 다양성에 비중을 두어 여러 가지 의

견과 아이디어를 얻을 수 있도록 해야 한다. 그러나 불필요한 복잡성을 피하기 위해 위원회는 5명 이하로 제한한다. 또한 조언자의 숫자는 홀수로 하는 것이 좋다. 투표로 갈 경우 동점으로 마무리되지 않고 승자가 반드시 결정되도록 말이다.

외부인의 판단에 의존하면 걸려 있는 판돈과 관계없이 마음의 평화를 얻을 수 있다. 지금의 문제는 FOBO이기 때문에 당신은 지금 수용 가능한 여러 결과 중에서 선택을 하고 있는 것이다. 이를 알고 지금까지 노력을 해왔지만 남은 선택지들 사이에 큰 차이가 없어 수렁에 빠지게 되는 경우가 있다. 결정을 내려야 할 시점인데도 할 수 없다면 도움을 요청해야 한다. 도움을 청하는 과정에서 어떻게 최종 선택지에 도달하게 되었는지 설명할 기회가 주어진다. 설명을 하다 보면 문제에 대해서 다시 검토하고 심지어는 생각을 바꾸게 하는 질문에 직면할 수도 있다. 당연한 일이다. 단 새로운 정보 역시 원래 기준에 따라 평가해야 한다. 새로운 정보가 추가되면서 미루기와 행동 지연이란 결과를 낳을 수도 있기 때문이다.

결정을 내렸다고 해서 당신이 할 일이 끝난 것은 아니다. 벤처 투자가에게 결정을 미화하는 일이 금물이듯이, 당신도 마찬가지다. 결정을 내리고 나면 예상치 못한 일들이 벌어진다. 행동의 결과에 주의를 기울이고 그것을 처리할 준비를 갖추어야 한다. 사실 투자자들은 매년 자신의 포트폴리오를 돌아보고 각 회사의 성과를 투자의 시점에서 예상했던 결과와 비교한다. 당신도 때때로 자신의 결정을 다시 검토하고 교훈을 얻어야 한다. 잘한 일은 무엇이고 잘못한 일은 무엇인가? 누가 가장 좋은 조언을 해주었고, 누가 당신을 잘못된 길로 이끌었는가? 다른 방법은 없었던 것인가?

의사 결정을 할 때 당신이 선택한 것이 틀렸던 것으로 밝혀질 수 있다는 점을 받아들여야 한다. 투자와 마찬가지로, 의사 결정에도 위험이 따르기 마련이다. 따라서 자신의 안티-포트폴리오를 만들고 나쁜 의사 결정과 실수에서 교훈을 얻어야 한다. 또한 오늘은 옳은 결정이었더라도 1년 뒤에는 잘못된 결정이 될 수도 있다는 점을 인정해야 한다. 길을 잘못 들었더라도 결단력이 있다면 지금까지 배운 전략을 이용해 교착 상태를 헤쳐나가거나 새로운 방향으로 나아가는 도전을 할 수 있다.

이제 집중력과 확신을 가지고 결정을 내릴 수 있는 도구가 생겼으니 FO를 극복하는 길에 들어선 셈이다. 하지만 큰 진척이 있다 해도 경계를 늦춰서는 안 된다. 세상을 살아가다 보면 당신의 신경을 자극하는 많은 것들(대부분 기술적인 것들)이 당신을 유혹하고 위태롭게 할 것이다. 다음 장에서는 당신을 자극하는 소음을 차단하고, 중요한 것에 집중하며, 나머지를 놓치는 일에 도움이 되는 전략을 알아볼 것이다.

12장

나머지는 놓친다

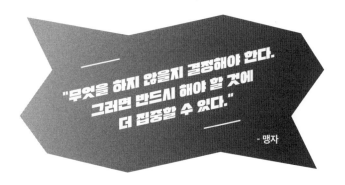

"무엇을 하지 않을지 결정해야 한다. 그러면 반드시 해야 할 것에 더 집중할 수 있다."

- 맹자

실제로 무엇을 원하는지 파악하고 나면, 일의 다음 단계가 시작된다. 선택지를 정하는 데 필요한 모든 것을 배운 당신은 상당히 기분이 좋을 것이다. '해냈어. 나도 결단력이 있다고!'라며 환호할지도 모르겠다. 하지만 나는 진심 어린 축하가 아닌 경고를 할 생각이다. 당신은 아직 고비를 다 넘기지 못했다. 세상은 당신이 알고 있는 모든 것이 잘못되었다고 설득하기 위해 끊임없이 음모를 꾸미고 있기 때문이다. 의식적이든 무의식적이든, 매일같이 우선사항에서 주의를 돌리게 하는 광고, 게시물, 알림, 기사, 대화 등 다양한 정보의 맹공에 부딪힐 것이다.

이 글을 쓰고 있는 지금도 나는 뉴스를 살피고, 문자를 확인하고, 트위터를 훑어보고, 화면에 나타난 왓츠앱 메시지에 답을 하고 싶은 유혹과 싸우고 있다. 책을 읽고 있는 당신 역시 공격을 받고 있을 것이다. 물론 유혹에 굴복하고 잠시 휴식을 취함으로써 새로운 것을 배우거나, 새로운 관심사를 일깨우거나, 미래의 행동을 고무시키는 것도 불가능한 일은 아니다. 하지만 대부분은 FO가 자극받는 결과로 끝이 난다. 확실하고 합리적으로 보였던 결정이 갑자기 성급했던 것은 아닌지 의심된다. 선택지들을 한 번 더 살펴야 하는 것이 아닐까? 최선의 노력을 다했음에도 불구하고, 결정장애가 직관을 흐리면서 당신은 명확성을 얻기 위한 싸움에 다시 끌려간다.

원하는 것을 선택했다면, 나머지는 놓칠 방법을 찾아야 한다. 이는 FOMO와 FOBO를 정복하려는 노력을 끊임없이 방해하는 세상에서 성공하기 위해 꼭 필요한 예방약이다. 놓치는 법을 배우면 중요한 것에 집중할 수 있다. 성공하기 위해 소음을 차단할 수 있는 행동에는 두 가지 유형이 있다. 행동의 변화와 기술 활용이다. 이 두 가지 모두 전적으로 사용자가 제어할 수 있는 것들이므로 집중을 유지하는 데 도움을 줄 것이다.

1. **행동에 관리 가능한 변화를 준다**: 결정된 행동 방향을 고수하는 데 방해가 되는 일상적인 장애물은 제거해야 한다. 이는 끊임없이 제공되는 정

보, 참조 불안, 과도한 선택지, 자기도취 등 길을 잃게 만드는 모든 요소들을 관리해야 한다는 뜻이다. 그렇게 하기 위해서는 행동과 사고방식에 실용적인 변화를 주어서 과거와는 다르게 생각하고 움직일 수 있게 해야 한다. 이때 지속불가능하거나 실용적이지 않은 전략을 추구할 필요는 없다. 이 책에서 제안된 모든 방법은 우리가 디지털 세계에 살고 있으며 성공을 위해서는 기술을 배제하기보다는 관리해야 한다는 사실을 인정한다.

2. **기술을 활용한다**: 기술을 사용하는 방법에 대해서도 신중하게 생각해야 한다. 경우에 따라 기술이 만들어내는 소음을 없애거나 줄일 수도 있다. 예를 들어, 침실에서 전자 기기를 모두 없애거나, 기기에서 특정 앱을 제거하거나, 기기에 방해를 받지 않는 시간을 정하는 것이다. 시간을 더 소중하게 쓰거나 다른 목적을 달성하는 데 디지털 도구를 이용할 수도 있다. 명상 앱에서 디지털 건강 도구에 이르기까지 의식을 강화하고, 집중력을 되찾게 해주는 수많은 새로운 기술과 응용 프로그램들이 있다. 이러한 선택지와 전략들은 유혹이 넘치는 세상을 헤쳐나가는 동안 집중력을 잃지 않게 도와줄 것이다.

의식을 차지하기 위한 대전투

＼

기술이 FOMO와 FOBO를 자극하고 지속시킨다는 데는 의문의 여지가 없다. 지속적인 연결성, 인터넷이 주도하는 과도한 양의 정보와 소셜 미디어는 우리가 삶을 사는 방식, 일을 하는 방식, 동료 포모 사피엔스 및 포보 사피엔스와 관계를 맺는 방식을 바꿔 놓았다. 결정을 내리고 행동 방침에 전념하기로 마음먹더라도, 자극들이 사라지는 것은 아니다. 많은 요인들이 당신이 놓쳤을 모든 것을 상기시켜줄 뿐만 아니라 더 나은 것처럼 보이는 다양한 선택지를 제공한다. 이 같은 변화를 가져온 것은 인터넷의 발달이지만, 책임의 대부분은 기업에 있다. 온라인 세상 탐색법을 결정하는 상품을 내놓는 기업 말이다. 기업의 힘과 영향력, 가치가 커지고 있다는 것은 부정할 수 없는 사실이다. 애플, 알파벳(구글의 모기업), 아마존, 텐센트, 페이스북은 현재 시장 가치가 세계에서 가장 높은 10대 기업의 자리를 차지하고 있다.[1] 그들을 그 자리에 이르게 한 비즈니스 모델은 인간의 심리를 이용하는 기술을 만들어 관심을 독점한 뒤 그것을 광고주들에게 판매하는 것이다!

이 기업들은 우리의 일상과 의식에 천천히 스며들어 점차 그것 없이는 살 수 없게 만드는 제품을 내놓는 능력을 기반으로 성공을 이루었다. 휴대전화에 있는 알람 기능은 일종의 트로이의 목마다. 사람들은 알람 기능을 이용하기 위해 침실에 휴대전화를 가지고 들어간다. 침실에 휴대전화가 있다 보니, 사람들은 한밤중에도 이메일이나 뉴스, 문자 등을 확인한다. 이런 특징을 습관성이라고 불러도 좋고 중독성이라고 불러도 좋다. 이름이야 어떻든 문제는 부적절하게 많은 시간을 휴대전화에 빼앗긴다는 점이다.

인터넷 초기에는 대부분의 사람들이 새롭고, 멋지고, 거의 '무료'로 제공되는 기능에 마음을 빼앗긴 나머지 장기적인 영향까지는 미처 생각하지 못했다. 디지털 도구들은 마법과 같은 일을 한다. 휴대전화를 갖고 있는 모든 사람이 선택이 풍부한 환경에 살고 있다는 느낌을 받게 만드는 것이다. 최근에 들어 상황이 바뀌기 시작했다. 사람들은 휴대기기에 얽매어 신체적·정신적·정서적으로 대가를 치르고 있다는 것을 깨닫게 되었다.

2018년 5월 순다르 피차이 구글 최고경영자는 구글 I/O 기조연설에서 앞으로 구글은 자사 제품군에 '디지털 웰빙'을 적용할 것이라고 발표했다.[2] 그는 다음과 같이 말하면서 구글이 집단적 FOMO를 부추긴다는 의견에 반박했다.

자체적인 연구를 통해 사람들이 기기에 얽매여 있다고 느낀다는 점을 우리 역시 알고 있습니다. 무슨 일에든 즉각적인 대응이 필요하다는 사회적 압력이 증가하고 있습니다. 사람들은 세상의 모든 정보를 최신의 상태로 유지하길 갈망합니다. 사람들은 FOMO, 놓치는 것에 대한 두려움을 갖고 있습니다. 우리는 그 부분에서 우리가 더 나은 일을 할 수 있는 기회가 있다고 생각합니다.

이후 피차이는 구글의 모든 플랫폼을 아우르게 될 새로운 사고방식을 발표했다. 여기에는 온라인 사용 시간을 모니터링하고, 행동을 분석하고, 습관을 파악하는 데 도움을 주고, 전원을 끌 수 있는 도구가 포함된다. 몇 주 후, 애플은 향상된 방해 금지, 알림 변경, 기기 사용 시간 보고 등 디지털 건강 기능들을 발표했다. 이 도구들은 FOMO를 해결하는 데 초점을 맞추고 있지만, 기술은 FOBO를 부추기는 측면에서도 중요한 역할을 한다. 결국 압도적인 정보와 풍부한 선택권은 대다수 기술 기업이 가진 비즈니스 모델의 핵심이며 그것은 FOBO의 가장 강력한 동인이기도 한 것이다. 아직 구글과 애플이 FOBO에 대해 언급하지 않았지만, 앞으로는 이들이 FOBO에 대해서도 언급하기를 기대해본다.

기기와 사람 사이의 상호작용을 관리하는 도구를 제공하기로 결정했으나, 애플과 구글은 여전히 중독적인 디지털 제품을 만들고 있다. 페이스북, 핀터레스트, 링크드인을 비롯해 갖가지 형태의 회사들이 당신의 뇌를 조금씩(또는 많이) 차지하려고 한다. 당신은 주의력을 잃지 않고 이 전쟁에서 무사히 탈출하기를 바라겠지만, 이 회사들도 역시 당신이 제품에 마음을 빼앗기도록 하기 위해 부단한 노력을 하고 있다. 그들에게는 저항을 약화시키고 당신의 더 많은 부분을 차지하도록 설계된 인공지능, 예측 분석, 바이러스성 마케팅이라는 도구들이 있다. 당신은 칼을 들고 있는데 그들은 총을 들고 오는 셈이다. 승산이 없는 싸움이다.

이 회사들은 자신들이 무슨 일을 하고 있는지 정확히 알고 있다. 그렇기 때문에 이러한 제품을 디자인하는 사람들 역시 자기 가족이 스마트폰에 너무 많이 노출되지는 않을지 걱정한다. 예를 들어, 기술 기업의 임원들이 자녀들에게 점점 더 엄격한 스마트 기기 사용

제한 규칙을 적용하고 있다고 한다. 그에 따라 보모들에게도 아이들 주변에서 기기 사용을 금지하는 엄격한 계약을 요구하고 있다.[3] 실리콘밸리에는 보모들을 감시하는 자칭 기술 자경단이 등장할 정도로 상황이 심각하다. 이들은 공공장소에서 보모들이 전자 기기를 사용하는 사진을 찍어 지역 육아 게시판에 올린다. 이렇게 과열된 상황은 실리콘밸리가 자기들이 만드는 제품에 대해 어떻게 생각하는지 보여준다. 요리사가 자신이 만든 요리를 먹지 않는다면 그 식당에 가는 것이 현명한 판단일까?

소셜 미디어와 지나치게 많은 정보의 부정적 영향이 명확하게 드러나면서, 업계 리더들 사이에서 연결성을 유지하는 방법에 대한 재검토가 시급하다는 비판의 목소리가 나오기 시작했다. 다보스에서 열린 2018 세계경제포럼에서 마크 베니오프 세일즈포스 최고경영자는 정부가 소셜 미디어 플랫폼을 "담배업계를 규제했던 것과 똑같은 방식으로 규제해야 한다"라고 말했을 정도다.[4] 물론 기업이 자진해서 경계에 나서는 것은 구체적인 목표와 인센티브를 염두에 두고 있기 때문일 것이다. 기업의 의도를 긍정적으로 해석하자면, 향후 이들의 경쟁 우위가 소비자의 건강과 복지를 얼마나 효과적으로 지원하는가에 달려 있기 때문일 것이다. 반대로 부정적으로 해석해보자면 디지털 웰빙을 브랜딩 도구로 활용하는 방법이라고 볼 수도 있다.

기술이 일상생활에 미치는 힘을 보고 싶다면 디지털 영향 평가를 이용해보라. 당신의 관심을 끌기 위해 경쟁하는 세력들에게 당신이 얼마나 매여 있는지 쉽게 파악할 수 있을 것이다. 온라인 및 기기를 이용하는 시간을 추적하는 데 도움이 되는 다양한 앱 또는 디지털 웰니스 기능(애플 및 안드로이드 제품에 포함된 기능)이 있으므로 그중 하나를 이용하면 된다.

당신의 의식을 차지하기 위한 전투에서 누가 이기고 있는가?

다음의 질문 각각에 대해 생각해보고 답을 적어보자.

인터넷과 소셜 미디어 이용

1. 하루에 몇 시간 정도 온라인에 접속해 있는가?

2. 하루에 몇 시간 정도 소셜 미디어 사이트를 이용하는가?

3. 다음 사이트를 하루 몇 번이나 확인하는가? 그곳에서 얼마나 많은 시간을 보내는가?

왓츠앱

페이스북

인스타그램

트위터

링크드인

스냅챗

유튜브

위키피디아

구글 기타 검색 엔진

아마존

레딧

넷플릭스

뉴스사이트(《뉴욕타임스》, 〈CNN〉, 〈야후! 뉴스〉, 〈허핑턴포스트〉, 〈구글〉, 〈폭스 뉴스〉)

기타 (게임, 데이트 앱, 팟캐스트, 음악 스트리밍 등)

4. 소셜 미디어 사이트에 얼마나 자주 게시글을 올리는가?

5. 당신이나 다른 사람들이 소셜 미디어 게시글에 얼마나 많은 "좋아요"를 받는지 추적하는가?

6. 받은 "좋아요"의 수를 기반으로 게시글의 질을 판단하는가?

디지털과 정보 과잉

1. 하루에 몇 번이나 TV나 인터넷에서 속보를 확인하는가?

2. 이메일을 얼마나 자주 확인하는가?

3. 새로운 메시지나 이메일을 받았을 때 알림이 울리게 설정해놓는가?

4. 알림을 받으면 즉각 대응하는가?

5. 마지막으로 이메일이나 SNS를 확인하지 않고 12시간 이상을 보낸 때는 언제인가?

6. 디지털 기기와 분리되어 있으면 스트레스를 받는가?

7. 이메일, 메시지, 소셜 미디어 계정을 확인할 때 안도감을 느끼는가?

8. 줄을 서 있을 때나 사람을 기다릴 때, 온라인에 접속해 시간을 보내는가?

디지털 기기와의 관계

1. 하루에 디지털 기기와 보내는 시간은 얼마나 되는가?

2. 하루에 몇 번이나 디지털 기기를 집어드는가?

3. 잠을 잘 때 스마트폰을 침대 근처에 두는가?

4. 아침에 일어나자마자 스마트폰을 확인하는가?

5. 잠들기 직전에 스마트폰을 확인하는가?

6. TV를 보면서 종종 웹서핑을 하거나 소셜 미디어 앱을 사용하는가?

7. 회의 중이나 식사 중에 스마트폰을 탁자 위에 두는가?

8. 대화 중에 스마트폰을 확인하는가?

9. 화상회의 중에 온라인 상태에 있기 때문에 주의를 빼앗기는 경우가 많은가?

10. 가족이나 친구가 당신이 스마트폰에 지나치게 많은 시간을 할애한다고 불평하는가?

이 질문들에는 '정답'이나 '오답'이 존재하지 않는다. 직업이 무엇이고 인생의 어떤 시기에 있는지에 따라 인터넷이나 디지털 기기를 많이 사용할 수도 그렇지 않을 수도 있다. 하지만 하루를 어떻게 보내든 관계없이 디지털 기기가 당신의 하루를 어떻게 만들어가는지에 주의를 기울여야 할 필요는 있다. 결과를 보고 자신에 대한 새로운 발견에 놀라거나 불안하거나 우울해졌는가? 당신만 그런 것이 아니다. 스마트폰 중독은 대단히 널리 퍼져 있는 현상이다. 젊은 사용자들 사이에서는 특히 더 그렇다. 애플의 주요 투자사가 이 위험을 해결하기 위한(또한 디지털 건강 추진에 도움이 될) 조치를 요구하는 공문을 낼 정도다.

물론 기술이 '나쁘다'는 것은 아니다. 인터넷, 특히 소셜 미디어는 당신의 삶과 사회에 매우 가치 있는 기여를 많이 하고 있다. 이 같은 제품들 덕분에 당신은 친구들과 연락을 유지하고, 새로운 사람들을 만나고, 애인을 찾고, 혁신을 촉발하고, 그것이 아니었다면 미디어의 관심을 절대 얻을 수 없었을 중요한 문제들을 인식할 수 있었다. 하지만 새로운 소식을 찾아다니든, 이어폰을 꽂고 몇 시간을 보내든, 하루 종일 휴대전화에 코를 박고 있든, 결국 스마트 기기는 정신을 산만하게 만들어 당신의 삶을 장악하고 결단력을 얻기 위한 모든 노력을 약화시킨다. 그 과정에서 현재를 살고, 순간을 즐기고, 주변의 세상과 교류하는 일을 방해한다. 당신은 가족, 친구 그리고 당신이 일상적으로 마주치는 모든 사람들에게서 점점 더 고립되어 간다. 무엇보다 당신은 자신에게 그리고 자신의 인생에서 실제로 하고 싶은 것에 관심을 두지 않게 된다.

기술을 제자리에

스마트 기기에 주의를 빼앗기고 스트레스를 받은 사람들은 명상, 요가 수업, 스마트 기기 사용을 모니터링하고 제한하는 앱 등을 통해

답을 찾고 있다. 그들은 곧 여러 기술 기업들이 만드는 디지털 건강 이니셔티브를 시험하기 위한 첫 카나리아 세대가 될 것이다. 10억 달러 규모 산업으로 발전한 마음챙김은 앞으로 계속 성장할 것이다.[5] 전쟁은 이제 겨우 시작 단계일 뿐이다. 이 전쟁은 기술과 돈, 현재 우리의 연결성이 밟고 있는 궤적이 지속불가능하다는 집단적인 깨달음을 연료로 장기적인 접전으로 이어질 것이다.

디지털 건강 이니셔티브를 통해 스크린타임과 관련된 문제를 해결하는 것은 얼마간의 자율성을 회복하는 적절한 첫 단계이긴 하다. 하지만 결국 일회용 반창고에 지나지 않는다. 앱을 통해 어느 정도 디지털 중독에서 벗어날 수는 있겠지만 어쨌든 스마트폰을 들고 사용해야 한다. 현대 사회에서 살고 있는 사람이라면 기술을 삶에서 완전히 제거하는 것은 매우 어려운 일이다. 따라서 적절한 균형을 찾아야 한다.

스마트 기기와 기기에서 실행되는 모든 프로그램 및 앱과의 관계를 재고하고 재구성하면 긍정적인 변화를 경험할 수 있다. 〈FOMO는 이제 그만: 소셜 미디어의 제한이 외로움과 우울증을 감소시킨다〉라는 논문에서 펜실베이니아대학교 연구진은 페이스북, 스냅챗, 인스타그램 같은 소셜 미디어 사이트 이용을 줄인 대학생들에게서 FOMO나 불안, 우울, 외로움을 느끼는 비율이 낮아진다고 밝혔다. 이 연구를 기획한 연구자는 어느 정도 제한을 두되 학생들이 소셜 미디어를 계속 이용하도록 했다. 완벽하게 중독에서 벗어난다는 것은 '비현실적인 목표'라고 생각했기 때문이다.[6]

FO를 촉진하는 기술의 역할을 제한하려면 현실적이 되어야 한다. 목표는 중단이 아닌 통제다. 이 과정을 효과적으로 만드는 방법 중 한 가지는 기술 제한을 식이요법처럼 생각하는 것이다. 건강과 멋진 외모를 갖기 위해서는 간식을 제한해야 한다. 마찬가지로 정신적으로 건강하고 삶에 대한 통제력을 유지하려면 디지털 간식도 피해야 한다. 이메일, 문자 메시지, 소셜 미디어, 알림 등 스마트폰에 있는 간식거리를 하루 종일 섭취한다면 정신적으로 건강해질 수 없다. 하지만 간식을 하루에 몇 번 정도로 제한한다면 완전히 간식을 끊어버리는 근본적으로 불가능한 목표로 스트레스를 받지 않고도 정신적인 건강을 유지할 수 있다. 여기에는 알림 비활성화, 스크린 타임 추적, 업무나 사회 활동에 집중하기 위해 스마트 기기와 멀어지는 시간을 갖는 것 등의 작지만 중요한 단계를 실천에 옮기는 것들이 포함된다. 끊임없는 방해로부터 어느 정도 자유로워지면 (건강 식단에서 정크 푸드를 제외할 때처럼) 기분이 훨씬 좋아진다는 점을 깨닫게 될 것이다.

인생에 지체 없이 바로 주의를 기울여야 하는 문제란 거의 없다는 점도 발견하게 될 것이다. 알림을 차단하고 '상시 접속' 모드에서 분리되면 중요한 것을 놓칠지 모른다고 걱정하는 것도 이해는 간다. 물론 인생을 바꾸는 전화나 세상이 뒤집히는 소식을 놓칠 위험이 있긴 하다. 그 정도로 위험한 상황이 발생할 가능성은 매우 낮지만 그럴 수도 있다는 생각은 심리적인 압박감을 준다. 우리는 여행을 나섰다가 몸을 다칠 수도 있고, 회사에 가다가 강도를 당하거나 벼락을 맞을 수도 있다. 그러나 사람들은 그 모든 위험에도 불구하고 문을 열고 세상으로 나간다. 언제 닥칠지 모른 위험은 자유의 대가인 것이다. 기술도 마찬가지다. 스마트 기기로부터 통제력을 되찾을 때도 위험을 감수해야 한다. 급히 당신과 연락해야 할 사람이 있다면 기술 암흑기 때 조상들이 그랬던 것처럼 다른 방법을 찾을 것이다.

기술에 빼앗겼던 통제력을 돌려놓는다는 것은 단순히 이론적인 문제가 아니라 물리적인 세상에서 기술 및 기기와 어떻게 공존하느냐의 문제다. 아수리온이 최근 시행한 설문 조사에 따르면 전체 성인의 70퍼센트, 밀레니얼 세대의 88퍼센트가 스마트폰을 손 닿는 곳에 놓고 잠을 잔다고 한다.[7] 이런 결과를 들을 때면, 나는 어린 시절 이런 이야기를 들었다면 어떤 생각을 했을지 궁금해진다. 미래에는 대부분의 사람들이 컴퓨터를 하루 종일 손이 닿는 곳에 두고 산다는 이야기에 감탄했을까, 아니면 끔찍하다고 생각했을까? 예전에는 기술로부터 자유로웠던 장소(침실 같은)에까지 믿기 어려울 정도로 많은 기술이 침투했다. 이 상황을 그저 지켜보기만 해야 하는가?

〈허핑턴 포스트〉의 설립자인 아리아나 허핑턴은 개인적인 공간을 기술이 잠식하는 문제를 해결할 혁신적인 방법을 만들었다. 수면 과학 전문가이기도 한 허핑턴은 '번아웃이 성공을 위해 반드시 지불해야 하는 대가라는 착각'과 싸우는 회사 쓰라이브 글로벌Thrive Global의 창립자이다. 그녀의 강연을 들어보았다면 기술 중독과 수면 장애를 똑똑한 제품 하나로 해결했다는 이야기도 들었을 것이다. 당신의 건강과 행복보다 기기를 우선하는 일이 없도록 하기 위해 그녀는 스마트폰 '침대'를 발명했다. 말 그대로 스마트폰을 전용 침대에 눕히고 이불을 덮어주고 충전기와 연결한 뒤 작별 인사를 하는 것이다. 다음날 아침 다시 만났을 때 당신과 스마트폰 모두 다시 충전이 되어 새로운 하루를 맞이할 준비가 되어 있도록 말이다. 나는 허핑턴의 의견에 전적으로 동의한다. 침실은 자유로운 공간이어야 한다. 이것은 오랫동안 나의 철칙이었다. 비록 나의 아이폰은 주방 선반 위에서 이불도 없이 널브러져 있지만 말이다.

디지털 마음챙김이냐 그냥 마음챙김이냐

ˋ

지난 몇 년 동안 디지털 웰빙과 디지털 마음챙김도 인기를 모았지만, 단순한 마음챙김의 인기 역시 높아졌다. 긍정적인 발전이다. 기술이 정신을 산만하게 하는 것은 맞지만, 사실 인간은 아주 오랜 옛날부터 FO와 씨름해왔다. 때문에 FO와의 싸움에서 우위를 점하려면 기술의 문제 그 이상을 다루어야 한다. 명상과 같은 마음챙김 실천법이 더 이상 소수의 취미생활이 아니게 된 것도 그런 이유에서다. 오늘날에는 헤드스페이스나 텐퍼센트해피어 같은 앱을 깔거나 오프라인 수업을 찾아가 쉽게 명상을 시도를 해볼 수 있다. 이제 막 마음챙김을 시작한 사람이라면, 이런 실천법들이 새롭게 생겨난 것이라거나 항상 접속 중인 사회에서 사는 부담을 반영해 진화한 것이라고 생각할지도 모르겠다. 그러나 명상은 2,500년이 넘는 긴 역사를 갖고 있다.

신경과학자이자 심리치료사인 마이클 로건Michel Rogan은 40년 이상 불교 명상을 실천해왔다. 세 가지 분야의 전문 지식을 바탕으로 그는 현대 심리학, 행동 신경과학, 고대 불교의 실천법 전반에 걸친 경력을 쌓아왔다. 붓다가 살아 있던 기원전 500년 이후로 지금까지 긴 세월이 흘렀지만 상황은 당신이 생각하는 것만큼 크게 바뀌지 않았다. 당시에도 사람들은 오늘날의 우리처럼 불안과 스트레스에 시달렸고 자극하는 유인들은 달랐지만 당시의 사람들도 FOMO와 FOBO를 느꼈다. 불교에는 이런 유형의 감정을 이르는 '두카dukkha'(편재적 불만)라는 단어까지 존재한다.[8]

FO를 다루는 심리적인 기술들이 많이 있지만, 로건은 그 중 가장 간단한 것은 마음챙김이라고 말한다. 실제로 현대 치료사들은 붓다와 그의 추종자들로부터 시작된 마음챙김을 치료법으로 받아들이고 있다. 마음챙김을 실천할 때는 의도적으로 물리적 실재에 주의를 기울인다. 당신이 앉아 있는 의자에 관심을 기울이고, 자신의 몸이 어떻게 느끼는지 알아차리고, 호흡할 때 느껴지는 감각을 관찰하고, 주위의 소리에 주목한다. 이런 식으로 주변으로 주의를 돌리는 과정은 중요한 일을 해낸다. 미래나 과거 또는 자신이 놓치고 있는 것에 대해 습관적으로 떠올리는 것을 막는 것이다. 또한 욕구나 필요, 불안감도 잊게 된다. 그 순간만을 생각하고 존재하게 되는 것이다.

그 순간에 존재한다는 것은 FOMO와 FOBO의 반대다. FO에 휩싸이면 바로 그 순간에 주변에서 일어나는 다른 모든 일들을 잊게 된다. 하늘이 파랗거나 밖이 춥다는 것을 잊고, 존재하는 것을 잊는다. 그래서 마음챙김이 효과적인 실천법이라는 것이다. 그 순간 자신이 느끼는 것(예를 들어 호흡)에 집중하면 미래를 생각하지 않게 된다. 5분 전에 들이마신 공기나 1시간 뒤에 마실 공기를 생각할 리는 없지 않은가. 호흡을 인식하고 있을 때는 그 순간에 온전히 존재한다는 것을 확신한다. 그 순간에는 그 감각만 느낄 수 있기 때문이다.

마음챙김의 경험을 통해 당신은 정신과 에너지의 방향을 정하는 방법을 선택할 수 있다는 것을 배우게 된다. 어제나 내일은 생각하지 않고 지금에 집중하고 싶다면 그렇게 할 수 있다. 하루 종일 정신을 차지하는 습관적인 초조함으로부터 휴식을 얻을 수 있다면 하루에 단 몇 분만이라도 좋다. 마음챙김을 더 많이 실천하면 원할 때마다 잠깐이나마 휴식을 누릴 수 있다는 것을 깨닫게 된다. 당신에게는 자신의 삶을 움직일 힘이 있고 무엇에 집중할 것인지 선택할 수 있다. 매일 마주하는 모든 함정들에서 벗어나 절실히 필요로 하던 휴식을 취할 수 있다. 그렇게 하기 위해서는 매일 시간을 내 실천을 지속하는 것이 중요하다. 이것은 새로운 유행 같은 것이 아니라 오랜 역사를 통해 증명되어온 최선의 관행이다.

마음챙김에 대해 들어는 봤지만, 오컬트나 유사과학 같은 것이라고 생각하지는 않았는가? 수정이나 터키석, 콤부차 같은 뉴에이지의 이미지를 떠올리고 마음챙김을 똑같이 취급해 무시해버리는 사람들이 많다. 하지만 오프라 윈프리나 마크 베니오프, 레이 달리오를 비롯한 많은 유명인들이나 사업가들이 스트레스를 줄이고, 정신을 맑게 하고, 더 큰 정서적 통제력을 발휘하기 위해 마음챙김 실천법을 사용하고 있음을 생각해보자. 명상과 마음챙김을 뉴에이지와 연관시키는 대신 어려운 시기에 최선을 이끌어내고 회복력을 유지하도록 도와줄 비책이라고 생각해보는 것은 어떨까?

마음챙김이 좋아 보여도 막상 실천하기는 어려운 법이다. 명상 자체는 그리 어렵지 않지만 그것을 우선적인 일로 만드는 것이 어렵다. 나만 해도 그렇다. 나는 앱을 다운받고, 강좌를 듣는 등 수년 동안 명상을 시도했다. 하지만 며칠씩 해보았을 뿐 습관이나 루틴으로 만들기가 어려웠다. 매일 명상하는 것을 기억하기에는 너무 바빴고 주의가 산만했다. 로건 박사에게 이런 불만을 털어놓자, 그는 마음챙김을 보는 방식을 다르게 해보라고 말해주었다. 그는 이 실천법을 생활에 통합시키는 최선의 방법은 마음챙김이 움직임 없이 바닥에 앉아 있는 형태를 취할 필요가 없다는 점을 기억하는 것이라고 이야기했다. 사람들은 보통 바닥에 가부좌를 틀고 앉아 문구를 암송하거나 태국으로 14일간 수련을 다녀와야만 제대로 마음챙김을 하는 것이라고 생각한다. 그것은 그야말로 착각이다. 많은 사람들이 샤워 중에 좋은 생각을 떠올리는 데는 그만한 이유가 있다. 샤워를 하는 짧은 시간 동안, 사람들은 자각하지는 못하지만 마음챙김의 상태에 있게 된다. 물이 쏟아지고 그것을 느낀다. 당신은 온전히 지금 이 순간에 존재하고 그 결과 좋은 일이 일어난다. 같은 맥락에서, 설거지를 하거나 강아지와 소파에 누워 있는 것 역시 그 순간에 온전히 존재하는 효과적인 방법이 될 수 있다.

마음챙김은 어려운 일이 아니라는 점을 기억하라. 어렵다고 생각하고 진전을 보기 위해 애를 써야 한다고 느낀다면 정작 중요한 것을 놓치고 있는 것이다. 당신의 목표는 정신에 휴식을 주는 것이지 정신이 열심히 일을 하게 만드는 것이 아니다. 힘들다고 느껴져도 걱정하지 말라. 대부분의 일들이 그렇듯이 마음챙김에도 연습이 필요하다. 차근차근 연습을 하면서 당신이 그 길을 가는 데 도움을 줄 수 있는 지침(강좌나 코치의 형태로)을 찾아보라.

마음챙김은 삶의 다른 중요한 부분과 연결되는 예상치 못한 형태를 취할 수도 있다. 앞서 언급했던 프레드릭 신부는 FOMO와 FOBO를 극복하는 열쇠는 사색과 명상, 성찰의 시간을 찾는 데 있다고 믿는다. 그를 비롯한 많은 사람들이 마음챙김을 위해 기도를 택한다. 운동이나 동네를 산책하는 것이나 음악을 듣는 것에도 같은 원리를 적용할 수 있다. 이런 활동을 할 때 중요한 점이 있다. 그 순간에 일어나고 있지만 평소에는 자각하지 못했던 것에 마음을 두어야 한다. 노래의 박자를 관찰하거나 걷거나 뛸 때 땅을 딛는 발을 느끼는 등의 형태가 될 수 있다.

기술의 도움을 받을 수도 있다. 나는 명상 연습을 시작하면서 두 개의 앱을 사용했고 그 앱들은 상당히 큰 도움이 되었다. 처음에 다운로드한 것은 인사이트타이머Insight Timer였다. 명상 시간을 측정할 수 있는 멋진(그리고 무료) 방법이다. 좋은 시작이긴 했지만 명상 연습을 며칠 이상 지속하기는 힘들었다. 보통은 여행 중이거나 주의를 산만하게 하는 일과 마주하지 않을 때나 명상을 계속할 수 있었다.

다행히 내 친구 에이제이 키쇼어도 똑같은 느낌을 받고 있었다. 자금을 조달하기 위해 동분서주하던 에이제이 역시 스트레스를 줄이고 FO에서 탈출할 방법을 찾고 있었다.

에이제이와 나는 다른 사람들과 취미를 공유하는 해빗쉐어Habit-share라는 앱을 사용하여 매일 하는 명상 실천을 서로에게 공개하기로 했다. 우리는 매일 앱에 들어가 각자 명상을 했는지 확인한다. 서로의 상태가 숨김없이 공유되기 때문에 한 명이 하루나 이틀쯤 명상을 하지 않으면 상대방이 바로 알게 된다. 파리 휴가 중 내가 며칠 동안 앱에 접속하지 않자 그는 "적포도주와 사람 구경으로는 대체할 수 없어"라는 문자를 보냈다. 때로는 창피를 주는 것이 효과가 있을 때가 있다. 나는 에이제이의 문자를 받고 남은 여행 동안 시간을 내서 명상을 했다. 약간의 기술로 강화된 작은 행동 변화 덕분에 나는 생애 처음으로 명상을 지속하면서 혜택을 보기 시작했다. 명상을 하기 위해 두 개의 앱을 사용하고 경쟁적 책임 시스템을 만들었다는 것이 아이러니하지 않은가? 하지만 명상을 루틴으로 만들기 위해 필요한 것이라면, 난 판단의 잣대를 들이밀지 않을 생각이다. 명상을 위해 사용한 앱들은 내 스마트폰에 있는 다른 앱들이 만들어낸 감염에 대한 항체 역할을 해주었다.

주제가 방대하기 때문에 여기에서 디지털 웰빙과 마음챙김을 완벽하게 탐구하는 것은 불가능하다. 다행히 이 주제에 대한 관심이 커지고 있기 때문에 이에 대해 더 배우고 싶다면 서점이나 온라인에서 좋은 자료를 많이 찾을 수 있을 것이다. 기술과의 관계를 탐색하고 놓칠 줄 아는 방법을 찾을 때라면 항상 다음의 기본 수칙을 따르도록 하라.

1. 목표는 중단이 아닌 통제다.
2. '상시 접속' 모드에서 자신을 해방시킬 방법을 찾는다.
3. 기술의 제자리를 찾는다.
4. 어떤 형태로든 마음챙김의 시간을 마련한다.

놓치는 것의 즐거움

﹨

2018년 구글 I/O의 기조연설에서 순다르 피차이는 FOMO의 해독제가 될 또 다른 네 문자 약어를 언급했다.

> 사람들은 세상의 모든 정보를 최신의 상태로 유지하길 갈망합니다. 사람들은 FOMO, 놓치는 것에 대한 두려움을 갖고 있습니다. 우리는 그 부분에서 우리가 더 나은 일을 할 수 있는 기회가 있다고 생각합니다. 우리는 사람들과 이에 대해 이야기를 나눠왔고 일부 사람들은 우리에게 JOMO Joy of Missing Out라는 개념을 소개해주었습니다. 놓치는 것의 즐거움이라는 말입니다. 따라서 우리는 디지털 웰빙으로 사용자들을 실제로 도울 수 있다고 생각합니다.[9]

JOMO는 유명 블로거이자 기업가인 아닐 대쉬^{Anil Dash}가 만든 말이다. 그는 "나이가 먹고 나처럼 지루함을 흐뭇하게 느낄 수 있게 되면, 세상 그 어디를 가는 것보다 아이와 목욕을 하고 잠을 자기 위해 집에 머무르는 것을 즐기게 된다"라는 통찰을 통해 JOMO라는 개념을 발견했다.[10] 그때부터 JOMO는 FOMO의 포괄적인 해법으로 널리 알려지게 되었다. JOMO는 광고 캠페인, 잡지 기사, 소셜 미디어 전반에 갑자기 등장하더니 FOMO의 전철을 밟아 그 자체로 밈이 되었다.

그렇다면 JOMO가 진정한 FOMO의 해독제일까? 그럴 때도 있지만 항상이라고는 할 수 없다. JOMO는 과정이 아니라 목표다. 여정이 아니라 목적지인 것이다. 당신이 완벽한 JOMO 상태에 있다고 해도, FOMO를 완전히 극복했다고 말할 수는 없다. 이런 저런 일을 놓쳐서 행복함을 느꼈다고 세상에 외쳐야 한다는 사실 자체가 남의 시선을 의식하는 것이 아닐까? 만약 놓치는 것을 정말로 신경 쓰지 않았다면, 애초에 그런 즐거움에 이름을 붙이는 일은 일어나지 않았을 것이다. JOMO를 인스타그램에 올리는 것은, 애인과 헤어지고는 인스타그램에 "그 어느 때보다 행복한 시간"이라며 사진을 올리는 것과 비슷하다.

JOMO는 어떤 모습일까? FOMO를 추진하는 정보의 비대칭성을 최대한 제거하면 JOMO에 이를 수 있다. 무엇을 놓쳤는지 알고도 전혀 신경을 쓰지 않는다면, JOMO에 이른 것이다. 명확성이 없다면 JOMO에 이르기 힘들다. 뭘 놓쳤는지 모르는데 어떻게 JOMO

를 느낄 수 있겠는가? 그 단어의 정의상, 어떤 것이 존재하는지조차 모른다면, 그것을 놓쳐서 행복할 수는 없는 일이다. 혹 그것이 가능하다면, 사람들은 영구적인 JOMO 상태일 것이다. 전 세계에서 당신이 전혀 모르는 수백만 건의 사건들이 일어날 테니 말이다. 또 JOMO는 인생의 사소한 일들에 있어서는 효과가 좋다고 말할 수 있다. 사교 모임, 주말여행 등 여러 가지 덧없는 약속을 놓치는 것은 정말로 기분 좋은 일이다. 하지만 진정한 사랑을 찾고, 보람 있는 경력을 쌓고, 사업을 시작하거나 비영리적인 일을 시작하는 문제에서 JOMO를 느낀다고 할 사람은 없을 것이다. 그런 것에 대해서라면 FOMO를 느낄 수는 있지만, JOMO는 절대 느낄 수 없다.

오랫동안 품고 있던 꿈이나 시도해보고 싶은 모험의 경우, JOMO는 해결책이 될 수 없기 때문에 다른 방법을 찾아야 한다. 다행히 FOMO에 주의를 기울인다면, 그것에서 교훈을 얻고 선한 힘으로 바꿀 수 있다. 다음 4부에서는 FOMO의 용도를 바꾸어 당신에게 도움이 되도록 하는 방법에 대해 알아볼 것이다. 또 다른 사람들의 FOMO와 FOBO를 다루어 자신에게 유리하게 활용하는 방법도 배울 것이다.

4부

FOMO와 FOBO를
당신에게 유리하게 만드는 법

"해리, 우리가 진짜
누구인지 보여주는 것은
우리의 능력이 아닌
우리의 선택이야."

-《해리 포터와 비밀의 방》

13장

일정한 시간 동안
전부를 건다

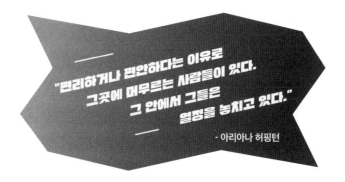

"편리하거나 편안하다는 이유로
그곳에 머무르는 사람들이 있다.
그 안에서 그들은
열정을 놓치고 있다."

- 아리아나 허핑턴

플로렌시아 히메네즈-마르코스는 마이애미 비치에서 남편 자비에르 곤잘레스-상펠리우, 딸 세실리아와 함께 살고 있다. 플로렌시아는 주변 세상에 적극적으로 참여하고 에너지가 넘치는 사람이지만 FOMO 고위험군으로 분류된다. 그녀는 야심만만하고 모험을 좋아하지만, 활기차고 바쁜 삶을 불필요하게 복잡하게 만들 위험은 감수하지 않는다. 플로렌시아는 현재의 생활을 사랑하지만, 다른 곳에서 전혀 다른 삶을 살 수 있었다는 것도 알고 있다. 그녀는 고향 아르헨

티나로 돌아갈 수도, 어린 시절을 보낸 휴스턴으로 돌아갈 수도, 유창한 프랑스어를 활용해 파리에서 살 수도, 자비에르가 살고 있던 뉴욕에서 함께 정착할 수도 있었다. 그러나 그녀와 자비에르는 서로를 선택했고 마이애미에서 거의 20년을 지냈다. 이제 이 가족은 그곳에 뿌리를 내리고 있다.

다행히도 플로렌시아와 자비에르는 가족과 함께 몇 달씩 여행이 가능한 직업을 가지고 있기 때문에 매년 여름 플로렌시아가 '미니 라이프'라고 부르는 여행을 떠난다. 세실리아의 학교가 방학을 시작하자마자 그들은 짐을 싸서 멀리 떨어진 곳으로 떠난다. 그것은 긴 휴가가 아니라 새로운 곳에서 다른 삶을 경험하고 여러 면에서 성장해 고향으로 돌아오는 것이다.

그들은 서로 집을 바꿀 마음이 맞는 가족을 찾아 싱가포르, 인도네시아, 스페인, 캐나다, 네덜란드, 영국, 프랑스 등지에서 여름을 보냈다. 새로운 나라에서 새로운 것을 배우고 가족애를 키우고 '만약에'라는 생각에서 오는 갈망을 해소한다. 그런 다음 마이애미로 돌아와, FOMO를 단단히 다잡고 집에 돌아왔다는 것에 감사한다.

좋은 FOMO vs. 나쁜 FOMO

＼

확신을 갖고 산다는 것이 절대 뒤를 돌아보지 않는다거나 만약을 생각해보지 않는다는 뜻은 아니다. 결단력을 가지려면 버려야 하는 길이나 선택에 대해 생각하는 것은 당연하다. 나는 로버트 프로스트의 〈가지 않은 길〉이라는 시를 예전부터 무척 좋아했다.

> 숲 속에 두 갈래 길이 있었고, 나는-
> 사람들이 적게 간 길을 택했다
> 그리고 그것이 내 모든 것을 바꾸어 놓았다

많은 사람들이 졸업식 때 이 낭만시를 엄숙하게 낭송하면서, 꿈을 좇고, 남과 다른 일을 하고, 영양의 무리로부터 멀리 떨어지라고 졸업생들을 격려한다. 그러나 그리 실용적인 이야기는 아니다. 대부분의 사람들은 많은 사람이 가보지 않은 길을 갈 여유가 없기 때문이다. 그들의 어깨에는 많은 책임과 지불해야 할 청구서가 걸려 있다. 보이지 않는 숲으로 가기 위해 잘 정돈된 길을 벗어나는 것은 두려운 일이기도 하다. 심지어 프로스트도 자신의 시가 오해받고 있다고 말했다. 친구에게 보낸 편지에서 그는 "사람들은 이 시를 너무 진지하게 받아들인다. 내 나름으로는 내가 어리석은 짓을 하고 있다는 것을 분명히 하기 위해 최선을 다했는데, (……) 내 탓이다"라고 한탄했다.[1]

결단력을 갖추면 많은 것에 대해서 "아니오"라고 말할 수 있게 된다. FOMO를 통제하는 법을 배우면 모든 것을 할 수 없다는 것을 인정하게 된다. 때문에 집중이 필요한 것이다. FOMO를 통제한다는 것은 당신이 특정한 경험을 놓친다는 것을 의미하기도 한다. 하지만 아무리 열심히 노력해도 중간에 다시 우유부단해질 수 있다. 모든 FOMO가 나쁜 것이 아님을 기억하자. 사실 FOMO를 통해 많은 것을 배울 수도 있다. FOMO가 끊임없이 귓속말을 하는 것은 아이디어와 영감을 주기 위해서다. 대부분은 방해에 지나지 않지만, 항상 그런 것은 아니다.

같은 기회나 결정에 대해 끈질기게 FOMO를 느낀다면, '만약에'라고 말을 거는 머릿속의 작은 소리에 귀를 기울여야 하는 것일 수도 있다. 직감이 당신에게 중요한 것을 놓치고 있다고 말해주는 것일지도 모른다. 그럴 때는 눈을 뜨고 주변을 둘러보고 새로운 것을 시도해보라. 새로운 목표에 맞서고 새로운 걸음을 내딛어 루틴을 깨뜨려라! 책임이 큰 삶을 살고 있는 사람에게는 쉽지 않은 일이다. 하지만 그런 사람에게도 FOMO를 좋은 쪽으로 돌릴 방법이 있다. 이미 선택한 길을 뒤엎지 않고도 선택하지 않은 길을 거닐어볼 수 있다. 플로렌시아처럼 미니 라이프에 착수해서 주변 환경을 가끔씩 변화시키는 방법을 사용하는 것이다. 가능성을 완전히 무시하기 전에 가능성을 실제로 실현시킬 수 있는 방법에 대해 조금 다르게 생각해보는 것이다. 당신의 목표는 무엇을 하기로 선택하든 FOMO가 당신에게 유리한 방향으로 움직이게 할 방법을 찾는 것이다. 삶은 흑백으로 뚜렷이 구분되지 않는 훨씬 더 미묘한 일일 수 있기 때문이다.

FOMO를 활용하고 좋은 쪽으로 재구성하는 비법은 당신이 행동을 결정하는 방법에 달려 있다. 새로운 모험을 하든, 사업체를 만들든, 세상을 바꾸려고 하든, 항상 모든 것을 걸 필요는 없다. 그 대신 일정한 시간 동안에만 전부를 걸겠다고 생각하라. 나는 이런 형태의 의식적인 멀티태스킹을 비즈니스 세계에 처음 적용했다. 이후 그 접근 방식을 다른 부분에까지 확장했다. 이로써 파산이나 남은 인생을 근본적으로 뒤바꾸는 변화 없이도, 자기 자신에게 무엇이 가능한지 생각해보고 도전할 수 있었다. 아이러니하게도, 많은 사람들에게 FOMO를 자극하는 그 힘(기술에 인해 어디에서나 정보에 접근할 수 있는 가능성, 극단적인 상호 연결성)이 이런 전략을 가능하게 하는 요인 중 하나다.

밥그릇을 지키면서 기업가가 된다

기업가가 되는 데 지금보다 더 좋은 시기는 없었다. 현재 우리의 사생활과 직업에 기술이 얼마나 깊게 스며들어 있는지 생각해보라. 사업을 하고 싶은 사람은 과거보다 훨씬 더 융통성 있게 사업을 할 수 있다. 역사상 처음으로, 원하는 시간과 원하는 장소에서 원하는 것은 무엇이든 할 수 있게 되었다. 인터넷이 연결되어 있고 스마트폰만(혹은 노트북도) 있으면 누구라도 사업을 할 수 있다. 또한 사업을 시작하는 데 필요한 중요한 자원을 무료로 또는 아주 적은 비용으로 이용할 수 있다. 회사를 창업하고 경영하는 일에 비용이 많이 들지 않게 된 것이다.

상황이 이렇다 보니 너나 할 것 없이 사업을 하는 것 같은 느낌이 들기 시작했다. 샤크탱크^{Shark Tank}(사업 오디션 프로그램)나 실리콘밸리는 기업가 정신을 미화하고 미디어는 크게 성공한 스타트업 창업자들을 치켜세운다. 한편 위워크 같은 회사들은 회사를 설립하고 자신의 꿈을 실현하라고 모두를 설득한다. 이 회사의 모토인 "사랑하는 일을 하라"는 스스로 회사를 창업하겠다며 용기를 내는 이들에게 위워크에서 임대하는 사무실을 얻는 데서부터 자아실현의 길이 시작된다는 메시지를 보낸다. FOMO 무리는 위워크의 메시지에 큰 열정을 안고 달려든다. 그 결과 지금은 수백만 명의 사람들이 기업가 정신 FOMO를 느끼게 되었다.

그러나 이 모든 FOMO의 이면에는 냉정한 현실이 있다. 기업가 진입 장벽이 크게 약화되기는 했지만 그것이 성공이 더 쉬워졌다는 뜻은 아니다. 대부분의 새로운 모험은 실패한다. 그런 확률을 감안할 때, 회사를 차리기 위해 직장을 그만두는 것은 위험하고 무모한 행동일 수 있다. 그러나 실패를 두려워하면(현실적으로 생각한다면 실패를 두려워해야 하는 것이 맞다) FOBO의 희생양이 될 수 있다. 아이디어를 내고 일단 시작하기보다는 완벽한 비즈니스 모델을 찾을 때까지 사이드라인에서 생각에 잠기는 편이 훨씬 안전하기는 하다. 문제는 그렇게 하면 영원히 그 자리에 머물게 될 수도 있다는 데 있다. 완벽한 비즈니스 모델이란 존재하지 않는다. 설령 있다 하더라도 처음부터 완벽한 비즈니스 모델을 찾기는 매우 어렵다.

사람들이 많이 가는 길을 택해서 전형적인 직업을 얻었다고 해서 당신의 선택이 잘못되었다거나 절대 돌이킬 수 없다는 의미는 아니다. 어떤 사람에게는 사업에 전념하는 것이 더할 나위 없이 좋은 길이지만, 모두에게 그런 것은 아니다. 그렇다고 옆에서 지켜만 보면서 나는 힘들고 단조로운 직업에 묶여 있는 동안 다른 사람들은 흥미진진한 일을 하고 있는 것을 보고만 있으라는 말은 아니다. FOMO와 정면으로 맞서면 그것을 당신에게 유리하게 이용해 통제할 수 있다는 이야기를 하고 싶은 것이다. 그 열쇠는 사업을 양자택일의 명제로 생각하지 않는 데 있다. 현재 직업을 유지하면서도 기업가가 되어 두 세계의 장점을 결합시킬 수 있다. 꼭 기업가가 되기 위해 모든 것을 포기하지 않아도 기업가의 삶을 살 수 있다는 말이다. 이와 같은 방식으로 접근하면 당신은 직업의 안정성을 통해 위험과 창의성을 포용할 수 있다. 당신이 결단을 내리기만 한다면 시간과 자본의 10퍼센트 이상을 투자해 창립자가 되거나 투자자 또는 고문이 되어 새로운 벤처 사업을 시작할 수 있다.

나는 이것을 '10퍼센트(파트타임) 기업가 정신'이라고 부르며, 이 것을 주제로 책을 쓰기도 했다. 몇 년 전 내가 이 개념에 대해서 책을 쓴 후 10퍼센트 기업가 정신(일부에서는 부업이라고 부르는)은 주류가 되었다. 나는 세계를 다니면서 수백 명의 10퍼센트 기업가들을 만날 수 있는 특권을 누렸으며 그 과정에서 사람들이 자기 시간의 일부를 어떤 것에 투자하여 집중할 때 얼마나 큰일을 해낼 수 있는 지를 목격하고 크게 감탄했다. 이들 중 일부는 엄청난 성공을 거둬서 원한다면 부업을 본업으로 만들 수 있을 정도였다. 내가 만났던 사람들에 한정된 이야기가 아니다. 지난 몇 년 동안, 파트타임 기업가는 놀랄 만큼 크게 증가했다. 노동의 유연성이 증가하는 세상 속에서, 현재 4,400만 명 이상의 미국인들이 이런 저런 종류의 부업에 종사하고 있다. 하지만 모든 부업이 동등한 것은 아니라는 점을 기억해야 한다. 우버를 운전하거나 에어비앤비에서 아파트를 임대하는 경우라면 부업을 갖고 있는 것은 맞지만, 10퍼센트 기업가라고 할 수 없다.

실리콘밸리 스타트업이 상장할 때마다 하룻밤 사이에 백만장자가 되는 평사원들의 이야기를 들어보았을 것이다. 그들은 급여를 많이 받아 부자가 된 것이 아니다. 회사의 주식을 소유했기 때문에 백만장자가 된 것이다. 급여를 받는 것은 정말 좋은 일이며, 대단히 중요한 일이기도 하다. 하지만 많은 돈을 벌기 위해서는 회사가 성장하면서 창출되는 가치에 참여할 수 있어야 한다. 당신이 10퍼센트 기업가라면 무엇보다 우선해야 하는 목표는 소유권이다. 당신이 만드는 것의 일부를 소유하면 당신의 몫이 늘어나고 훨씬 더 큰 가치를 갖게 된다. 그렇게 되면 당신은 부수입을 올리기 위해 노력하는 것이 아니라 투자를 하는 것이다. 그저 일한 시간에 대한 대가를 받고 있는 것이 아니라 당신이 만들고, 당신이 소유하고, 당신이 설정한 조건에 따라 구축되는 어떤 것을 만들고 있는 것이다.

마티파, 머시, 마오나 냐망완다 자매의 사례를 살펴보자. 이들은 짐바브웨 출신으로 자신들이 가지고 있는 고향의 유산을 이용해 아프리카 전통 문양을 콘셉트로 한 패션 사업체인 에니에스닉을 만들었다. 그들은 오랫동안 패션 사업을 해보고 싶다는 꿈을 꿔왔지만,

미국에 온 지 얼마 되지 않은 이민자였기 때문에 우선은 안정적인 직업이 필요했다. 마티파는 변호사로, 머시는 간호사로 일했고, 마오나는 청소사업을 했다.

경력의 안정성에 기업가 정신의 활력과 장점을 합치기 위해, 자매는 기존의 일을 유지하면서 동시에 전자상거래 벤처 기업인 에니에스닉을 시작하기로 결정했다. 덕분에 그들은 생계를 걱정하지 않고도 하고 싶은 일을 사업으로 키워나갈 수 있었다. 또한 고국에 대한 애정을 재정적 독립의 기회와 결합시킬 수도 있었다. 그들의 접근법은 성공을 거뒀다. 이 회사는 샌프란시스코 패션위크에 참여했고, 미국 동부와 서부 모두에 팝업 스토어를 열었으며, 밀라노 패션위크까지 진출했다. 자매들은 언젠가 이 일을 본업으로 삼을 생각이긴 하지만, 경제적으로 위험해지거나 분별력을 잃지 않으면서 꿈을 좇을 수 있었던 것은 이 사업을 파트타임으로 시작한 덕분이었다.

아직 아이디어가 없거나 직접 회사를 차리고 운영하는 책임을 감당할 준비가 되어 있지 않다 해도, 10퍼센트 기업가가 될 수 있다. 자기 사업을 시작하고 운영하는 대신 다른 사람의 프로젝트에 시간과 자본을 투자하는 것이다. 나는 그런 식으로 15개 이상의 벤처 기업에 투자했고 주주가 되었다. 이들 회사 중 두 개가 자산가치가 10억 달러가 넘는 유니콘 기업에 속해 있다. 이 회사들의 대한 내 투자의 가치도 주식 시장에서 얻을 수 있는 수익을 훨씬 넘어섰다는 뜻이다. 매우 감동적이고 인상적인 일이다.

10퍼센트 기업가 정신은 어떻게 혁신을 자극하는가

╲

표면적으로는 본업 외의 벤처 사업에 관여하는 것이 개인적인 이익을 추구하는 것처럼 보일 수 있다. 당신은 기술, 네트워크, 지식을 사용해 더 많은 기회를 창출할 수 있는데, 그 같은 기술, 네트워크, 지식의 일부는 대부분 본업에서 얻은 것이기 때문이다. 하지만 새롭게 도전함으로써 당신은 일련의 기술과 인간관계를 발전시키고 심화시키며 다른 능력들을 단련시킬 수 있다. 그리고 이것은 당신이 사무실에서 더욱 효과적으로 일할 수 있게 해준다. 결국 당신이 파트타임 기업가가 되는 것은 고용주에게도 이득이 된다. 모두가 이기는 게임인 것이다.

기업 역시 가외의 프로젝트들을 통해 FOMO를 관리할 수 있다. 사내기업제는 기업가 정신을 격려하는 기업 문화를 만들자는 노력에서 생겨난 개념으로 약 25년 전에 만들어졌다. 그로부터 상당한 시간이 흘렀지만 대기업에서 진정한 기업가적 문화를 구축하는 일은 아직도 힘겨운 도전이다. 하지만 완전히 불가능한 것은 아니다.

예를 들어, 구글은 직원들에게 자기 시간의 일부를 가외 프로젝트에 집중하도록 독려한다. 지메일이 만들어진 것도 이 프로그램 덕분이다. 가외 프로젝트를 통해 오랫동안 수많은 신제품이 개발되었고, 이제는 다른 면에도 도움을 준다. 구글은 더 이상 스타트업이 아니며 현재 일하는 직원들 대부분은 스타트업 환경에서 일해본 경험이 없다. 따라서 구글은 기업 문화에 기업가 정신을 불어넣음으로써 모든 직원이 진정으로 기업가적인 경험을 하고 그것을 통해 회사의 업무 전반에 대한 긍정적 영향을 받도록 한다. 그러나 구글과 같은 기업이 있는가 하면 직원들의 혁신을 자극하지 못한 기업들도 수없이 많다. 새로운 아이디어는 성과를 거두는 데 시간이 걸리기 마련이다. 때문에 성공과 실패는 회사의 지속 의지에 좌우될 수 있다. 경영자와 주주들이 단기적인 결과를 요구하는 상황이라면, 비용을 줄이거나 우선순위를 재설정할 때, 긴 시간이 요구되는 기업가 정신을 포기하게 되는 것이다.

기업은 직원들에게 자기 나름의 기업 프로젝트를 탐색하도록 격려하고 이후 거기에서 배운 것을 본업에 적용하게 함으로써 한 단계 더 나아갈 수 있다. 그렇게 함으로써 이 기업의 리더들은 자신들이 어떤 조직을 바라는지 직원들에게 분명한 메시지를 보내게 된다. 직원의 기업가 정신을 활용해 군더더기 없고, 더 빠르고, 더 혁신적이된 기업은 인재를 끌어들이고 그들에게 동기를 부여할 수 있다는 자신감을 얻을 것이다. 더불어 그들은 직원들이 자유 시간에 관심 있는 프로젝트에 시간을 할애하도록 장려하는 것이 이직률을 낮춘다는 점도 깨닫게 될 것이다. 또한 직원이 언젠가 회사를 차리기 위해 떠나는 것을 꿈꾸면서 열심히 일한다면, 그것이 현상을 유지하면서 건성으로 일하는 것보다 낫다는 점도 인식하게 될 것이다.

파산을 피하고 행동주의를 포용한다

파트타임 기업가가 되는 것은 직장생활에서의 FOMO를 관리하는 데 큰 의미가 있지만, 사생활에도 그 같은 사고방식을 적용할 수 있다. 오늘날 기업가가 되는 것을 쉽게 만든 일련의 요소들은 비영리 사업이나 정치에도 영향을 미친다. 자신이 느끼는 FOMO가 인생을 뒤바꿀 수 있고 도움이 필요한 사람에게 변화를 줄 수 있는 기회를 놓칠까 두려워하는 경우라면 특히 그렇다. 하지만 아무리 세상을 바꾸고 싶어도 모든 것을 포기하고 전력을 다해 돌진할 수는 없다. 일을 성사시킬 수 있고 지속가능한 접근법을 찾아내는 과정이 필요하다. 단순한 자원봉사로는 세상을 바꿀 수 없다. 또한 일을 성사시키기 위해서는 목소리를 낼 수 있는 위치에 서는 것이 중요하다.

댄 브렌드트로Dan Brendtro가 척수소뇌변성증이라는 병에 대해 알게 된 것은 4년 전이었다. 유전자 검사 결과 딸 라에나가 척수소뇌변성증에 걸렸다는 것을 알게 된 것이다. 몇 주 뒤 가족들은 그들이 살던 사우스다코타 주의 수폴스에서 비행기를 타고 세계 최고의 척수소뇌변성증 전문가가 있는 필라델피아 어린이 병원에 찾아갔지만 치료할 방법이 없다는 이야기만 듣고 돌아올 수밖에 없었다. 이 질병은 매우 희귀하고, 대단히 공격적이며, 대부분의 환자가 고등학교를 졸업하기 전에 휠체어 신세를 지게 만든다. 또한 척수소뇌변성증은 20대나 30대에 조기 사망할 가능성도 매우 높은 병이다. 댄과 가족들은 엄청난 충격을 받았지만 아직 희망은 남아 있었다. 소규모이긴 하지만 치료법을 찾기 위해 연구를 진행하는 연구자들이 많아지고 있었던 것이다. 게다가 다른 희귀 질환들과는 달리 척수소뇌변성증의 생물학적 기제는 이미 상당히 밝혀진 상태였다.

야엘 멜라메드가 암 진단을 받았을 때 깨달았듯이, 위기에 처했을 때 당신은 주저앉을 수도 있고 싸울 수도 있다. 댄은 싸우기로 마음먹은 후 고향인 수폴스의 병원 시스템에 접근하여 관련 정보를 찾다가 믿을 수 없는 우연과 마주했다. 그의 사무실에서 겨우 6킬로미터밖에 떨어지지 않은 곳에 살고 있는 피터 비티엘로Peter Vitiello 박사가 몇 년 전 척수소뇌변성증에 대한 연구를 진행했지만 자금이 부족해지면서 프로젝트를 보류했던 것이다. 댄은 연구를 시작하는 데 돈이 얼마나 필요한지 질문했고 이후 실험 재개에 필요한 자금을 모으기로 결심했다. 보조금 신청 같은 자금 조달 계획은 오랜 시간이 걸리기 때문에 그에게는 시간을 단축하기 위한 창의적인 아이디어가 필요했다.

댄은 크라우드펀딩 캠페인으로 자금을 모으기 위해 파트타임 기업가처럼 생각하기로 결심했다. 10퍼센트 기업가에 대한 나의 책 《나는 직장에 다니면서 12개의 사업을 시작했다》를 읽은 그는 이 접근 방식에 '10퍼센트 활동가'라는 이름을 붙였다. 그는 투자 가능한 시간과 최소한의 자금 투자로 목표를 달성하기 위해 비영리 단체인 피니시라인펀드Finish Line Fund를 설립한 뒤 인맥을 동원해 로고를 디자인하고 동영상을 촬영했다. 내 책에서 소개되었던 크라우드펀딩에 성공한 여행 기업가 디에고 사에즈 길과 접촉해 그의 노하우도 배웠다. 마침내 그는 기부 캠페인인 기빙튜즈데이 직전에 크라우드펀딩 캠페인을 시작할 수 있었고, 몇 주 만에 12만 5천 달러 이상을 모금했다. 연구는 바로 시작되었고 1년도 안 되어 중요한 초기 발견이 있었다. 피니시라인펀드가 자립할 수 있을 만큼의 추가 자금이 성공적으로 확보되었고, 희귀병 치료제 개발이라는 결승선에 더 가까이 다가가겠다는 목표를 향한 댄의 노력은 계속되고 있다.

10퍼센트 활동가로서 댄의 접근방식은 10퍼센트 기업가 군단이 스스로 터득한 교훈과 그 맥락이 같다. 새로운 모험을 추구하든, 사업체를 만들려 하든, 세상을 변화시키려 하든, 모든 것을 걸 필요는 없다. 대신 일정한 시간 동안 전력을 다할 수는 있다. 이 전략을 사용하면 남은 인생에 극적인 변화를 일으키거나 재정 상태를 위태롭게 하지 않고도 FO를 관리하고, 그동안 가능하다고 생각했던 것 이상을 해낼 수 있으며, 좋은 결과가 있을 경우 막대한 투자금을 회수할 수도 있다.

일정한 시간 동안 전력을 다해 목표 달성이나 열정을 좇는다

2016년 영국에서 시청률이 제일 높았던 TV 프로그램 에피소드 10개 중 9개가 GBBO Great British Bake Off의 에피소드였다. GBBO는 아마추어 제빵사들이 시골의 텐트에 모여 빵을 만들면서 일어나는 일을 보여주는 리얼리티 쇼다. 그들은 이틀 동안 24개의 똑같은 파피시드 스콘을 만들거나 여러 단의 커다란 웨딩 케이크를 만드는 것 같은 경쟁을 벌인다. 영국이기 때문에, 모든 사람들이 서로에게 끔찍하게 친절하고, 자기에게는 비판적이며, 주방의 상황이 아무리 나빠도 욕 한 마디 하지 않는다. 우승자에게 주어지는 상이 케이크 받침대와 꽃 몇 송이인 것은 전형적인 영국식의 절제를 보여준다.

이 프로그램은 영국에서의 성공을 바탕으로 전 세계적으로도 인기를 모았다. 그 매력의 일부는 변함없는 친절함에 있다. 이 복잡한 세상에서 케이크 받침대를 얻고자 비스코티를 얼마나 오래 구워야 할지 고민하는 모습을 지켜보는 것은 놀라울 정도로 위안이 된다. 나는 베이킹을 좋아하지 않지만, 이 책을 쓰면서 여러 차례 글이 막힐 때마다 견딜 수 있었던 것은 GBBO 덕분이라고 생각한다. 치유 효과 외에도 이 프로그램의 진정한 매력은 소망의 충족에 있다. 누구나 전문가로 성장할 수 있을 만큼 숨겨진 재능 하나쯤은 취미로 가지고 있을 것이다. 많은 사람들이 요리 교실 등에서 열정을 좇지만 거기에 걸려 있는 판돈은 매우 작다. 바로 이 점이 GBBO를 특별하게 만든다. 우승 상품은 매우 소소하지만 걸려 있는 판돈은 엄청나게 크다. 매주 수백만 명의 사람들이 이 프로그램을 시청하며, 가장 성적이 좋은 사람은 새롭게 얻은 명성을 이용해 제빵에 관련된 부업을 시작하거나 심지어는 본업으로 삼을 수도 있다. 파트타임 기업가나 파트타임 활동가처럼 GBBO에 참여하는 이들도 일종의 투자를 하는 것이다.

파트타임 기업가 정신과 파트타임 행동주의는 목표를 탐색하고 FOMO와 맞붙는 데 아주 좋은 방법이다. 많은 사람들이 몇 년 동안 파리로 이주해서 프랑스어를 배우기를 바라지만, 안타깝게도 대부분의 사람들에게는 허락되지 않는 현실이다. 대신 의식적인 멀티태스킹을 통해 프랑스어를 배울 수 있다. 언어를 배우려는 사람들은 대부분 동네 학원을 찾아가 수업을 듣거나 온라인으로 공부를 한다.

좋은 시작이다. 하지만 일정한 시간 동안 전부를 걸어 언어를 배우는 데 몰입할 수 있는 방법도 있다. 매일 프랑스어 팟캐스트에서 뉴스를 듣거나, 트위터에서 프랑스 신문을 팔로우하거나, 프랑스어 사용자를 찾아 그들과 함께 연습하는 것 등이 바로 그것이다.

이 모든 것이 성공하기 위해서는 노력이 지속가능해야 한다. 그리고 지속가능하기 위해서는 습관을 유지하는 것이 어렵지 않아야 한다. 새로운 열정을 큰 희생 없이 편안하고 완전히 실용적인 방식으로 일상에 통합시킬 수 있어야 하는 것이다. 또는 목표를 한 단계 올려 투자 지분을 늘리는 것도 좋다. 프랑스어를 사용하는 나라로 휴가를 간다거나 직장에서 프랑스어를 사용해야만 하는 프로젝트를 맡는 것이다. 어떤 방법을 선택하든 당신의 노력은 남은 인생에 많은 영향을 미칠 것이다. 새롭게 익힌 기술을 시험해본다는 마음가짐을 가진다면 도전에 뛰어들 용기를 얻을 수도 있고, 그 과정에서 새로운 자신의 모습을 발견하게 될 수도 있다.

요리, 새로운 언어를 배우는 일, 건강을 증진하는 일, 기업가 정신이나 사회적 대의를 좇는 일 중 어느 것에 관심이 있든, 자신의 일상을 뒤바꾸거나 현재 하고 있는 다른 모든 것을 희생하지 않고도 생활에 다양한 활동을 통합시키는 식으로 FOMO를 활용할 수 있다. 일정한 시간 동안 전부를 걸고 노력한다면, 열정과 관심을 지속가능한 방식으로 탐색하고 성공과 만족으로 갈 수 있다. 동시에 장기적으로 더 높은 목표를 세우고, 지분을 만들고, 투자를(그리고 그에 대한 수익을) 더 늘릴 수 있는 기회를 얻을 수 있다.

안식기간

미니 라이프나 파트타임 시도는 대부분 사람들에게 매우 좋은 효과를 내지만, 인생의 어느 시점에서는 안식년을 갖거나 일에서 벗어나 조금 긴 휴식을 갖는 유연성이 필요하다. 휴식을 통해 몇 주 혹은 몇 달 동안 일상에 변화를 주고 일상생활의 단조로움에서 벗어날 수 있다. 직원들에게 장기 휴가를 제공하는 회사들은 많지만, 원한다고 해서 항상 가능한 일이 아니다. 보통은 직장을 잃거나, 계약이 끝나거나, 그외 다른 이유로 전환기를 거칠 때에나 안식기간을 가질 수 있다. 장기 휴가를 실현 가능하게 만드는 열쇠는 자신에게 근본적인 질문을 던지는 것이다. 이 시간을 가치 있는 경험으로 만들 재정적·정서적 자원이 있는가? 그렇다면 안식기간은 인생의 다음 단계를 시작하기 전에 일시정지 버튼을 누를 수 있게 해줄 것이다. 자금 출혈 없이 안식기간을 맞이할 수 있다면 어떠한 상황도 긍정적으로 만들 수 있다.

안식기간을 갖기로 마음먹었다면 다음 할 일은 시간을 어떻게 보낼지 결정하는 것이다. 이때 주의를 기울이지 않는다면 내내 잠옷이나 운동복 차림으로 시간을 보내고, 별거 아닌 시시한 일들로 하루를 채우게 되기 쉽다. 그것으로 안식기간을 마무리하는 사람들도 있다. 몇 달 동안의 실직 기간을 휴식과 오락으로 보내고, 선탠이 된 탄탄한 몸으로 새로운 일의 첫날을 시작할 준비를 갖춘다. 그런 사람들을 탓할 생각은 없다. 매일 거울 속에서 휴식으로 건강해지는 자신을 보는 것은 꽤 좋은 일이다. 인생에 한번쯤은 친구들의 부러움을 사고 그리스 선박 재벌의 아들이나 부동산 재벌의 딸처럼 놀고 먹는 삶을 산다는 것이 어떤 것인지 느껴보는 것도 좋은 일이다. 아이러니한 것은 다른 모든 것이 그렇듯 한가한 부자 놀이도 곧 시들해진다는 점이다. 매일 동네 카페에 앉아 신문을 읽고, 하루에 몇 마일씩 달리기를 즐기며, 새벽 3시까지 돌아다니면서 밤 문화를 즐기는 것을 과연 며칠이나 지속할 수 있을까?

안식기간은 두 가지 목표를 달성하는 데 사용하는 것이 가장 이상적이다. 첫째, 이전에 얻은 스트레스와 트라우마를 제거하고 생활에 질서와 균형을 되찾을 수 있는 회복의 시간이 되어야 한다. 과거의 루틴에서 벗어나면 장시간 업무, 실패한 프로젝트, 사회생활에서 겪은 좌절로 인해 눌려 있었던 가능성과 모험 정신을 다시 발견하는 시점을 맞게 된다. 둘째, 안식기간은 장기적으로 삶을 더 나은 방향으로 변화시킬 로드맵을 제공해야 한다. 언젠가는 또 다른 직업을 갖고, 다시 일을 하고, 성공과 실패를 겪게 될 수 있다. FOMO를 외면하지 않고 당신이 항상 경험해보고 싶었던 일을 시도하는 것은 앞으로의 인생을 훨씬 더 풍요롭게 만들어줄 것이다.

FOMO를 따라 안식 기간을 가진 윌 울프는 이력서를 업그레이드할 수 있었을 뿐 아니라 인생의 다음 단계를 시작할 수 있었다. 대학을 졸업하고 데이터 과학자로 몇 년 동안 일한 윌은 2년 전, 자신의 역량을 업그레이드해야 할 때가 되었다는 판단을 내렸다. 그는 머신 러닝에 대한 전문 지식을 더 쌓고 싶었다. 컴퓨터 과학 분야인 머신 러닝은 컴퓨터가 명시적인 프로그램 없이도 학습할 수 있는 능력을 부여하는 기술이다. 지난 10년간 이 분야는 자율주행차, 음성 인식, 효과적인 추천 엔진을 발전하게 만든 원동력이었다. 윌은 이 주제에 대한 실력을 키운다면 컴퓨터가 현실 세계의 중요한 문제들을 해결하도록 만드는 기술자 대열에 합류할 수 있을 것이라고 생각했다.

이 목표를 달성하기 위해서는 대학원에 진학하는 것이 보통이지만, 윌은 대학원을 대체할 수 있는 접근법을 고려해보았다. 대학원을 졸업하기 위해서는 몇 년이라는 시간이 필요하고 등록금도 만만치 않았기 때문이다. 더군다나 머신 러닝 분야는 매우 빠른 속도로 변화하고 있는 분야이기 때문에, 학교에서 제공하는 교육과정으로는 노동시장의 속도를 따라잡기 힘들지 않을까 하는 걱정도 있었다. 고민하던 윌은 결국 안식기간을 보내면서 자신만의 길을 개척하기로 결심했다. 윌이 오픈 소스 머신 러닝 마스터라고 부르는 이 접근 방식은 1년 동안 자기 주도적인 심층 교육 시간을 갖는 것이다.

교과서나 학술 연구, 오픈 소스 소프트웨어 자료 같은 정보들이 온라인 과정으로 무료나 저렴한 비용으로 제공되기 때문에 시작하는 데 필요한 것은 인터넷 연결뿐이었다. 그는 기술 전문가가 되는 것에 만족하지 않고 프랑스어까지 완벽하게 구사하겠다는 결심 하에 모로코 카사블랑카로 출발했다. 그곳에 있는 동안 그는 프랑스어를 배웠고 지역 스타트업 커뮤니티에도 참여했다.

윌의 실험은 성공했다. 대학원 학위를 따는 데 필요한 자금의 20퍼센트도 안 되는 비용으로 그는 프랑스어를 완벽하게 익혔고, 카사블랑카 기업가 커뮤니티 내에서 인맥을 쌓을 수 있었다. 또한 한결 유리한 위치에서 노동시장에 복귀했다. 머신 러닝 커뮤니티에서 구축한 인맥과 안식기간 동안 쓴 15개의 기술 블로그 게시물 덕분에 복직을 결심한 그에게 면접 신청이 밀려들었다. 정식 석사 학위는 없었지만, 면접관들은 그의 배움에 대한 열정과 기술 역량, 꿈을 이루기 위한 그의 참신한 접근법에 감탄했다. 결국 월은 인공지능 회사에 취직하여 안식기간 이전에는 생각할 수 없었던 자리를 얻게 되었다. 그에 따른 임금 인상은 그의 결정이 옳았다는 것을 증명해 주었다.

실패의 두려움에서 자유로워지다

월, 댄, 냐망완다 자매, 플로렌시아와 그녀의 가족은 FOMO를 유용하게 이용해 상황을 뒤바꿨다. 그들은 FOMO가 하는 이야기에 귀를 기울이고 자신들이 미처 탐색하지 못했던 열정과 프로젝트를 인생에 통합시킬 방법을 찾았다. 더 중요한 점은 그들이 새로운 도전을 하면서도 삶에서 누리고 있던 좋은 것들을 전혀 위험에 빠뜨리지 않았다는 것이다. 그것이 적절한 FOMO의 장점이다. FOMO를 제대로 이용하면 많은 혜택을 얻을 수 있다. 오랫동안 손도 대지 않았던 열정과 관심도 되찾을 수 있다. 어린 시절에는 취미와 관심사가 인생에서 중심적인 역할을 했다. 재미를 추구하고 있었기 때문에 자신이 재능이 있는지 없는지도 그다지 중요하지 않았다. 하지만 시간이 지나고, 바빠지고, 지쳐가고, 실패에 대해 배우면서 당신은 새로운 것을 시도하지 못하고 위험을 감수하지 못하게 되었다.

뉴욕에 사는 12살의 디에고 곤잘레스는 평소에는 평범한 학생이지만 밤과 주말이면 10퍼센트 기업가로 활동한다. 그는 아이디어를 제안하고 시제품을 완성하는 대회인 해커톤에 참여하여 성인들과도 경쟁을 한다. 그는 대회에서 무료 사무실을 비롯한 여러 가지 부상도 챙겼다. 그는 내가 만난 12세 소년 중 유일하게 뉴욕 소호에 사무실을 가지고 있었는데, 그 사무실도 대회에서 얻은 부상 중 하나였다. 두려움을 어떻게 관리하느냐고 물었을 때 그는 이렇게 대답했다. "아직 어리기 때문에 실패를 그렇게 두려워하지 않아요. 일이 잘못되면 집으로 돌아가서 아이스크림이나 좀 먹으면 되겠죠. 그럼 기분이 나아질 걸요." 이것을 파트타임 기업가 정신에 적용해보자. 꼭 아이가 되어야만 디에고처럼 세상을 볼 수 있는 것은 아니다. 실패를 하더라도, 삶의 남은 부분은 여전히 당신을 기다리고 있다. 전혀 타격 없이 말이다. 원한다면 아이스크림도 먹을 수 있다! 실패해서 잃을 것은 한정적이지만 성공을 통해 얻을 수 있는 것은 무제한이다.

이제 FOMO를 유리하게 이용하는 방법을 배웠으니 FO를 다루는 마지막 단계를 마무리할 시간이다. 다른 사람의 FO를 다루는 방법을 배워야 한다. 자기 삶의 장애를 어렵게 극복해냈는데 주변 사람들의 문제 때문에 발전할 수 없다면 얼마나 큰 좌절감이 들겠는가? 다행히도 그럴 필요없다. 지금까지 배운 모든 것들을 기반으로 다른 사람들(적어도 당신과 관련된 사람들)의 FO를 다룰 수 있다. 이것은 FO와의 싸움에서 마지막 단계이며 그 싸움이 어떻게 진행되는지 기본적으로 이해하고 있을 때만 밟을 수 있는 단계다. 다음 장에서는 다른 사람의 FO를 어떻게 관리하는지, 어떻게 하면 그들을 당신에게 좋은 방향으로 움직이게 할 수 있는지 배우게 될 것이다.

14장

FO 게임: 다른 사람의
FOMO와 FOBO 다루기

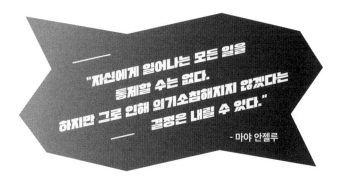

"자신에게 일어나는 모든 일을
통제할 수는 없다.
하지만 그로 인해 의기소침해지지 않겠다는
결정은 내릴 수 있다."

- 마야 안젤루

샘 섕크Sam Shank는 호텔투나잇HotelTonight을 만들면서 수많은 경쟁업
체들 사이에서 눈에 띄는 서비스를 제공해야 한다고 생각했다. 그것
이 경쟁이 심한 시장에서 성공할 수 있는 유일한 방법이었다. 첫날
부터 그는 "적게 계획하고 많이 누린다"를 사명으로 삼고 이동성이
높고, 즉흥적이며, 주의 지속 시간이 짧은 밀레니얼 세대를 공략했
다. 이 목적을 달성하기 위해 그는 대부분의 온라인 여행사들이 갖
고 있는 공통점을 제외시켰다. 수많은 선택지로 고객을 질리게 하는

웹사이트를 만드는 대신 하룻밤에 15개의 호텔만을 제시하는 제한적인 모바일 앱을 만든 것이다. 가장 중요한 것은 그가 마찰이 없는 사용자 경험을 설계했다는 점이다. 호텔투나잇 앱에서는 3번의 탭으로 8초 만에 호텔을 예약할 수 있다. 6장에서 이야기했던 라스베이거스 여행 예약의 어려움과 비교해보면, 샌크가 2019년 1억 달러 이상의 벤처 자본을 조달하고 에어비앤비에 회사를 매각할 수 있었던 이유가 무엇인지 알 수 있다.

샌크는 호텔투나잇의 가장 큰 성공 요인이 사용자 인터페이스의 단순성에 있다고 주장한다. 선택지가 제한적이기 때문에, 고객들은 많은 선택지로 고민하지 않고 쇼핑을 할 수 있다. 다시 말해 선택지를 제한해 FOBO를 극복할 수 있는 것이다. 고객의 선택을 적극적으로 제한하는 것이 새로운 전략은 아니다. 스티브 잡스는 애플의 전 제품을 한 테이블에 놓을 수 있다고 말하곤 했다(물론 이제는 그렇지 않다). 캐스퍼나 해리스 같은 스타트업들도 그 기조를 물려받고 있다. 이렇듯 여러 기업이 잡음 제거를 가치 제안의 핵심 요소로 삼고 있다.

호텔투나잇의 설계와 비즈니스 모델은 FOBO와의 싸움에서 큰 발전을 이루었지만, 이 회사는 더 많은 밀레니얼 세대가 검색을 멈추고 마음을 정하게 하기 위해서는 더 나아가야 한다는 것 또한 알고 있었다. 2018년 호텔투나잇은 FOMO를 자극해서 FOBO에 맞서는 새로운 기능을 선보였다. 각 클라이언트에게 맞춤형으로 만들어진 그날의 호텔을 경쟁사보다 35퍼센트 저렴한 가격에 제공하는 데일리드롭이라는 서비스였다. 근사하지 않은가? 결정타는 구매할 수 있는 시간이 단 15분뿐이라는 것이다. 세일 가격은 15분이 지나면 사라진다. 정해진 시간 안에 구매하지 않으면 영원히 다시는 그 가격에 얻을 수 없는 것이다. FOBO가 FOMO를 만났다. 이것이 FO와의 게임에서 승리하는 방법이다.

 샘 생크 ✔
@samshank

오늘 새로운 약어를 배웠어요! @HotelTonight의 신기능은 결단력을 제공해 'FOBO'를 치료합니다.
https://quartzy.qz.com/1344485/, @qz@rojospinks
2012년 11월 13일 6:05 AM

　　데일리드롭을 론칭한 날, 호텔투나잇은 소셜 미디어 광고에서 그 목적을 솔직하게 밝히고 심지어는 그 기능을 FOBO 치료라고 홍보했다. 마케팅도 영리했지만 무엇이 소비자의 행동을 촉진하는지 그 실상을 보여주는 자료이기도 하다. 매출 수치를 보면 FOMO가 FOBO를 거뜬히 제압한다는 것을 알 수 있다. 고객들이 세일 가격을 확인하자마자 예약이 증가하고, 이후 가격 제안이 사라지기 10초 전에 또 한 번 예약이 증가하는 현상이 관찰되었다. 더구나 데일리드롭을 확인한 사용자의 절반 이상이 다음 주에 또 다른 세일가가 뜨지 않았는지 확인하기 위해 되돌아왔다. 쉽게 질리지 않는 탁월한 전략이었던 것이다.

누군가의 FO가 당신의 문제가 될 때

\

FOMO와 FOBO는 어디에나 있다. 계속 전화를 피하는 고객, 승진 결정을 미루기만 하는 사장, 채용 합격 이후 확답을 주지 않는 지원자 등 당신에게 불리하게 작용하는 FO들은 정말 끔찍한 존재다. 하지만 당신은 이제 FOMO와 FOBO를 관리하는 법을 배웠다. 배운 것을 이용해 다른 사람의 FO를 관리해보자. 협상에 진척이 없을 때 그리고 권력이나 명성, 자존심이 걸려 있을 때는 그 사람이 가장 적나라하게 이익을 챙기는 모습을 볼 수 있는 좋은 기회다. 즉, 그들이 당신에게 자신의 FO를 드러낼 것이란 뜻이다. 연습을 하면 이것을 기회로 이용할 수 있다. FO에 입각한 행동을 당신에게 유리하게 이용할 수 있기 때문이다. 당신을 집주인인 곰 가족인 것처럼 대하고 행동하는 골디락 같은 사람을 만나더라도 걱정할 필요 없다. 이제는 그들을 당신이 원하는 대로 조종할 수 있다.

FO가 실시간으로 영향력을 발휘하는 것을 보고 싶다면 회사를 키우기 위해 투자자와 자본을 찾아다니는 기업가와 시간을 보내면 된다. 몇 년 전 벤처 투자가 베스 페레이라는 나에게 "자금조달은 돈의 문제가 아닌 권력의 문제"라고 말했다. 창업자들은 자신의 아이디어를 홍보하고, 높은 수익을 보장하는 밝은 미래상을 제안한 뒤 답을 기다린다. 그들이 제대로 일을 했다면 FOMO를 유발할 만한 매력적인 이야기를 했을 것이다. 엘리자베스가 테라노스에서 사회적 증거, 희소가치, 탐욕과 같은 도구들을 이용해 무리를 부추겼던 것처럼 말이다.

투자자들은 수많은 기업가들에게 제안을 받는다. 그러나 최선의 투자처가 나타날 때를 대비해 돈을 아껴두는 것이 그들의 일이다. 신중하게 고려하지 않고 투자를 한다면 형편없는 회사에 자본을 투자해 수익을 내지 못하고 파산할 것이다. 투자자들이 끝없이 질문을 던지고 가능한 많은 데이터를 요구하는 이유가 여기에 있다. 스타트업 창업자라면 투자 회의에 참여할 때마다 잠재적인 투자자들로부터 FOBO를 떠올리게 하는 말을 들을 것이다. "결정을 내리기 전에 몇 개월 더 시간을 갖고 싶습니다." 석 달 후에 다시 진전 상황에 대한 보고를 들을 때도 그들은 똑같은 말을 반복할 확률이 높다. 선택 가치를 유지하려는 투자자들이 전형적으로 사용하는 어법이다. 그들은 가능한 한 오랫동안 더 많은 데이터를 요구하는 일을 반복한다. 물론 성공의 가능성이 있다면 FOBO를 버리고 11장에서 배웠던 엄정한 과정을 적용해서 결정을 내려야 한다.

거래 성사가 서로에게 이익이 되다는 결론이 내려졌고, 본격적으로 투자를 진행하기 위한 과정을 진행한다고 가정해보자. 또한 거래의 양 당사자인 창업자와 투자자는 이 책을 읽지 않았으며 FO에 사로잡혀 있다고 가정하자. 거래를 유리하게 만들려는 투자자는 최종 협상 중에 새롭게 밀려드는 FOBO의 파도에 시달린다. 노련한 기업가들은 돈이 은행 계좌에 들어오기 전까지는 투자자가 무기한 협상을 계속하거나 심지어 빠져나갈 가능성이 얼마든지 있다는 것을 잘 알고 있다. 이 시점에서 회사는 가능한 한 빨리 거래를 마무리 짓기 위해 투자자들끼리 경쟁을 하게 만들어 FOMO를 자극하려 할 것이다. 노련한 벤처 투자가인 나도 빠른 투자 결정을 원하는 기업가의 영리한 전략에 당했던 적이 있다. 투자를 고려 중인 한 회사가 마감 날짜를 정해놓고 기한이 지나면 조건이 달라지는 폭파형 제안을 한 것이다. 예를 들어, 월말까지 자금을 투자하면 기존에 제안했던 가격으로 주식을 살 수 있지만, 정해진 날짜 이후에 투자를 결정하면 주식 가격이 20퍼센트 상승하는 식이다. 그 전략을 사용해본 기업가들은 마감일 하루 전에 투자금이 쇄도하곤 한다고 말해주었다. 데일리드롭과 똑같은 원리다.

앞의 몇 단락을 읽고 불합리하다거나 악랄하다고 생각하지는 않았는가? 하지만 좋은 싫든 대부분의 상업적 상호작용은 비슷한 방식으로 움직인다. 팔려는 사람은 FOMO를 만들기 위해 노력하고 사려는 사람은 다양한 선택지 중 하나를 고르거나 더 나은 거래를 하려다가 FOBO에 사로잡히곤 한다. 아이러니하게도 FOMO와 FOBO에 관한 책을 쓰는 과정에서도 FO에 시달린다. 작가로서 나는 에이전트들과 출판사들에게 FOMO를 생성시켜 그들이 나와 계약하고 싶게 만들어야 했다. 계약을 진행하는 동안에는 FOBO에 빠진 에이전트에게 "정말 훌륭해요. 선생님과 계약하고 싶네요. 하지만 오늘 당장은 마음을 결정할 준비가 되지 않았지만 다른 사람과 계약하기 전에 꼭 제게 다시 와주세요"라는 이야기를 들었다.

포모 사피엔스와 포보 사피엔스의 평화적 무장해제

╲

FO를 다루는 것이 힘들었다는 생각이 든다면 그 생각은 다른 사람의 FO 문제를 다룬 후로 미루는 것이 좋겠다. 상처 입은 치유자였던 칼 융은 "정신과의사들은 자신의 문제로 고통을 받는 사람은 신경증 환자로, 다른 사람을 고통스럽게 만드는 사람은 정신병자로 분류한다"라고 말한 바 있다.

다른 사람의 FOMO와 FOBO를 다루는 데는 명확한 차이가 있다. 솔직히 말하자면 다른 사람의 FOMO는 당신이 상관할 바가 아니다. 만약 포모 사피엔스가 놓치고 싶지 않은 모든 것들을 쫓아 시간과 에너지를 투자하기로 선택했다면, 당신이 선택할 수 있는 가장 안전한 방법은 관여하지 않는 것이다. 물론 FOMO에 휩싸인 상대방의 열정을 당신에게 유리하게 사용할 수도 있다. 아이스 버킷 챌린지가 다시 진행된다면 당신이 올린 동영상에 가장 먼저 반응을 보이는 것은 포모 사피엔스일 것이다. 그들이 무엇인가를 구매하거나 관심을 가지길 원하는가? 4장에서 제시한 몇 가지 방법을 사용해 목표를 달성할 수 있을 것이다. FOMO를 이용하면 당신에게 중요한 일에 다른 사람이 집중하도록 만들 수 있다. 물론 그들에게 FOMO가 정말 해롭다고 생각한다면 이 책의 전략을 그들과 공유하면서 자각과 회복의 여정을 시작하게 도울 수도 있다.

하지만 금융 시장에 뛰어드는 무리 속에서 FOMO를 발견할 때는 상황이 전혀 다르다. 당신에게는 누구를 구해야 할 책임이 없다.

그러나 그 같은 투자 몰림 현상에서 이득을 취할 수는 있다. 무리가 말도 안 되는 투자에 열광하는 것을 발견한다면, 그 즉시 다른 방향으로 뛰어가라. 수익을 올리는 전문 투자자들은 무리의 변덕과는 반대로 돈을 걸어 수익을 올린다. 물론 그런 도박에는 명백한 위험이 수반되지만, 조사를 거쳐 자신이 옳다는(그리고 모든 포모 사피엔스들이 틀렸다는) 확신을 얻었다면 무리와 반대되는 방향으로 포지션을 정하면 된다. 자신이 무엇을 하는지 알고 있다면, 엄청난 이득을 얻을 가능성이 있는 것이다. 내 말을 못 믿겠다면 마이클 루이스의 투자 논픽션《빅 숏The Big Short》을 읽어보라.

다른 사람의 FOMO에 관여하는 것은 전적으로 선택 사항이지만, 다른 사람의 FOBO를 다루는 것은 필수 사항이다. 당신에게 영향을 미치기 때문이다. 그들의 회피 성향, 결정장애 그리고 최적화 욕구는 당신을 비롯한 주변의 모든 사람들에게 막대한 비용을 부담시킨다. 그들의 확신 부족에 시간과 돈, 자신감 그 어떠한 것도 낭비되도록 내버려두어서는 안 된다. 물론 다른 사람의 FO에 관여하는 일은 스트레스를 일으키고 성가시며 시간을 낭비할 수도 있는 일이다. FOBO에 허우적대는 사람들을 다루는 방법에는 두 가지가 있다. 그들과 관계를 끊거나 FOBO를 무력화시킴으로써 그들을 다루는 법을 배우는 것이다.

첫 번째 방법은 그들을 마주하는 일을 완전히 중단하는 것이다. FOBO가 있는 사람들은 믿을 수 없다. 그들은 주변 사람들의 삶을 더 힘들게 만들 뿐이며, 당신이 그들을 필요로 할 때 그 자리에 없을 것이다. 더 힘들어지기 전에 그들과의 관계를 끊는 것이 더 낫다고 판단하는 것이 합리적이다. 일을 다 망치거나 충돌을 유발하기보다는, 당신이 그들의 행동을 변화시킬 수 없다는 사실을 받아들이고 서서히 물러서는 것이다. 그들에게서 천천히 멀어진다면 FOBO에 사로 잡힌 이들은 당신이 사라진 것을 눈치 채지도 못할 것이다. 자기도취, 끝없는 계획 변경, 배려심 부족은 놓쳐도 전혀 아쉽지 않은 것들이다.

관계를 끊는 것이 불가능하거나 그들과 계속해서 일을 전행하고 싶다면, 두 번째 선택은 그들의 회복을 위해 노력하는 것이다. 기술적으로는 가능하지만, 그러기 위해서는 잔인할 정도로 정직해야 한다. FOBO를 발견하면 지적하고, 명확한 의사 결정 조건을 정하고, 관계에서 투명성을 요구하고, 재발에 대한 경계를 늦추지 말아야 한다. 또한 자신의 FOBO 또한 비난의 여지가 없도록 확실하게 관리해야 한다. 자신에게 잘못이 있으면 다른 사람을 지적하기 어려운 법이다.

다른 사람의 FOBO 극복에 실제적인 도움을 줄 수 있는 확실한 방법 중 하나는 'FOBO 목발'을 찾아내는 것이다. FOBO 목발은 사람들이 자신의 행동을 정당화하기 위해 늘 이용하는 변명을 말한다. "일을 해야 해", "아기가 보채서요", "강아지를 산책시켜야 해요"와 같은 변명들이 자주 사용된다. 이들 중에는 가끔 진짜인 것도 있지만 주의를 기울이면 포보 사피엔스들이 자기 행동을 정당화하기 위해 늘 같은 목발을 꺼내든다는 것을 알아차릴 수 있다. 이런 사이클을 깨뜨리도록 돕고 싶다면 정면에서 부딪혀야 한다. 그들에게 일이나 아기, 강아지과 관련된 문제를 해결하기 위해서는 어떻게 계획을 세워야 될지 묻고 해결책을 내놓도록 독려하자. 그들에게 변명을 위해 꺼내든 FOBO 목발을 집어넣고 두 다리로 직접 걸으라고 요구해보자.

FOBO를 가지고 있는 사람을 대할 때 반드시 지켜야 할 기본적인 규칙은 선택의 여지를 남기지 말아야 한다는 것이다. 문제를 근본적으로 해결하기 위해서는 그들에게 선택이 풍부한 환경을 제공하지 말아야 한다. 다른 선택지를 없애서 그들이 당신과의 상호작용에서 희소성을 느끼게 해야 한다. 이 방법을 성공적으로 적용하기 위해서는 계획이나 약속을 서면으로 작성해두는 등 모든 준비를 미리 해야 한다. 또한 이기적으로 행동해야 한다. 어떤 경우든 계획은 당신 혼자 세워야 한다. 데일리드롭처럼 상대방이 결단을 내릴 때까지 기다리지 않아도 되는, 즉각적인 반응을 불러일으키는 구체적인 선택지들을 제시하는 것이 좋다.

거래 관계에서 FOBO를 다루고 있다면, 침술사 리처드 바란의 이야기에서 교훈을 얻을 수 있을 것이다. 그는 고객들의 FOBO를 확실하게 제거했다. 뉴욕처럼 정신 없고 바쁜 곳에서는 사람들이 연락을 끊거나 임박한 약속을 취소하거나, 약속을 바꾸는 일이 너무나 많다. 이것에 대처하는 리처드의 비법은 간단하지만 강력하다. 리처드와 약속을 취소한 사람은 다시 그와 약속을 잡기가 놀랄 만큼 어렵다는 것을 알게 된다. 리처드를 찾는 고객은 매우 많으므로 예의가 없고 약속을 지키지 않는 사람까지 상대할 필요가 없다. 조금 냉정하긴 하지만 효과는 좋다. 나도 리처드의 고객 중 한 명인데 주변 사람들에게 리처드를 추천할 때는 약속을 지키지 않거나 미루는 식으로 FOBO에 사로잡힌 행동을 하면 다음 예약에 불리할 수 있으니 조심하라고 당부한다. 리차드가 무례한 사람들에게 침을 아프게 찌른다거나 하지는 않지만 그는 더 가혹한 벌을 내린다. 아예 예약을 받지 않는 것이다.

상대의 FOBO를 직접적으로 상대할 때는 다음과 같은 점을 잊지 말자. 첫째, 선택지가 매력적이지 않다면, 어떠한 수단을 사용해도 근본적인 문제를 해결하지 못할 것이다. 나쁜 선택을 하는 것보다는 차라리 우유부단한 것이 나을 때도 있다. 둘째, 환경을 제어할 수 없다면, 의사 결정 프로세스를 구체화하는 능력뿐만 아니라 통제력도 잃을 수 있다.

테리사 메이 총리는 영국 의회가 FOBO를 버리고 브렉시트 계획을 의결하도록 하기 위해 다양한 전략을 시도했다. 첫째, 그녀는 모든 선택지 가운데 국민을 설득하기 위해 하나의 중심 계획만을 추려냈다. 둘째, 그녀는 원래의 시한에 최대한 가까운 시점까지 기다렸다가 계획을 표결에 부쳤다. 데일리드롭처럼 제한된 시간 안에 투표를 해야 한다는 압박감을 이용한 것이다. 그러나 그녀는 투표에서 패배했고, 소속 정당의 반대에 부딪혔으며, 유럽연합 이사회에 기한 연장을 고려해달라고 부탁해야 했다. 어디서부터 잘못된 것일까? 그녀는 FOBO란 수용 가능한 여러 선택지들이 있을 때 발생한다는 점을 고려하지 못했다. 그런 선택지들이 없으면 FOBO를 치료할 수 없다. 시한이 다가오자 아무런 합의도 이루어지지 않았다는 것이 분명해졌고, 그 결과 수용 가능한 대안의 수는 급격히 감소했다. 이렇게 되면 합리적인 경로 중 하나를 선택할 수 없게 되기 때문에 피해 대책을 강구하거나 FODA를 선택하거나 하게 된다.

FOMO나 FOBO로 인한 고통이 아무리 심하고, 다른 사람의 FO를 다루는 것이 아무리 힘들어도 잊어서는 안 되는 것이 있다. FO가 있다면 그것은 당신에게 어떠한 선택지가 있다는 것을 의미한다. 지금까지 이야기해왔던 것처럼 많은 선택지는 스트레스를 유발하고, 혼란을 불러올 수 있지만, 어쨌든 그것들은 기회의 또다른 이름이기도 하다. 당신이 당연하게 생각했던 선택지의 일부 혹은 전부가 갑자기 사라지면 그제서야 그들이 소중한 존재였다는 뒤늦은 교훈을 얻게 될 것이다.

선택지가 허락된
우리는 행운아다

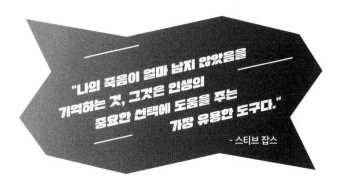

"나의 죽음이 얼마 남지 않았음을
기억하는 것, 그것은 인생의
중요한 선택에 도움을 주는
가장 유용한 도구다."

- 스티브 잡스

2017년 여름, 나는 컨퍼런스를 위해 레바논에 있는 베이루트에 방문했다. 시리아 내전 상황을 걱정스러운 마음으로 지켜보고 있었던 나는 구호단체의 친구들에게 레바논 동부에 생겨난 시리아 난민 캠프 몇 곳에 방문을 주선해달라고 부탁했다. 우리는 드디어 베카 계곡과 놀라울 정도로 잘 어우러진 작은 마을에 있는 임시 난민 캠프를 찾아가게 되었고, 그날의 공기는 뜨겁고 건조했다.

우리를 난민 캠프로 초대한 사람은 알레포 출신의 변호사 패리

드였다. 그는 사실상 커뮤니티 지도자(쇼이쉬)의 역할을 하고 있었고 수용소 부지 내에서 작은 편의점을 운영하고 있었다. 놀랍게도 예상했던 것보다는 상황이 나았다. 적어도 겉으로는 그랬다. 외부에서 보기에는 상당히 간단한 구조물이었지만 내부는 대부분 깔끔하고 쾌적하기까지 했다. '집'들에는 한때 중산층이었던 사람들(시리아에서 아파트와 주택에 살았었을) 사람들이 살고 있었다. 그들은 모든 것을 잃었지만, 난민 캠프 내에서 이용할 수 있는 것들을 최대한 활용하고 있었다. 어떤 상황이든 적응하는 인간의 능력은 참으로 놀랍다.

우리는 캠프를 돌아다니면서 난민들과 이야기를 나누며 하루를 보냈다. 가는 곳마다 커피나 환타, 얇게 썬 수박, 껌 등 먹거나 마실 것을 대접받았다. 그러나 대화를 나눌수록 수면 아래의 상황은 전혀 좋지 못하다는 것을 깨닫게 되었다. 그들은 대부분 5년 넘게 난민 생활을 하고 있었고 환경은 매우 열악했다. 나는 백혈병에 걸린 3살짜리 아이를 만날 수 있었는데 그 아이가 기댈 곳은 국경없는의사회 Doctors Without Borders뿐이었다. 건너편 집에는 건설현장에서 척수 손상을 입고 누워 지내는 남자가 있었는데, 그의 곁에는 아내가 3명의 어린 아이들과 함께 생계를 걱정하고 있었다.

그곳에는 미래가 없었다. 다른 나라로 망명을 하든, 고향으로 돌아가든 어떤 출구가 생길 때까지 난민들의 삶은 멈춰 있었다. 모두가 과거와 현재에 대해 이야기할 뿐, 미래에 대해 이야기하는 사람은 없었다. 더 나은 내일에 대한 바람을 드러낸 사람은 모하메드라는 이름의 10대 소년뿐이었다. 그는 손에 든 스마트폰을 만지작거리며 자신의 꿈이 프로그래머였다고 수줍게 말했다. 나는 그를 보며 한 가닥 희망을 느꼈지만 그것도 잠시였다. 파리드는 모하메드가 몇 년 동안 학교에 제대로 다니지 못했다고 이야기해주었다. 그가 밭에서 농작물을 따지 않으면 가족들이 먹고 살 수 없었기 때문이다. 캠프에 있는 다른 사람들처럼 그에게도 다른 선택지는 없었다.

그날 저녁 냉방이 된 호텔 방으로 돌아와 피곤에 지친 몸을 잠시 뉘었다가 일어난 후 나는 난민 캠프에서 목격한 것들로 인해 정신적인 피로감과 우울감을 느꼈다. 경영대학원 시절 학기 마지막 날 들었던 교수님의 연설이 생각났다. 그는 지구의 인구가 70억 명을 넘어서고 있다고 지적했다. 그리고 행운과 환경이 사람들의 운명을 형성하는 데 얼마나 큰 영향을 미치는지 생각해보고 일상에서 누리는 선물에 감사해야 한다고 말했다. 속상하고, 화가 나고, 좌절감이 느껴질 때마다 간단한 사실 하나를 절대 잊지 말라고 충고했다. 아무리 최악의 최악인 날이라도, 기꺼이 그들과 자리를 바꾸려는 수십억 명의 사람들이 있다는 것을 말이다.

세계 인구의 상당수는 FOMO와 FOBO를 걱정할 여지가 없는 삶을 살고 있다. FOBO를 갖기 위해서는 선택지가 있어야 한다. FOMO가 있으려면 무엇을 놓치고 있는지 봐야 하고, 그것이 어느 정도 당신에게도 가능하다고 생각해야 한다. 본질을 파고들자면 FOMO와 FOBO는 풍요의 고통이다. 질병, 가난, 전쟁, 억압, 기회의 부족 등 그 원인이 무엇이든 소외된 사람의 삶에는 선택이 존재하지 않는다.

이번에는 그런 냉혹한 현실을 업적과 배경 때문에 대단히 선택이 풍부한 환경에서 살고 있는 몇몇 특권층의 삶과 대조해보자. 당연히 그런 사람들은 다른 사람들보다 훨씬 더 많은 자율성과 영향력을 갖고 있다. 왕이나 지도자, CEO, 유명인은 일등석을 타고 인생을 여행하고 나머지 사람들은 일반석에 앉는다. 물론 한 나라의 지도자나 유명인이여야만 혜택을 누릴 수 있는 것은 아니다. 재력가라면 평범한 사람보다 훨씬 더 많은 경험이나 제품을 얻을 수 있다. 머리가 대단히 좋고 추진력이 있는 사람이라면 남들보다 더 많은 직업적 기회를 가질 수 있다. 잘생기고 재기가 넘치는 사람이라면 연애에 있어서 많은 선택지를 가질 것이다. 여기까지는 다 좋다. 좋은 조건을 가지고 태어나거나 자신이 가진 것을 최대한 활용하는 데는 아무 문제가 없다.

그런데 선택의 여지가 많은 환경에서도 결정장애 때문에 삶을 발전시키지 못하는 경우가 있다. 그 원인이 너무 많은 선택지를 제공하는 환경에 있다하더라도 스스로 맞서 싸우지 않는다면 결국 문제의 원인은 바로 당사자인 것이다. 난민 캠프에 있는 사람이라면 그 누구라도 가능하기만 하다면 기꺼이 받아들일 상황인 것이다.

2019년 여름 나는 FOMO의 고향으로 돌아왔다. 학교 신문에 FOMO에 대한 기사를 처음 썼던 때로부터 정확히 15년 만에 동창회를 위해 하버드 경영대학원 캠퍼스로 돌아온 것이다. 수많은 강연과 파티, 오랜만에 만난 친구들로 정신 없었던 한 주였다. 그곳에 있었던 동창들도 그랬겠지만, 나도 수년 동안 느끼지 않았던 FOMO에 이끌림을 느꼈다. 예전과 차이가 있다면 이번에 나는 적극적으로 그것과 싸웠다는 점이다. 나는 FOMO가 나를 산만하게 만들고, 주의를 빼앗고, 몇 년 만에 학교를 찾은 내게 얼마 없는 시간을 낭비하게 만들 것임을 알고 있었으므로 그 대신 집중력과 확신을 선택했다. 놓친 것은 없었냐고? 물론 있을 것이다. 하지만 모든 것을 할 수는 없다는 사실을 알고 있었기에 애초에 시도조차 하지 않았고 그 때문에 오히려 더 편안했다. 그것이 내가 한 선택이기에 결단력을 갖고 그 선택에 임했다.

모든 선택 중에 가장 중요한 선택은 아마도 결단력을 배우겠다는 선택일 것이다. FO를 정복하는 과정에서 결단력을 배우기로 결심한다면 마법과 같은 일을 마주치게 될 것이다. 방향을 정하고 열심히 달려야만 하는 때에 같은 곳만 맴돌게 만드는 머릿속의 작은 목소리에서 벗어나야 한다. 그 다음 '나'를 '우리'로 바꾸어 나라는 틀 안에서 벗어나야 한다. 세상을 정해진 파이로 보지 말고, 자신의 몫을 최대화하는 데 집착하지 말아야 한다. 확신을 갖고 세상을 헤쳐나간다면 자신에게 주어진 선택지들에 감사하고 할 수 있는 것이 많다는 것을 두려워하지 않게 된다. 스트레스와 우유부단이 사라지면 많은 선택지가 주어졌다는 것에 감사하게 될 것이다. 각각의 선택지는 당신 자신, 가족, 친구, 공동체를 위한 최선의 결정을 내릴 수 있는 황금 같은 기회다.

기억하라. 당신의 자유가 FOMO와 FOBO로 인해 제한되면 삶은 당신을 스쳐 지나가 버린다. 선택지가 아무리 많아도 모든 것을 할 수도, 가질 수도 없다. 당신의 시간은 영원하지 않다. 수많은 선택지들 사이에서 고민하느라 귀중한 시간을 낭비하지 말자. 전쟁과 가난, 질병으로 선택지가 거의 없는 수많은 사람들과 달리, 당신에게는 삶을 바꾸고 결단력 있게 살 수 있도록 도와주는 수많은 선택지들이 있다. 당신은 꿈과 현실의 균형을 이루면서 운명을 개척할 수 있다. 원하는 모든 것을 얻을 수는 없더라도, 시도해볼 기회가 있다는 것만으로도 엄청난 선물이다. 그것을 낭비하지 말라.

연락하고
지냅시다

나에게 여전히 FOMO를 일으키는 것이 있다면 이 책을 읽은 누군가에게 나와 공유하고 싶은 질문이나 논평이나 의견이나 해법이 있지 않을까 하는 생각이다. 때문에 나는 patricmcginnis.com에 많은 이들을 초대해 대화를 이어가고 싶다. 그곳에서는 FOMO와 FOBO에 관한 업데이트된 자료 목록은 물론 이 책과 관련된 무료 워크북도 제공하고 있다. 다음의 방법으로 나와 연락할 수 있다.

인스타그램 : @patrickjmcginnis

트위터 : @pjmcginnis

페이스북 : PatrickJMcGinnis

이메일 : letsconnect@patrickmcginnis.com

포모 사피엔스 팟캐스트에도 참여해보라고 권하고 싶다. 팟캐스트를 통해 기업계·정치계·문화계의 리더들을 만나고 그들이 바쁜 와중에 많은 가능성과 선택지 속에서 어떤 선택을 하는지 배울 수 있을 것이다. patrickmacginnis.com/fomosapiens에서 만날 수 있다.

감사의 말

《나는 직장에 다니면서 12개의 사업을 시작했다》를 쓴 후 또 다른 책을 쓸 것이라는 생각은 하지 않았다. 책으로 쓸 아이디어가 전혀 없다고 생각했기 때문이다. 이후 독자들과 친구, 심지어 낯선 사람들과의 상호작용을 통해 천천히 그러나 확실하게 FOMO가 훌륭한 주제가 될 수 있다는 확신을 얻을 수 있었다. "그래, 해야겠어"라고 생각했던 순간이 기억난다. 베이루트에서 열린 인데버 글로벌 행사에서 유난히 기억에 남는 셀카를 찍었을 때였다. 가끔은 세상이 당신에게 최고의 아이디어를 주기 위해 작당을 할 때가 있다. 그러니 그때를 놓치지 않도록 귀를 기울이자!

〈포모 사피엔스〉 팟캐스트가 아니었다면 이 책은 존재할 수 없었을 것이다.

근사한 파트너였던 《하버드 비즈니스 리뷰》에 가장 먼저 감사를 전한다. HBR 커뮤니티를 통해 〈포모 사피엔스〉를 HBS로 끌어들인 니틴 노리아, 아디 이그나티우스, 아담 부크홀츠에게 큰 빚을 졌다. 이리나 바부스키나가 아니었다면, 이 모든 일은 일어나지 않았을 것이다. 또한 2018년에 〈포모 사피엔스〉를 론칭하는 데 도움을 준 더그 로웰, 리처드 싱, 알렉시스 카르도자, 랜스 필러스도르프 등 애드버타이징 위크에도 감사한다.

〈포모 사피엔스〉는 라이언 윌리엄스, 샐리 울프, 도리 클라크, 니르 에얄, 케하이, 잭 칼슨, 질 칼슨, 빅키 하우스먼, 시순 리, 크레이그 두빗스키, 케이트 에벌리 워커, 립켄 프루이스켄, 마르코 드 레온, 바나 카우소미티스, 디에고 곤잘레스, 셰릴 아인혼, 앤드류 양, 샨-린마, 아누 두갈, 더갈, 팀 헤레라, 에글란티나 징, 에릭 윈드, 지안카를로 피토코, 루크 홀든, 갈린 버나드, 크리스티나 카보넬, 젠 웡, 맷 스캔론, 케이티 로스먼, 브론슨 반 웍, 다니엘라 발루-아레스, 제이미 메츨을 비롯해 프로그램에 출연해준 게스트들이 아니었다면 존재하지도 않을 것이다.

마지막으로, 여러 친구들이 〈포모 사피엔스〉의 아이디어 단계에서 귀중한 아이디어와 식견을 제공해주었다. 제레미 슈트라이히, 라쉰 카빈, 닉 마텔, 잭 크레이머에게 이 자리를 빌어 더 없이 소중한 아이디어를 제공해주어 감사하다고 전하고 싶다.

책을 쓴다는 것은 수년에 걸친 과정이다. 겉으로는 아무것도 아닌 것 같은 대화가 중요한 아이디어의 기초가 되고 결국 원고가 되기도 한다. 이것은 언제나 놀라운 과정이다. 니콜 캠벨, 아지즈 선더지, 에릭 크롤, 톰 볼드윈, 야엘 멜라메드, 디에고 사에즈-길, 마이클 로건, 피터 레이먼, 아리아나 허핑턴, 스콧 스탠퍼드, 에이제이 키쇼어, 트리스탄 메이스, 샘 섕크, 앤드류 왓슨, 리처드 바란, 찰스 제프, 클레어 마윅, 수잔 시걸, 다리아 롱 길레스피 박사, 스티븐 핏먼, 조 탱고, 메간 커티스, 플로렌시아 히메네즈-마르코스, 자비에르 곤잘레스-상펠리우, 세실리아 곤살레스-히메네즈, 윌 울프, 냐망완다 자매(마티파, 머시, 마오나), 댄 브렌드트로스, 라에나 브렌드트로스 등 이 책을 위해 많은 역할을 해준 분들께 깊은 감사를 드린다.

글을 쓴다는 것은 종종 외로움이 느껴지는 작업이지만 나는 늘 나를 믿어주는 멋진 사람들에게 둘러싸여 있는 듯했다. 항상 나를 지원해주고 영감의 원천이 되어 준 놀라운 친구들인 제이슨 하임, 로라 하임, 미셸 레비, 존 리온, 댄 마티스, 프레이저 심슨, 제프 구종, 캐시 구종, 토마스 구종, 아이린 홍 에드워즈, 다니엘 후트닉, 스튜어트 올드필드, 메리 올드필드, 그렉 프라타, 마가렛 추, 톰 클라크, 핀리 클라크, 밀드레드 윤, 신 쩡, 샨티 디바카란, 니콜라스 둘로이, 로라 메든돈, 니하르 사이트, 브래드 사프트, 사마라 오셰어, 수쿈 샤, 필 쳉, 기예르모 질베르만, 워블리 H의 전 직원, 데보라 스파, 차바 카알베르그, 알리샤 더커리스, 후안 나바로-스테이코스, 아미르 나예리, 알리 라시드, 제프 틸렌, 벤자민 스페너에게 큰 신세를 졌다.

모션 애비뉴의 팀이 아니었다면 이 일을 해낼 수 없었을 것이다. 사무엘 클라인, 알레한드라 바스게스, 마리아 안젤리카 퀴로스, 레베카 위간, 알렉산드라 라미레즈, 에드가 길엔, 로사나 토로, 이들이 나를 위해 해준 모든 것에 감사한다. 수잔 모스코위치도 마찬가지다. 그녀의 충고는 많은 도움이 되었다.

아이디어와 에너지를 주고 많은 지원을 해준 에이전트 앨리스 마텔에게도 감사한다. 자신의 어머니께 나를 소개시켜준 닉 마텔에 게도 다시 한번 감사의 인사를 드린다.

소스북스의 담당 편집자인 메그 기븐스께도 깊은 감사를 전한 다. 그녀는 처음부터 나의 아이디어를 완벽하게 이해했고 편집 과정 을 통해 이 책을 훨씬 더 좋게 만들어주었다. 소스북스는 이 책에 딱 맞는 곳이며, 소스북스 팀과 함께 일할 때 나의 FOMO는 0이었다!

벤 슈렉킨저가 아니었다면 나는 이 자리에 없었을 것이다. 그는 《보스턴》에 FOMO의 기원에 대한 운명적인 기사를 썼다. 그의 호기 심, 작가로서의 재능 그리고 나에게 보여주었던 우정까지, 모든 것 에 감사한다.

하버드 경영대학원에서 공부하지 않았더라면 FOMO가 어떤 느 낌인지도 알지 못했을 것이다. 처음으로 내게 FOMO와 FOBO를 느끼게 해준 2004년 졸업생에게도 감사한다.

〈포모 사피엔스〉의 주제가를 작곡해준 마이크 맥기니스에게도 특별한 감사를 전한다. 그는 언제나 최고의 형제였다. 다발로스 피 론도 마찬가지다. 항상 놀라움을 안겨주는 페퍼 아이리 맥기니스 에게도 감사한다. 사랑하는 나의 어머니(나의 첫 편집자)와 아버지 (FOMO를 전혀 모르는 사나이), 두 분이 아니었다면, 두 분의 지원과 나 의 모든 것을 이해하고 마음을 굳건히 할 수 있게 도와주신 두 분

의 마법과 같은 능력이 아니었다면 나는 여기에 있을 수 없었을 것
이다.

주

1부

1장 FOMO라는 말은 어떻게 생겨났는가

1   Kerry Miller, "Today's Students: Living Large," *Bloomberg Businessweek,* April 8, 2007, https://www.bloomberg.com/news/articles/2007-04-08/todays-students-living-large.

2   Philip Delves Broughton, *Ahead of the Curve: Two Years at Harvard Business School,* (New York: Penguin Press, 2008), 64.

3   Blanca García Gardelegui, "Generación 'fomo,'" *El País,* June 24, 2018, https://elpais.com/elpais/2018/06/24/opinion/1529859093_682643.html.

4   Shikha Shaa, "Is FOMO Making You Paranoid?" *The Times of India,* January 11, 2013, https://timesofindia.indiatimes.com/life-style/relationships/love-sex/Is-FOMO-making-you-paranoid/articleshow/17730492.cms.

5   Valérie de Saint-Pierre, "Le fomo, nouvelle maladie du siècle?" Madame, *Le Figaro,* January 26, 2015, http://madame.lefigaro.fr/societe/gare-au-digital-bovarysme-160115–93797.

6   Sağlık Haberleri, "Hastalığın adı 'FOMO'! Siz de yakalanmış olabilirsiniz…" *Sabah,*

January 10, 2019, https://www.sabah.com.tr/saglik/2019/01/10/fomoya-yakalanan-kisinin-tedavi-edilmesi-gerekiyor.

2장 당신의 FOMO는 당신 탓이 아니다

1   Nick Bilton, "Exclusive: The Leaked Fyre Festival Pitch Deck Is Beyond Parody," *Vanity Fair,* May 1, 2017, https://www.vanityfair.com/news/2017/05/fyre-festival-pitch-deck.

2   Jaimie Seaton, "Millennials Are Attending Events in Droves Because of Fear of Missing Out," Skift.com, July 12, 2017, https://skift.com/2017/07/12/millennials-are-attending-events-in-droves-because-of-fear-of-missing-out/.

3   *Fyre: The Greatest Party That Never Happened,* directed by Chris Smith, Library Films, Vice Studios/Jerry Media, 2019, Netflix, https://www.netflix.com/title/81035279.

4   "Walmart Unveils Plans for Best Black Friday Yet," Walmart, November 8, 2018, https://news.walmart.com/2018/11/08/walmart-unveils-plans-for-best-black-friday-yet.

5   Phil Wahba, "Black Friday Fatigue? 174 Million Americans Disagree," *Fortune,* November 28, 2017, http://fortune.com/2017/11/28/black-friday-shopping/.

6   Daphne T. Hsu et al., "Response of the μ-opioid System to Social Rejection and Acceptance," *Molecular Psychiatry* 18 (August 2013): 1211–1217, https://doi.org/10.1038/mp.2013.96.

7   Harley Tamplin, "40 Kids Eat World's Hottest Pepper and End Up Needing Medical Treatment," *Metro,* September 5, 2016, https://metro.co.uk/2016/09/05/emergency-services-called-to-school-after-40-kids-eat-one-of-the-worlds-hottest-peppers-6109851/.

8   Ann Arens et al., "Esophageal Rupture After Ghost Pepper Ingestion," *The Journal of Emergency Medicine* 51, no. 6 (December 2016): e141–e143, https://doi.org/10.1016/j.jemermed.2016.05.061.

9   Jacqueline Howard, "Americans Devote More Than 10 Hours a Day to Screen Time, and Growing," CNN.com, July 29, 2016, http://www.cnn.com/2016/06/30/health/americans-screen-time-nielsen/index.html.

10   Mary Meeker, *Internet Trends Report 2018,* Kleiner Perkins, May 30, 2018, https://www.kleinerperkins.com/perspectives/internet-trends-report-2018.

11   Andrew Perrin and Jingjing Jiang, "About a Quarter of U.S. Adults Say They Are 'Almost Constantly' Online," Pew Research Center, March 14, 2018, http://www.pewresearch.

org/fact-tank/2018/03/14/about-a-quarter-of-americans-report-going-online-almost-constantly/.

12 Asurion, "Americans Equate Smartphone Access to Food and Water in Terms of Life Priorities," August 6, 2018, https://www.asurion.com/about/press-releases/americans-equate-smartphone-access-to-food-and-water-in-terms-of-life-priorities/.

13 Samantha Murphy, "Report: 56% of Social Media Users Suffer from FOMO," Mashable. com, July 9, 2013, http://mashable.com/2013/07/09/fear-of-missing-out/.

14 Worldwide Social Network Users: eMarketer's Estimates and Forecast for 2016–2021, https://www.emarketer.com/Report/Worldwide-Social-Network-Users-eMarketers-Estimates-Forecast-20162021/2002081/.

15 Evan Asano, "How Much Time Do People Spend on Social Media?" SocialMediaToday. com, January 4, 2017, https://www.socialmediatoday.com/marketing/how-much-time-do-people-spend-social-media-infographic.

16 Derek Thompson, "How Airline Ticket Prices Fell 50% in 30 Years (and Why Nobody Noticed)," *The Atlantic,* February 28, 2013, https://www.theatlantic.com/business/archive/2013/02/how-airline-ticket-prices-fell-50-in-30-years-and-why-nobody-noticed/273506/.

3장 밈 그 이상

1 The FOMO Factory, "Austin's First Selfie Experience Extends Run with New Installations and Overnight Camp," press release, October 10, 2018, https://static1.squarespace.com/static/5b022c2f31d4df352878a8ca/t/5bbe1ee0e5e5f0c3326aa58e/1539186401867/FOMO+FACTORY+-+EXTENSION.pdf.

2 "Fomo," Urbandictionary.com, submitted by Johnny FOMO on September 3, 2013, https://www.urbandictionary.com/define.php?term=fomo&page=4.

3 Katie Heaney, "'Frumbled' and Other Good Reasons to Make Up Words," The Cut, *New York* magazine, January 15, 2019, https://www.thecut.com/2019/01/this-study-on-russian-blues-broke-my-brain.html?utm_source=tw&utm_campaign=nym&utm_medium=s1.

4 Romeo Vitelli, "The FoMo Health Factor: Can Fear of Missing Out Cause Mental and Physical Health Problems?" *Psychology Today,* November 30, 2016, https://www.psychologytoday.com/blog/media-spotlight/201611/the-fomo-health-factor.

5   Marina Milyavskaya et al., "Fear of Missing Out: Prevalence, Dynamics, and Consequences of Experiencing FOMO," *Motivation and Emotion* 42, no. 5 (October 2018): 725–737, https://doi.org/10.1007/s11031-018-9683-5.

6   Milyavskaya et al., "Fear of Missing Out: Prevalence…", p. 736.

7   "Study: Millennials Want Experiences More Than Anything," *Eventbrite* (blog), December 8, 2014, https://wphub.eventbrite.com/hub/uk/millennials-want-experiences-ds00/.

8   Andrew K. Przybylski et al., "Motivational, Emotional, and Behavioral Correlates of Fear of Missing Out," *Computers in Human Behavior* 29, no. 4 (July 2013): 1841–1848, p. 1847. https://doi.org/10.1016/j.chb.2013.02.014.

9   Przybylski et al., "Motivational, Emotional, and Behavioral Correlates …"

4장 당신이 알아야 할 또 다른 FO

1   Tim Herrera, "How to Make Tough Decisions Easier," *New York Times,* June 4, 2018, https://www.nytimes.com/2018/06/04/smarter-living/how-to-finally-just-make-a-decision.html?module=inline.

5장 원하는 것을 모두 가진 사람의 슬픈 이야기

1   Sylvia Plath, *The Bell Jar* (United Kingdom: Heinemann, 1963): 80.

2   Barry Schwartz, The Paradox of Choice: Why More Is Less (New York: Ecco, 2004): 77.

3   Schwartz, *The Paradox of Choice,* 78.

4   H. R. Markus and Barry Schwartz, "Does Choice Mean Freedom and Well-Being?" *Journal of Consumer Research* 37, no. 2 (2010): 344–355, https://works.swarthmore.edu/fac-psychology/5/.

5   David Brooks, "The Golden Age of Bailing," opinion, *New York Times,* July 7, 2017, https://www.nytimes.com/2017/07/07/opinion/the-golden-age-of-bailing.html.

2부

6장 수십억 달러 규모의 FOMO 산업

1   Jennifer Pak, "FOMO in China Is a $7 Billion Industry," *Marketplace,* September 13, 2018, https://www.marketplace.org/2018/09/13/world/fomo-china-7-billion-industry.

2   Pak, "FOMO in China is a $7 Billion Industry."

3   Li Xiaolai, "From now on, Li Xiaolai will not do any project investment (whether it is a blockchain or not)," trans. by Google Translate, Weibo, September 30, 2018, https://www.weibo.com/1576218000/GBF5rzI2o?filter=hot&root_comment_id=0&type=comment.

4   "Market Capitalization: The Total USD Value of Bitcoin Supply in Circulation, as Calculated by the Daily Average Market Price Across Major Exchanges," Blockchain.com, accessed July 12, 2019, https://www.blockchain.com/en/charts/market-cap?timespan=all.

5   Alisa Wolfson, "How to Turn Your Pet into a Five-Figure Instagram Influencer," *New York Post,* July 10, 2018, https://nypost.com/2018/07/10/how-to-turn-your-pet-into-a-five-figure-instagram-influencer/.

6   Matthew Herper, "From $4.5 Billion to Nothing: Forbes Revises Estimated Net Worth of Theranos Founder Elizabeth Holmes," *Forbes,* June 21, 2016, https://www.forbes.com/sites/matthewherper/2016/06/01/from-4-5-billion-to-nothing-forbes-revises-estimated-net-worth-of-theranos-founder-elizabeth-holmes/#83526a536331.

7   Andrew Bary, "What's Wrong, Warren?" *Barron's,* December 27, 1999, https://www.barrons.com/articles/SB945992010127068546.

8   Bessemer Venture Partners, "Google," The Anti-Portfolio, accessed May 20, 2019, https://www.bvp.com/anti-portfolio/.

9   Bessemer Venture Partners, "Facebook," The Anti-Portfolio, accessed May 20, 2019, https://www.bvp.com/anti-portfolio/.

7장 FOBO, 반대 전략

1   Blair Decembrele, "Your Guide to Winning @Work: FOBO—The Fear of Better Options," *LinkedIn* (blog), October 5, 2018, https://blog.linkedin.com/2018/october/5/your-guide-to-winning-work-fobo-the-fear-of-better-options.

2   Matt Singer, "2018 Recruiter Nation Survey: The Tipping Point and the Next Chapter in Recruiting," Jobvite, November 8, 2018, https://www.jobvite.com/jobvite-news-and-reports/2018-recruiter-nation-report-tipping-point-and-the-next-chapter-in-recruiting/.

3   Patrick Gillespie, "Intuit: Gig Economy Is 34% of US Workforce," CNN.com, May 24, 2017, https://money.cnn.com/2017/05/24/news/economy/gig-economy-intuit/index.html.

4   Audi AG, *Annual Reports: 2018,* March 14, 2019, p. 84, https://www.audi.com/en/company/investor-relations/reports-and-key-figures/annual-reports.html.

5   Audi AG, *Annual Reports: 2018,* p. 106.

6   Brad Berman, "Analysis Paralysis: Audi Offers Yet Another Electric Car Study," plugincars.com, November 22, 2011, https://www.plugincars.com/audi-all-electric-a3-e-tron-110332.html.

7   Gil Press, "6 Predictions for the $203 Billion Big Data Analytics Market," *Forbes,* January 20, 2017, https://www.forbes.com/sites/gilpress/2017/01/20/6-predictions-for-the-203-billion-big-data-analytics-market/#321bfa372083.

8   Bernard Marr, "Big Data: 20 Mind-Boggling Facts Everyone Must Read," *Forbes,* September 30, 2015, https://www.forbes.com/sites/bernardmarr/2015/09/30/big-data-20-mind-boggling-facts-everyone-must-read/#6b5c806717b1.

9   Quentin Hardy, "Gearing Up for the Cloud, AT&T Tells Its Workers: Adapt, or Else," *New York Times,* February 13, 2016, https://www.nytimes.com/2016/02/14/technology/gearing-up-for-the-cloud-att-tells-its-workers-adapt-or-else.html.

10   Capgemini Invent (@CapgeminiInvent), "Since 2000, 52% of companies in the Fortune 500 have either gone bankrupt, been acquired, or ceased to exist," Twitter, May 10, 2015, 6:25 p.m., https://twitter.com/capgeminiconsul/status/597573139057537025?lang=en.

11   Lori Ioannou, "A Decade to Mass Extinction Event in S&P 500," CNBC.com, June 5, 2014, https://www.cnbc.com/2014/06/04/15-years-to-extinction-sp-500-companies.html.

12   Ellen Barry and Benjamin Mueller, "'We're in the Last Hour': Democracy Itself Is on Trial in Brexit, Britons Say," *New York Times,* March 30, 2019, https://www.nytimes.com/2019/03/30/world/europe/uk-brexit-democracy-may.html.

3부

8장 두려움으로부터의 자유

1   Alfred Duning, "The Return of the *Resolute*," *American Heritage* 10, no. 5 (August 1959), https://www.americanheritage.com/content/return-resolute.

2   Office of the Curator, The White House, "Treasures of the White House: *Resolute* Desk," The White House Historical Association, accessed May 20, 2019, https://www.whitehousehistory.org/photos/treasures-of-the-white-house-resolute-desk.

9장 작은 일에 매달리지 말라

1   "Message of Pope Francis for the Twenty-Ninth World Youth Day 2014," January 21, 2014, http://w2.vatican.va/content/francesco/en/messages/youth/documents/papa-francesco_20140121_messaggio-giovani_2014.html.

10장 누구를 위한 FOMO인가

1   Evan Andrews, "7 Unusual Ancient Medical Techniques," History.com, August 22, 2018, https://www.history.com/news/7-unusual-ancient-medical-techniques.

11장 선택 가치보다는 행동

1   Jeffrey Hughes and Abigail A. Scholer, "When Wanting the Best Goes Right or Wrong: Distinguishing Between Adaptive and Maladaptive Maximization," *Personality and Social Psychology Bulletin* 43, no. 4 (February 2017): 570–583, https://doi.org/10.1177/0146167216689065.

2   Dan Silvestre, *"The Life-Changing Magic of Tidying Up* by Marie Kondo: Lessons," review of *The Life-Changing Magic of Tidying Up* by Marie Kondo, Medium.com, September 7, 2018, https://medium.com/@dsilvestre/the-life-changing-magic-of-tidying-up-by-marie-kondo-lessons-d33dc4db73c2.

12장 나머지는 놓친다

1   Luca Ventura, "World's Largest Companies 2018," *Global Finance,* November 30, 2018,

https://www.gfmag.com/global-data/economic-data/largest-companies.

2   Sundar Pichai, "Keynote (Google I/O '18)" speech, Google Developers, video,
     streamed live on May 8, 2018, https://youtu.be/ogfYd705cRs.

3   Nellie Bowles, "Silicon Valley Nannies Are Phone Police for Kids," *The New York
     Times,* October 26, 2018, https://www.nytimes.com/2018/10/26/style/silicon-valley-
     nannies.html.

4   Jared Gilmour, "'Addictive' Social Media Should Be Regulated Like Cigarettes, Tech
     CEO Says," *Ledger-Enquirer,* January 24, 2018, http://amp.ledger-enquirer.com/news/
     nation-world/national/article196429794.html.

5   Bartie Scott, "Why Meditation and Mindfulness Training Is One of the Best Industries
     for Starting a Business in 2017," Inc., March 1, 2017, https://www.inc.com/bartie-
     scott/best-industries-2017-meditation-and-mindfulness-training.html.

6   University of Pennsylvania, "Social Media Use Increases Depression and Loneliness,
     Study Finds," ScienceDaily.com, November 8, 2018, www.sciencedaily.com/
     releases/2018/11/181108164316.htm.

7   Asurion, "Americans Equate Smartphone Access to Food and Water in Terms of Life
     Priorities," August 6, 2018, https://www.asurion.com/about/press-releases/americans-
     equate-smartphone-access-to-food-and-water-in-terms-of-life-priorities/.

8   Arnie Kozak, PhD, *The Everything Buddhism Book,* 2nd ed. (Avon, MA: Adams Media,
     2011): 30.

9   Sundar Pichai, "Keynote (Google I/O '18)" speech, Google Developers, video,
     streamed live on May 8, 2018, https://youtu.be/ogfYd705cRs.

10   Anil Dash, "JOMO!" *Anile Dash* (blog), July 19, 2012, https://anildash.
     com/2012/07/19/jomo/.

4부

13장 일정한 시간 동안 전부를 건다

1   Katherine Robinson, "Robert Frost: 'The Road Not Taken,'" Poetry Foundation, May
     27, 2016, https://www.poetryfoundation.org/articles/89511/robert-frost-the-road-not-
     taken.

포모 사피엔스

아무것도 놓치고 싶어 하지 않는 신인류의 출현

초판 1쇄 발행 2021년 12월 28일
초판 2쇄 발행 2022년 2월 10일

지은이 패트릭 J. 맥기니스
옮긴이 이영래
펴낸이 성의현
펴낸곳 (주)미래의창

편집주간 김성옥
편집진행 정보라
디자인 공미향
홍보 및 마케팅 연상희 · 김지훈 · 김다울 · 이희영 · 이보경

출판 신고 2019년 10월 28일 제2019-000291호
주소 서울시 마포구 잔다리로 62-1 미래의창빌딩(서교동 376-15, 5층)
전화 070-8693-1719 **팩스** 0507-1301-1585
홈페이지 www.miraebook.co.kr
ISBN 979-11-91464-65-8 03320

※ 책값은 뒤표지에 있습니다. 잘못된 책은 바꿔 드립니다.

생각이 글이 되고, 글이 책이 되는 놀라운 경험. 미래의창과 함께라면 가능합니다.
책을 통해 여러분의 생각과 아이디어를 더 많은 사람들과 공유하시기 바랍니다.
투고메일 togo@miraebook.co.kr (홈페이지와 블로그에서 양식을 다운로드하세요)
제휴 및 기타 문의 ask@miraebook.co.kr